August Schmölzer

Heimat

Roman

»Heimat« ist eine semi-fiktive Geschichte. Ähnlichkeiten mit lebenden Personen und Geschehnissen wären naturgemäß rein zufällig.

www.editionkeiper.at

© edition keiper, Graz 2024
1. Auflage Oktober 2024
literatur nr. 158
Layout und Satz: textzentrum graz
Covergestaltung: Karin Kröpfl, Robert Fimbinger
Coverfoto: AdobeStock
Autorenfoto: moving-stills.at, Maximilan Mandl
Koordination Herstellung: EVERGREEN Media Kft.
Druck: Gyomai Kner Nyomda Zrt.
ISBN 978-3-903575-21-9

August Schmölzer

Heimat

Roman

1

Die Wolken bewegen sich aus allen Himmelsrichtungen wie Panzer auf St. Vinzenz zu. Ein Gewitter im Mai, ein ungewöhnliches Schauspiel für einen Städter wie Josef. Sturm kommt auf. Lena, die dreifärbige Glückskatze, schnappt nach tief fliegenden Insekten. Blitz und Donner.

»Das kommt schneller als man schauen kann«, sagt Frau Klug, die Besitzerin der Keusche vulgo Sommerhansl am Moastakogl in St. Vinzenz. Daneben sitzt Josef Sudi, neuerdings ihr Mieter. Sie sitzen am Frühstückstischchen im Garten, mit Blick auf St. Vinzenz. Die Bewohner des beschaulichen Ortes erwachen gerade bettwarm und unschuldig um diese frühe Zeit des Tages.

»Es wird ernst«, sagt Frau Klug, »vielleicht Hagel? Über die Koralm treibt's den Hagel vom Osten her. Er geht über die Štajerska nach Italien, dann bekommen ihn die Katzelmacher ab.«

»Erstaunlich«, sagt Josef.

»Jo, jo, bei uns ist viel erstaunlich.« Frau Klug lächelt. Josef leert seine Tasse. Sie packt das Frühstücksgeschirr auf ein Tablett und eilt ins Haus. Lena folgt ihr, sie hofft, dass vom Frühstücksspeck etwas abfallen wird, das ist allemal besser, als Insekten zu fangen.

Josef Sudi möchte ihre Keusche auf Leibrente übernehmen. Frau Klug hat keine Verwandten. Sie braucht aber jemanden, auf den sie sich verlassen kann, wenn sie einmal krank wird, jemanden, der das Erbe nicht zur Spekulation nutzt. Seit der Zusammenlegung von Süd- und Weststeiermark und einer gewaltigen Tourismusoffensive sind die Preise für Grundstücke und Keuschen wie ihre explodiert. Sie hat in der Landwirtschaftszeitung mit einem Code inseriert. Niemand, der ihr nicht geheuer war, konnte Kontakt zu ihr finden. Ihr Mann Pepi war aus Ptuj, der ehemaligen Untersteiermark, jetzt Štajerska[1]. Er ist vor Jahren schon verstorben. Für Frau Klug mit ihren neunzig Jahren ist es nun höchste Zeit, sich um ihre Zukunft, um ihr Wohl zu kümmern.

»Auf die Leut in Vinzi brauchst dich nicht verlassen«, warnt sie Pepi, ihr verstorbener Mann, mit dem sie Zwiesprache hält. Erbschleicher aus St. Vinzenz versuchen schon lange, Frau Klug den Hof mit windigen Versprechen abzuluchsen.

»Ich geb lieber alles einem Wiener Rechtsanwalt, der euch die Wadln viri richt[2]«, schimpft die alte Frau, »aber sicher nicht dem ausg'fressenen Erbschleichergesindel von Vinzi. Und Frau will ich sowieso keine, ich bin selbst eine, danke, da kenn ich mich aus.«

»Den Gendarm nimmst, *moje srce* – mein Herz!«, hat ihr Pepi geraten.

Josef ist 58 Jahre alt, Kriminalbeamter des Landesgendarmeriekommandos Steiermark im Ruhestand und geschieden. Foto liegt bei. »Habe großes Interesse.«

Frau Klug lernte ihn kennen. »Wenn Sie interessiert sind, dann mieten Sie sich für eine Zeit bei mir ein. Dann sehen wir schon, ob wir zwei miteinander auskommen.«

Ein neues Leben, freute sich Josef. Eigentlich wollte er schon nach der unseligen Polizeireform seinen Job an den Nagel hängen, aber er hat bis zum erstmöglichen Pensions-

---

[1] Štajerska: ehemalige Untersteiermark, gehört seit dem Zweiten Weltkrieg zu Slowenien.

[2] Wadln viri richten: jemandem zeigen, wo es lang geht.

termin durchgehalten. Er atmet tief ein, verschränkt seine Arme hinter dem Nacken. Die ersten Regentropfen platschen auf den Tisch.

»Wie schön es hier ist. Hier werde ich in Frieden alt, das spüre ich.«

Seit einiger Zeit träumt er wieder vom Tod. Kaum schläft er, wacht er verschwitzt auf. Dann kommt die Angst. Seine verstorbenen Eltern fordern von ihm im Traum, wie schon so oft, Mut. Mehr Mut zum Leben. So bleibt ihm über den Tag eine gewisse Unsicherheit. Mit Frühlingsbeginn ist er von Graz zu Frau Klug nach St. Vinzenz gezogen. Ins Schilcherland, an der Scheide der West- zur Südsteiermark, Richtung Kärnten, kurz vor Slowenien. Frau Klug findet ihn spürbar sympathisch.

»Bei einem Polizisten bist du sicher, *moje srce*«, meinte Pepi.

»Josef«, ruft Frau Klug aus dem Fenster, »Mairegen macht zwar schön, aber ab einem gewissen Alter hilft's nix mehr! Herein mit Ihnen, sonst werden Sie nass!«

Es tut Frau Klug gut, wieder für jemanden da zu sein. Und ihm ebenso. Frau Klug ist klein, untersetzt, hat einen Damenbart auf der Oberlippe. Aus einem faltigen Gesicht strahlen zwei haselnussbraune, wache Äuglein. Sie hat die Eigenschaft, wenn sie etwas auf dem Herzen hat oder nervös ist, leise vor sich hinzusummen, bevor sie damit herausrückt. Steht sie inmitten einer blühenden Wiese, mit ihrer vielfärbig geflickten Kittelschürze, und bewegt sich nicht, verschwimmt der Anblick zu einem einzigen Farbenmeer. Ihre grauen Haare hat sie zu einem Zopf geflochten, zu einem Kränzlein gedreht und sich am Hinterkopf aufgesteckt. Sie trägt gerne Kopftuch. Trotz ihres Alters ist sie wendig und hell im Kopf. Viele ihrer Altersgenossen haben sie schon Richtung Friedhof verlassen.

»Wissen S', Herr Josef, um den einen ist es schade, um die andere wieder weniger. Ich bin halt eine Übriggebliebene«, lacht sie. »Wenn der Herrgott will, dann weg mit mir, ich bin bereit, soll mir recht sein, hab mir nichts vorzuwerfen, Pepi wartet, gelt?« Sie lächelt in den Himmel: »*S teboj sem, draga moja, moje srce, in ti z mano za vedno.* – Ich bin bei dir, meine Liebe, mein Herz, und du bei mir, für ewig.«

Blitze schießen sich auf das Hügelland ein und es donnert gewaltig. Der Regen wird satter.

»Ich habe so ein Schauspiel in der Stadt nie bewusst wahrgenommen«, staunt Josef.

»Herein mit Ihnen ins Trockene, zum Teufel noch einmal!«

»Ja, ja«, ruft er folgsam zurück und läuft los, obwohl er das Gewitter gerne im Freien erlebt hätte.

»Ich hab heut in aller Früh Schwammerln gefunden, Mai-Ritterlinge. Die gibt es zu Mittag«, ruft sie ihm freudig entgegen, als er in die Wohnküche kommt. »Die wachsen unter meinen Zwetschkenbäumen.«

Sie zeigt ihm die weißgrauen Pilze. »Riechen Sie?«

»Die duften nach … Anis?«

»Anis, ja, ja«, lacht Frau Klug, »so riechen die nur hier bei uns!«

»Und wie verkochen Sie die?«

Als hätte sie darauf gewartet, legt sie los. »Gehackte Zwiebeln in Schweineschmalz anrösten, Speck, Knoblauch und grob geschnittene Pilze dazu, zwei Eier drüber, Salz, Pfeffer, Petersilie, fertig. Dazu Röhrlsalat – mögen Sie Löwenzahn? –, mit Mostessig und Rapsöl, rohe Schwammerl dünnblättrig drüberschneiden, Mahlzeit.« Sie lacht und freut sich über seinen erstaunten Blick.

»Was für ein Wunder«, sagt er, »die Natur«, und denkt dabei an sie.

»Das Kochen hab ich von meiner Mutter gelernt und die von ihr, und so weiter.«

Sie beobachten vom Fenster aus gemeinsam das Gewitter.

Die Wolken reißt es hin und her, als scheuchten geile Teufel anlassige Engerl über das Firmament. Josef erschrickt, dass dieses Naturschauspiel in ihm sexuelle Bilder erschafft.

»Gott sei Dank«, sagt Frau Klug, »kein Hagel, das wär für die Weintriebe schlimm.«

Josef starrt in den Regen. Die Wipfel der großen Fichten im nahen Keuschenwald biegen sich im Wind, ohne zu brechen. Das zu mähende Heu wogt, als würde man Bilder davon rasch mit dem Daumen wie ein Daumenkino durchrattern. Der Ort St. Vinzenz ist durch einen Regenschleier nur zu ahnen. Die Gewitterfront steht bedrohlich über dem südweststeirischen Schilcherland.

Frau Klug bewohnt seit Josefs Einzug nur noch ein Zimmerchen der Keusche. Wohnküche und Bad nutzen sie gemeinsam. Das alte Plumpsklo hinter dem Haus benutzt Frau Klug lieber als die Wassertoilette im Haus. »Da nehm ich mir meine Zeitung, lese in Ruhe die Neuigkeiten und wisch mir dann den Arsch damit aus.«

»Wenn man vorher immer wüsste, was falsch oder richtig ist«, murmelt Josef, mit seinen Gedanken weit weg.

»Das spielt's nicht«, hakt Frau Klug ein. »Entweder es passt oder es passt nicht, aus die Maus. Es gibt immer ein Morgen und eine Möglichkeit. Das Lebenstaxi kommt, man steigt ein oder nicht. Irgendwann kommt's nächste.«

Er nickt zustimmend. Lenas Napf ist gefüllt mit Speckabfällen. Ihr sind sowohl das Gewitter als auch Josefs Nabelschau scheißegal.

2

Nach einem faulen Tag und einem ebenso entspannten Abend mit zu viel Schilcher[3] hatte Josef eine unruhige Nacht. Das Gewitter wütete heftig über dem Schilcherland. Es kreiste in die Štajerska hinein, retour über das Kärntnerische, bis es sich über St. Vinzenz mit einem kräftigen Schauer entlud.

Josef träumte wieder vom Tod, wieder erschienen ihm seine Eltern und forderten Mut von ihm, mehr Mut zum Leben. Und wieder erwachte er, wie schon so oft, verschwitzt vor Angst, und das Gefühl von Unsicherheit war in den Tag hinein stärker als sonst.

Er schleppt sich unausgeschlafen zum Frühstück in den Garten. »Guten Morgen, hab ich Kopfweh!«

»Morgen«, sagt Frau Klug. »Mag sein das Gewitter, zu viel Schilcher.« Sie lächelt. »Frische Luft wirkt Wunder, junger Mann.«

Frau Klug haben Gewitter und Schilcher offensichtlich nichts ausgemacht.

»Ich liebe das«, sagt sie lachend. »A Gewitter ist der Sex des Himmels.«

»Ja, ja, die Natur«, murmelt Josef.

Lena will endlich fressen, sie schreit, als müsse sie verhungern. Frau Klug schlurft mit nackten Füßen über die regennasse Hofwiese. »Ist gut für die Durchblutung, gegen Schweißfüße, Fuß- und Nagelpilz.«

---

3 Schilcher: der spezielle Rosé-Wein der Weststeiermark.

Der Himmel ist wie aufgekehrt, wolkenlos blau. Die Morgensonne hat Kraft.

»Der Regen war Gold wert, Herr Josef. Die große Hitze der letzten Zeit ist vorbei und die Morgenfrische tut allem gut. Net?«

»Ja, ja, da haben Sie wohl recht«, brummt er.

Sein Kopf dröhnt, er kann nicht reden, will aber auch nicht zuhören, Ruhe, einfach nur Ruhe, schlafen.

»Heut gibt's Kernölschmölzi, das ist eine Eierspeis mit Kernöl«, jubelt Frau Klug.

Josef nickt unwissend. »Ich will nicht unhöflich sein, aber danke, ich kann noch nichts essen.«

»Ach was«, sagt sie, ohne auf seinen Einwand zu hören. »Kernölschmölzi stärkt die Manneskraft und ist heut für Sie die beste Medizin.«

Frau Klug stemmt dabei ihren rechten Unterarm nach oben und macht eine Faust.

»Die meisten machen das falsch und dann ist das Schmölzi bitter«, grummelt Frau Klug, während sie das dampfende, gusseiserne Eierspeis-Reindl auf das Tischchen im Garten stellt. »Essen Sie, sie muss heiß und noch ein bissl flüssig sein.«

Lena schreit wie am Spieß, ihr fehlt der Speck.

»Wissen Sie, wie das geht?«

»Nein«, murmelt er, »ich ... aber Sie werden es mir sicher ...«

Am liebsten würde er ins Haus. Aber schon legt sie los: »Zuerst die Eier lang mit der Gabel in einem Häferl in eine Richtung aufschlagen, damit Luft drunter kommt. – Jetzt essen Sie schon«, fordert ihn Frau Klug wieder auf.

Josef nimmt ein Stück geröstetes Schwarzbrot und tunkt es in das glibberige, grüngelbe Soßenetwas.

»Schweineschmalz erhitzen, Eier eingießen, mit der Gabel durchziehen, ein Schuss frisches Kernöl drüber, gehackte Petersilie, Salz, Pfeffer und fertig ist das Ganze. Und, schmeckt's?«

»Ja, danke, etwas ungewohnt, aber es schmeckt wirklich gut!«

»Im Vinzi-Gemeindekochbuch steht, dass man zuerst das Kernöl in die Pfanne geben muss. Deppen! Dann wird's bitter. Kennen Sie Kernöl? Das grüne Gold der Steiermark«, sagt Frau Klug stolz.

»Ja, ja, kenn ich, dem kann man in der Steiermark ja nicht entgehen. Bei uns ist ja alles grün. – Haben wir heute Nachmittag nicht den Termin beim Notar, um den Leibrentenvertrag zu unterschreiben?«, fragt Josef.

»Jo, jo, dann übernehmen Sie mit allen Rechten und Pflichten, junger Mann. Sie brauchen Kraft dazu, also essen Sie schön auf, sonst gibt's schlechtes Wetter!«

»Ach ja, ich hab ein Geschenk für Sie.« Josef zieht ein Kuvert aus seiner Hosentasche. »Das ist der Auszug aus der Gendarmerie-Chronik von St. Vinzenz um 1902. Ich sammle das.«

Er schiebt es ihr über den Tisch.

»Was ist«, fragt sie, »wollen Sie nicht vorlesen?«

»Gern.«

»Infolge des ausgedehnten Weinbaues«, beginnt Josef, »sind die Einheimischen von St. Vinzenz dem Trunke nicht abhold. Dann sind sie aggressiv und rauflustig, welches auch der dort angebaute Schilcherwein befördert. Auch ist die Bevölkerung hinterlistig und trägt ihre wahre Gesinnung nicht offen zur Schau. Sie fühlt sich fortwährend unschuldig. Mit Ausnahme der Knechte und Mägde ist die

Bevölkerung im Allgemeinen wohlhabend. Auch wird die Jagd und Fischerei gepflegt, wobei es immer wieder zu Wilderei und Schwarzfischen kommt.«

»Es hat sich eigentlich nichts verändert«, meint Frau Klug, als er fertig ist, und nimmt einen morgendlichen Schluck Schilcher. »Prost, auf die Leibrente!«

Obwohl es Josef eindeutig zu früh ist, nimmt er sein gefülltes Glas auf und sie stoßen zur Feier des Tages an.

»Ich danke Ihnen für Ihr Vertrauen, Frau Klug. Prost! Ihr Schilcher ist wirklich etwas ... wirklich ... ganz Besonderes. Nur um die Zeit ...«

Nachdem sich sein Gesicht etwas verzogen hat, entkommt ihm ein heftiger Rülpser. »Entschuldigung!«

»Sehr gut«, lobt Frau Klug, »dann geht es Ihnen schon wieder besser«, und rülpst ebenfalls tief und laut. Sie lachen.

»Jetzt essen Sie aber auf, bevor's kalt wird«, sagt sie.

Und er tut wie befohlen.

»Richtig essen und trinken ist nicht jedermanns Sache, aber als Sommerhansl-Bauer brauchen Sie das in Zukunft, das werd ich Ihnen schon noch beibringen. Zu Kernölschmölzi gehört Schilcher, punktum.«

Sie setzt das Glas ein zweites Mal an. »Prost, dass die Gurgl net verrost!«[4]

Lena trollt sich ins Haus, vielleicht findet sie dort etwas Fressbares im Napf.

Ein Schluck gibt den anderen. Schilcher gestern, Schilcher heute, Schilcher für immer, denkt Josef, o Gott.

»Was?«, fragt Frau Klug.

»Ach, könnte ich meinen Kopf einfach ausschalten.«

---

4 Dass die Gurgl net verrost: damit die Kehle nicht rostig wird (Trinkspruch).

»Das kenn ich«, wiegelt Frau Klug ab. »Alles was sich an Dreck in Seele, Herz und Hirn ansammelt, muss raus, da hilft nichts, also Herz und Hirnkastl aufsperren und durchlüften!«

»Wissen Sie, Frau Klug, meine Frau wollte nicht aufs Land. Sie hat einfach keinen Sinn dafür. Dabei ist die Steiermark doch wunderschön, oder?«

»Wenn es nur nicht so viele Steirer gäb«, ergänzt Frau Klug.

Sie lachen.

»Warum haben Sie Ihr Leben nicht schon früher geändert?«

»Angst? Zu feig? Zu faul?«, antwortet Josef. »Sie hatte ein Verhältnis mit einem Kollegen, das wusste ich schon lange … ich hab die Scheidung zu spät verlangt. Punkt und Ende. Dabei war ich ihr nie untreu. Wie auch immer, sie hat nicht einen Moment um uns gekämpft.«

»Und Sie?«, hakt Frau Klug nach.

Josef schiebt das Glas von sich, er spürt, wie ihm der Alkohol zu Kopf steigt.

»Wir hätten nie heiraten sollen. Wir haben einfach nicht zusammengepasst. Ich hab es mir eingebildet und Einbildung ist auch eine Bildung. Wissen Sie, wie sich das anfühlt, wenn jemand *Ich liebe dich* sagt, aber man spürt das Gefühl nicht dazu?«

Er nimmt mutig den letzten Schluck, inzwischen ist der Krug Schilcher nämlich leer. Jetzt ist das auch schon egal, denkt er.

»Ich muss mich ausruhen«, sagt Frau Klug. »Das war doch etwas zu früh, etwas zu viel, ich werd alt«, meint sie lachend. »Früher, da konnte ich … früher … ach früher … lassen wir das, *moje srce*«, seufzt sie lächelnd himmelwärts.

»Am Nachmittag brauchen wir für den Notar klare Köpfe. Stellen Sie das Frühstücksgeschirr bitte in die Küche, und vor allem: Schlafen Sie sich aus.«

3

Das Wetter zu Ostern ist für die Buschenschänken immer ein Gradmesser für den Verlauf eines Geschäftsjahres. Am Palmsonntag hat es geschneit. Pfarrer Schwintzerl wollte endlich einmal, wie Jesus in Jerusalem, mit einem Esel in St. Vinzenz einreiten, aber der Schnee hat es verhindert. Seine Köchin Reserl hätte den Esel führen sollen. So haben sie tagelang umsonst geübt.

»Ein schlechtes Omen«, prophezeite Frau Klug. »Das verheißt nichts Gutes fürs Jahr. Aber man muss es nehmen, wie es kommt. Die Zeiten ändern sich gewaltig. Kein Stein bleibt mehr auf dem anderen. Wo wird das noch hinführen mit der Welt«, sinnierte sie.

Am Karsamstag gab es Raureif und Straßenglätte, die katholischen Weihfleischsegnungen mussten entfallen. Viele St. Vinzenzer segneten sich gegenseitig ohne geistlichen Beistand. Frau Klug segnete Josef und Josef Frau Klug, danach aßen sie Schinken mit Kren, Osterkrainer[5], Eier, von Frau Klug selbst gebackenes Weißbrot mit extra Rosinen für Josef, und sie tranken dazu Schilcher, wie es seit Ewigkeiten in der Weststeiermark Tradition ist.

Die erlaubten Osterfeuer waren unbrennbar und erst Wochen darauf waren sie trocken genug, um abgebrannt zu

---

5   Kren: Meerrettich; Krainer: geräuchertes Würstel.

werden. Die elektrischen Osterkreuze, die immer größer, farbenprächtiger und ausufernder wurden, hatten Wackelkontakte und die Glühbirnen platzten im Frost.

Anfang Mai wurde es Gott sei Dank nicht nur wärmer und das Jahr kam in die richtige Spur, es wurde auch die Tourismussaison in St. Vinzenz und der ganzen Südweststeiermark eröffnet, und die Jagd begann.

Überall in den Wäldern um St. Vinzenz lärmt es von frühmorgens bis spätabends. Hauptsache Weidmannsheil! Die Büchsen knallen und die Rehe schrecken, nicht nur weil sie sich fürchten, sondern auch weil der Geschlechtstrieb einschießt. Ihr Ruf klingt wie ein Bellen.

Und überall Menschen! Ob Jäger oder Touristen – alle sind überdreht, sie schreien lauthals, werfen ihren Abfall weg und trampeln über Blumenwiesen. Färbig angezogen schnaufen sie laufenderweise oder mit ihren Fahrrädern durch den Wald und stören so Wild und Einheimische.

»Das Gesindel macht uns den ganzen Wald krawutisch[6]«, schimpft der alte Max auf der Sitzung der neu gegründeten national-traditionellen Partei WIR SIND DAS SCHILCHERLAND von St. Vinzenz. »Es geht um unseren Schilcher, um unsere Tradition, die unsere Väter aufgebaut haben«, schwört Max die Zuhörer ein. »Wer kümmert sich denn um unser Schilcherland? Keiner. Die Südsteiermark frisst die Weststeiermark und wir, das Schilcherland, schauen durch die Finger!«

Das Tankstellen-Tschecherl, wie man die Bar an der einzigen Tankstelle neben dem kleinen Supermarkt von St. Vinzenz nennt, ist brechend voll. Das Tschecherl ist der

---

6   Krawutisch machen: verrückt, zornig machen.

letzte Platz für St. Vinzenzer, die ihre Hoffnungen und Träume verloren haben. Hier können sie sich für einige Stunden mit viel Alkohol von der brutalen Welt draußen erholen.

Die Leute jubeln, sie sehnen sich nach jemandem wie Max, der geradeheraus sagt, wo der Bartl den Most holt.[7] »Gern würd ich einem Tourismusdeppen einmal den Arsch mit Sauborsten spicken!« Alle lachen und applaudieren.

Der Tourismus-Zusammenschluss von Süd- und Weststeiermark durch die Landesregierung empört nicht nur viele weststeirische Weinbauern, sondern auch einfache Bürger von St. Vinzenz. »Ich bin da geboren«, schimpft Max. »Sollen wir auf unsere alten Tage noch umlernen? Ich bin und bleib Weststeirer!«

Max ist zugleich auch Hegemeister des Jagdbezirkes und Obmann des Kameradschaftsbundes. Dass er nebenbei auch leidenschaftlicher Hofschlachter ist, verschweigt er manches Mal schamhaft. Viele meinen, er sei ein Rechter, was das auch immer heißt. »Ich bin national-traditionell«, sagt er über sich.

Er liebt Traditionen wie viele St. Vinzenzer, die sich am Althergebrachten festhalten. Damit fühlen sie sich sicher. »Und wenn einer denkt, dass das rechts ist, dann bin ich halt rechts, das ist mir wurscht. Ich lass mir von niemandem nicht sagen, was ich zu tun hab. Egal aus welcher Windrichtung!«

Mit getrockneten Sauborsten anstatt mit Bleischrot stopft auch Frau Klug, die ebenfalls leidenschaftliche Jägerin ist, manche Patrone.

---

[7] Wo der Bartl den Most holt: Wo die Wahrheit steckt.

»Wenn einer beim Einbrechen, beim Wildern oder Ruanstoanvasetz'n[8] erwischt wird, schießt man ihm so eine Ladung in den Arsch. Das tut saumäßig weh. Das Sitzen geht dann eine Zeit lang nicht! Es ist aber nicht lebensgefährlich. Die Sauborsten eitern mit der Zeit heraus. Es kann auch passieren, dass bei einem Dirndl ein Fremder fensterlt[9], der bekommt dann vom Freund eine Portion Sauborsten verpasst.«

»Das ist ja wie im Wilden Westen«, sagt Josef erstaunt.

»Natürlich ist das nicht erlaubt«, erwidert Frau Klug lachend. »Aber es gibt Gesetze, die nicht niedergeschrieben sind. Wilderer bekommen auch Sauborsten, aber in Richtung Kopf. Schrot ist für solche Verbrecher zu teuer.«

Max erklärt seinen Getreuen, wie er die Lage sieht. Denn seiner Ansicht nach kann es nicht sein, dass die Touristen die gemähten Wiesen auf dem Weg zu den Buschenschänken überrennen und überradeln. Die Kleinbauern müssen ihre Wiesen zweimal im Jahr mähen, weil sich Kühe, Schafe und Ziegen nicht mehr rentieren. Danach müssen sie das Gras auf eigene Kosten entsorgen, während die reichen Buschenschänken nichts dazuzahlen, aber Länge mal Breite verdienen.

»Das haben wir von unserer depperten Hetzerei bei den EU-Verhandlungen«, sagt Max. »Da hat man vor lauter Wichtigtuerei auf die Kleinen vergessen. Jetzt wartet die Politik, bis sich's von selber löst. Zum Sterben zu viel und zum Leben zu wenig. Und so verschwinden die Kleinbauern für immer. Dabei hat alles, was jetzt kaputt gemacht wird, einmal unsere schöne Heimat ausgemacht, und jetzt

---

8   Ruanstoanvasetz'n: illegales Versetzen von Grundstücksmarkierungen. Ruan = Rain (Grundstücksgrenze).

9   Fensterln: in der Nacht durchs Fenster um Einlass bitten.

wird das letzte Eigene ausradiert durch den Zusammenschluss von den Oberen, die keine Ahnung von uns haben!«

Der Applaus im vollbesetzten Tschecherl ist ihm sicher.

»Ach, lassen wir das, sonst geht mir noch das G'impfte auf[10], es hilft ja eh nix!« Max bestellt sich noch einen Schilcher-Spritzer.

Auch Bürgermeister Lukas Loch von St. Vinzenz ahnt, dass sich da beizeiten ein gewaltiges Problem anbahnt. Er als Bauernsohn war gegen den Zusammenschluss, konnte sich aber nicht durchsetzen. Eine Bürgerabstimmung zu machen, hatte er sich nicht getraut. Wie sollte er auch gegen die Übermacht der Landespolitik und der Weinbauern ankommen?

Zur Buschenschank-Saison wird auf den schmalen Straßen von St. Vinzenz links und rechts alles wahllos zugeparkt. Sogar Einsatzfahrzeuge kommen kaum durch.

»Wenn ich einmal ein Problem hab und die Rettung kann nicht zu uns, dann bist du tot!«, sagt Max zum Bürgermeister.

Max hat von seinem Haus eine herrliche Aussicht über die Weststeiermark. Aber der Kleinkeuschler ist zwischen den Buschenschänken förmlich eingeklemmt und in der Hauptsaison völlig zugeparkt. So kommt, wie meist, wenn zu lange weggeschaut wird, zum richtigen Zeitpunkt das Falsche daher.

Plötzlich werden um St. Vinzenz Touristen angepöbelt, erschreckt, gar verprügelt.

»Das sind nur Dummheiten einiger Tourismusgegner«, sagt der Bürgermeister. »Klimakasperln, solche Deppen haben wir bei uns zum Saufüttern.«

---

10 Das G'impfte geht mir auf: Da platzt mir der Kragen.

»Dein Wort in Gottes Ohr«, sagt Justus Kurzmann, der Obmann des Tourismus- und Weinbauvereins. »Hoffen wir, dass es so ist! Solche Pöbeleien können wir jetzt im angehenden Frühjahrsgeschäft nicht brauchen!«

Die Häufung und die Aggressivität der Vorfälle lassen das Argument des Bürgermeisters nicht lange gelten. Die großen Weinbauern und Buschenschankbesitzer werden unruhiger. In St. Vinzenz gibt es keinen Polizeiposten mehr, auch keine Post und kein anständiges Gasthaus mitten im Ort. Wenn jemand die Polizei braucht, muss die westliche Bezirkspolizei aus Deutschlandsberg oder die südliche aus Leibnitz anrücken, und die schätzen die Lage ein wie der Bürgermeister.

»Das sind Leut, die immer gegen alles sind, wobei sie auch mit manchem recht haben, das muss man ihnen lassen«, sagen Einheimische hinter vorgehaltener Hand.

Auch Josef geht mancher Tourist ziemlich auf den Sack. Und wenn er seinen inneren Gendarmen zur Seite schiebt, findet er die Pöbelei der Protestierer sogar ganz lustig. Aber je tiefer es in das Frühjahr hineingeht, desto häufiger und brutaler werden die Pöbeleien. Dicke Äste werden nach einer Kurve über alte Feldwege gelegt, damit die Geländeradler brutal stürzen. Mittlerweile hagelt es sogar Farbbeutel! Und seit Neuestem wird mit Waffen gedroht. Hatten die ersten Übergriffe noch nachts stattgefunden, passieren sie nun am helllichten Tag. Auch unsittliche Belästigungen und Vergewaltigungsversuche soll es geben. Erste Medien schnüffeln schon vor Ort herum.

Bürgermeister Loch will nicht, dass irgendjemand den porösen Frieden seiner Gemeinde stört. Es geht um seine Macht, die er sich mühsam erarbeitet hat. Die Balance zwischen Ordnung und Unordnung in seiner Gemeinde funktioniert bis dato ganz gut. »Besserwisserei oder offenen Widerspruch, das ist das Letzte, was ich brauch«, beichtet er seiner Frau Maria.

Der Druck der großen, reichen Buschenschankbesitzer wird aber täglich stärker.

»Unternimm endlich was«, faucht Justus Kurzmann den Bürgermeister an, »bevor wir es tun!«

Der Bürgermeister weiß, wozu Kurzmann fähig ist. Er hat seine Vereinsmitglieder in der Hand. Was er an Raffinesse zu viel hat, haben die Mitglieder seiner beiden Vereine an Mut zu wenig. Im Gemeinderat herrscht Uneinigkeit über eine große Gemeindeaktion gegen die Umtriebe. Wenn es um Geschäfte geht, ist sich jeder selbst der Nächste – auch das hat in St. Vinzenz Tradition. Im Hintergrund mischt die Landespolitik mit, denn es geht nicht nur um viel Geld, sondern auch um politische Macht. »Was du nicht willst, das ich dir tu, das füge du auch mir nicht zu«, heißt letztlich das Band, das alle verbindet.

Die Konservativen sind die Mächtigsten, die Sozis schwächeln, die National-Traditionellen – WIR SIND DAS SCHILCHERLAND – unter Max haben Aufwind. Die Grünen, Pinken und Kommunisten stolpern im politischen Auf und Ab der Südweststeiermark unter *ferner liefen* herum.

In einer ersten Reaktion verjagt Loch neugierige Medienleute aus seinem Vorzimmer, obwohl er weiß, dass er damit genau das Gegenteil erreicht, aber seinen Jähzorn hat er nicht immer im Griff. Nicht nur die mächtigen Weinbauern, sondern auch seine Gemeindebürger wissen um die Eigenheiten des Bürgermeisters. Hinter vorgehaltener Hand macht sich so mancher gar lustig über ihn. Die vorgehaltene Hand ist übrigens eine der wichtigsten Kommunikationsarten von St. Vinzenz.

Die national-traditionelle Oppositionspartei von Max, WIR SIND DAS SCHILCHERLAND, nutzt geschickt die Situation für sich.

»Der Tourist als Mensch ist den großen Weinbauern ja vollkommen wurscht«, sagt Max. »Der Tourist hat das Geld, ist eitel und will auch beschissen werden. Die großen Weinbauern haben die besten Buschenschänken. Aber der klassische, kleine feine Weinbauer verschwindet immer mehr.«

»Bravo! Bravo«, stimmen ihm die Unterstützer zu. »Wir sind immer die Zweiten!«

»So war das und so wird's immer sein«, bestätigt lautstark ein kleiner Weinbauer, der gezwungen ist, seine Trauben billig an die Großen zu verkaufen. »Soll ich sie verfaulen lassen? Selbst Wein zu machen, ist für mich nicht mehr rentabel, was soll ich tun? Verpachten? Die Verbrecher, die wollen nur kaufen, so billig wie möglich. Nie! Da lass ich vorher lieber alles verwildern, reiß die Weinstöcke aus. Aber laut darf man das alles nicht sagen, sonst kriegst du Probleme. Die sitzen am längeren Ast. Verkaufen werd ich aber sicher nicht! Punktum!«

»Bravo, Bravo!«

Justus Kurzmann ist einer der größten und reichsten Weinbauern der Weststeiermark, für ihn ist der Zusammenschluss mit dem Süden ein Riesengeschäft. Jedenfalls behaupten das viele Menschen, und dahinter steckt sicher auch einiges an Neid. Aber es ist seine Art, über die Menschen drüberzufahren, und das hat ihm nur wenige wirkliche Freunde gebracht.

»Wenn das mit den Übergriffen so weitergeht, entsteht uns nicht nur großer finanzieller Schaden, sondern auch der Ruf der neu geschaffenen Südweststeiermark als gemeinsames Tourismusgebiet geht flöten[11]«, schimpft Kurzmann vor der Presse, die er zum Saisonauftakt in seinen Buschenschank geladen hat. Der Obmann des Tourismus- und Weinbauvereins ist spendabel. Ab und zu wandert so auch eine Gratiskiste vom Besten in einen Kofferraum. Das erhält die Freundschaft. Geschenke, Jause und Getränke gehen auf Kosten der Vereine. Er trägt, wie immer bei öffentlichen Anlässen, Lederhose mit Hirschfänger in der Seitentasche, weißes Leinenhemd, Trachtenjoppe, Haferlschuhe[12] mit grauen Wadenstutzen und einen Steirerhut mit Stoß, so heißt das Fichtenzweigerl darauf, denn Jäger ist er selbstverständlich auch.

»Ich – nein!, nicht nur ich! *Wir* wollen schnelle Aufklärung und harte Bestrafung der Schuldigen«, fordert er herrisch, wie es seine Art ist. »Wenn die Verbrecher – ja, ich sag sogar: diese Terroristen – auf den südlichen Teil der Südweststeiermark übergreifen, na dann Pfüati Gott[13].«

Genau dieses An-sich-Reißen will Bürgermeister Loch vermeiden, aber nun ist es zu spät – der doppelte Obmann hat ihm das Heft des Handelns schon längst aus der Hand genommen.

Kurzmann gießt seinen üblichen Tourismus-Sermon über die versammelte Presse. Er lamentiert weinerlich über die Schönheit der vereinten Südweststeiermark, die großen Ideen dahinter, die geliebte Heimat, über Wein, Schnaps, Würstel, Türkensterz, Heidensterz, Erdäpfelsterz, Käferbohnen, Kernöl, Mulbratl, Lendbratl, Sulz, Verhackert,

---

11 Flöten gehen: pleite gehen, verloren gehen.
12 Haferlschuhe: Trachtenschuhe zur Lederhose.
13 Pfüati Gott: steirischer Gruß, eig.: Behüt dich Gott, auch: pfiati, pfiat euch.

Geselchtes, Frikandeau[14], über Erzherzog Johann[15] und weiteres mehr, was lukrative Geschäfte sichert.

Obwohl er ein anständiges Hochdeutsch spricht, mischt er in solche Reden immer absichtlich eine kleine Prise Dialekt. Der doppelte Obmann weiß, dass sein Auftreten so nicht nur bei der Presse, sondern auch bei den Einheimischen gut ankommt.

»Das ist ein Hund, der hat's im Urin«, sagen Bewunderer, aber auch Gegner. »Mit dem möchte ich kein Problem haben …«

Bürgermeister Loch ersucht das Bezirkspolizeikommando aus Leibnitz, der Bezirkshauptstadt des Südens, um Unterstützung der Deutschlandsberger Kollegen. Sie werden gemeinsam das Gebiet um St. Vinzenz Tag und Nacht durchstreifen. Ist die Polizei aber in diesem Tal, passiert im anderen etwas, sind sie am Breitkogl, passiert etwas am Gamsensteg, sind sie am Hochgucker, passiert am Überberg etwas.

Sind die Täter über den Einsatzplan der Polizei etwa informiert? Gibt es einen südweststeirischen Polizei-Whistleblower?

Wie Josef es beim syrischen Flüchtlingseinbruch über die slowenische Grenze vorausgesagt hatte, waren die jahrzehntelangen Einsparungen des Innen- wie auch des Verteidi-

---

14 Türkensterz – Art Polenta aus grobem Maismehl; Heidensterz – Art Polenta aus Buchweizenmehl; Käferbohnen – typisch steirische schwarzblaue Bohnen; Kernöl – das Öl aus den Steirischen Kürbiskernen; Mulbratl und Lendbratl – geräucherte Lende vom Schwein; Sulz – Sülze, in Gelee eingelegte Schweineschwarten mit Gemüse und Fleisch; Verhackert – gemahlener geräucherter Speck; Geselchtes – Geräuchertes; Frikandeau: die in der Kalbskeule liegende Nuss oder Unterschale.

15 Erzherzog Johann: Der steirische Erzherzog (1782–1859). Sohn von Kaiser Leopold II.

gungsministeriums nun auch regional zu spüren. Beamte kamen damals von überall, nur nicht aus der Region, und sie waren vor allem jung, zu jung. Keiner hatte Ortskenntnis, geschweige denn Erfahrung. Obwohl nicht nur der Militär-Geheimdienst seit Jahren vor dieser Situation gewarnt hatte, ist nichts passiert. Der alte Landeshauptmann kam an die slowenisch-österreichische Grenze gefahren, schlug die Hände über dem Kopf zusammen, rief: »Ja, um Gottes willen« und rauschte wieder ab nach Graz. »Für meine Gendarmerie früher, Frau Klug«, klagte Josef, »wäre das nie ein Problem gewesen, da können Sie Gift drauf nehmen. Wir waren am Land tätig, orts- und menschenkundig, aber was soll man machen.«

So musste der Landespolizeidirektor die Krot schlucken.[16] Unschuldig zum Handkuss gekommen, war er politisch angeschlagen. Der alte Landeshauptmann nutzte die Gelegenheit für sich. Er hatte die letzte Wahl gewonnen und somit sein Lebensziel, frei gewählter Landeshauptmann der Steiermark zu sein, erreicht. Nun freute er sich auf den Ruhestand mit seinen Enkeln – und Ehrenämter gab es ja genug! Sein Amt übergab er an seinen Kronprinzen, bisher Landesrat für Bildung, Beamte und EU-Angelegenheiten. Der war noch relativ jung und stürzte sich übereifrig in die Aufgaben seines ersehnten Amtes, was naturgemäß weder der Opposition noch einigen seiner eigenen Parteikollegen gefiel.

Manche Einheimische und kleinere Weinbauern, sogar Touristen nehmen die Anschläge auf sie eher sportlich und haben Spaß daran.

---

16 Krot: Kröte; die Krot schlucken – Unangenehmes unschuldig ausbaden müssen.

»Es sind sowieso zu viele Touristen unterwegs«, sagt Frau Klug. »Und wenn ich mir manche Touristin so anschaue, die fast vergewaltigt worden wäre, ist da wohl auch der Wunsch der Vater des Gedankens.«

Andere wiederum sind der Meinung, es wäre vielleicht eine heimliche Geschäftsstrategie des doppelten Obmanns, da diese Vorfälle eine noch größere Popularität und damit auch mehr Geschäft bringen könnten.

Die Südsteiermark ist mittlerweile überrannt, ausverkauft, ausgelutscht und in vielem unleistbar. Touristen sind gierig auf Neues, Frisches. Das bietet die Weststeiermark – noch! Deshalb der Zusammenschluss.

»Der Tourist hat einen großen Saumagen, der muss geschoppt werden wie ein Kapaun, ein kastrierter Hahn«, sagt Frau Klug. »Ein Zurück gibt es nicht, es gibt nur noch das Vorwärts – bis es kracht.«

4

Es ist sehr früh, ein nebeliger Pfingstsamstagmorgen, als ein Mann mit Spiegelbrille und dem Outfit eines Wanderers in einem froschgrünen Geländewagen mit serbischer Nummer in St. Vinzenz hinter dem Gemeindeamt parkt.

Bürgermeister Loch, der doppelte Obmann Kurzmann und Hegemeister Max erwarten ihn schon unruhig im Büro des Bürgermeisters.

»Wenn die Polizei es nicht schafft, dann ist es höchste Eisenbahn für uns zu handeln«, sagt der doppelte Obmann.

Der Bürgermeister und er haben Max überredet, jemanden im Internet über seinen national-traditionellen Freundeskreis für ihr Problem zu finden. Der schlaksige Mann mit Kurzhaarschnitt reißt ohne zu grüßen das Gespräch sofort an sich.

»Ich bin der Karli«, sagt er mit einem Anklang von Wiener Dialekt, während er vor Max, dem Bürgermeister und dem doppelten Obmann lässig salutiert.

»Und?«, fragt der doppelte Obmann ungeduldig.

Nach einer kurzen Irritation spricht der Mann weiter. »Ihr kennt mich nicht, noch nicht«, sagt er lachend. »Aber dafür kennen mich andere. Nur die anderen können leider nichts mehr über meine Effektivität erzählen …«

»Super«, sagt Max bewundernd, »der ist richtig!«

»Ich war Söldner im Jugoslawienkrieg, an der Front, Republica Srbska«, fährt Karli fort, »ihr versteht?«

Der Bürgermeister traut der Sache nicht.

Der doppelte Obmann ist genervt: Ich bin hier der Wichtigste, denkt er. »Söldner und was? Rede!«

Söldner Karli fasst den doppelten Obmann blitzschnell an der Gurgel. »Horch zu, du Wichtl.«

»Moment, Moment«, schreit Bürgermeister Loch.

Max geht geistesgegenwärtig schnell dazwischen. Söldner Karli lässt los.

»Okay, Herr Karli«, stöhnt der doppelte Obmann, während er sich den Hals massiert. »Bei uns gibt es einige Deppen, so Klimakasperln, die uns mit ihren Überfällen auf die Touristen das Geschäft versauen. Egal wie, das muss endlich aufhören.«

»Okay, okay«, sagt Karli, »*all I need is instruction … and … money*. Fünftausend auf die Kralle, jetzt. Bei *success* noch mal fünf Scheine. *Take it or leave it* … sonst: pfüat eich!«

Die drei schauen sich an.

»Das Geld ist deine Sache«, sagt der doppelte Obmann zum Bürgermeister.

»Ja, eh klar, als Bürgermeister«, bestätigt Max.

Der Bürgermeister stimmt der Gesamtprämie von zehntausend Euro zu. Er weiß, dass er das eigentlich nicht tun sollte. Aber was soll's, denkt er, Geld hin, Geld her, ich will in St. Vinzenz meine Ruhe. Wenn es was kostet, kostet Frieden in der Gemeinde eben etwas. Das bekomme ich im Budget schon irgendwie unter, denkt er. Aber eigentlich war er zu feig zu widersprechen.

»Was nichts kostet, ist nichts wert«, beruhigt ihn Max.

»Richten Sie uns aber ja keinen Ballawatsch an, wir brauchen kein Chaos«, sagt der doppelte Obmann.

»Hier ist kein Krieg. Wir suchen nur einige Demonstranten. Erwischen, verprügeln, und das war's!«, ergänzt Bürgermeister Loch.

Karli lacht. »Geht eich da Reis[17], Freunde?«

Die drei schauen sich an. Sie verneinen nach einer Pause.

»Gut, den zweiten Teil Kohle *after action*! *Got it*?«

Alle drei nicken zufrieden.

Söldner Karli bekommt nach der Instruktion durch Max die ersten fünftausend Euro auf die Hand und verschwindet, nachdem er dem Bürgermeister seine Handynummer gegeben hat, so ruhig, wie er gekommen ist.

Die drei stoßen mit doppelten Schnäpsen auf den Deal an.

»Vergesst nicht, Kameraden, wer eure wirklichen Freunde sind«, murmelt Max. »Geholfen hab *ich* euch und nicht eure christlichsozialen Weicheier.«

»Prost!«

»Prost!«

»Prost!«

---

17   Geht euch der Reis?: Habt ihr Angst?

5

Aus dem Fuhrpark der Gendarmerie hat sich Josef schon vor langer Zeit einen alten grauen Gendarmerie-VW Käfer und ein schwarzes Gendarmerie-M50 Einsitzer-Moped gekauft. Damit ist er am Anfang seiner Karriere als Gendarm im Dienst noch sein Rayon abgefahren. Er hat beide Vehikel liebevoll restauriert. Mittlerweile hat er dafür an das kleine Wirtschaftsgebäude der Keusche ein Carport angebaut.

Er rauscht mit seinen beiden Oldtimern durch die Weststeiermark. Wenn er sich sicher ist, keiner Polizeistreife zu begegnen, zieht er manches Mal sogar seine alte Uniform an, die ihm Frau Klug aufgebürstet hat.

»Herr Inspektor, ich muss ehrlich sagen, Reschpekt! Fesch ist er, der junge Mann«, sagt Frau Klug bewundernd.

Josef setzt seine alte Dienstkappe auf und los geht es, juhu, mit dem Moped zurück in die Vergangenheit. Was für ein herrliches Gefühl, was waren das noch für Zeiten!, denkt er. Die alten Einheimischen kennen dieses Outfit von früher und schütteln irritiert den Kopf. Den Jungen ist es egal.

Für Josef ist es anfangs nicht leicht, in dieser nach außen hin offenen, aber nach innen verschlossenen Gesellschaft von St. Vinzenz Kontakte zu knüpfen.

»Für die meisten Leute aus Vinzi ist jeder aus der Stadt grundsätzlich ein Nockapatzerl«, sagt Frau Klug. »Und dass Sie kein Nockapatzerl sind, müssen Sie denen erst beweisen. – Wetter, Landschaft und wir«, fährt Frau Klug fort,

»passen zusammen wie die Faust aufs Aug[18]. Wir Vinzianer sind unberechenbar wie Regen, Schnee, Hagel, jeder gegen jeden, dazwischen viel Nebel, aber am Ende gemeinsam wie strahlender Sonnenschein. Da ändert auch der Zusammenschluss nichts«, sagt Frau Klug. »West ist West und Süd bleibt Süd. Basta.«

Gegen Zugewanderte ist der St. Vinzenzer misstrauisch, egal woher. Erst nach drei oder vier Generationen wird man ein Einheimischer. Außer der Fremde hat Geld. »So fremd kann der Fremde dann gar nicht sein, dass er nicht willkommen ist – bis er kein Geld mehr hat …« Sie lacht.

Für Josef hat sich aber schon ein erster Kontakt ergeben: Slavko, der zugewanderte Slowene und Besitzer des Buschenschanks »Zum Lustigen Slowenen«, kümmert sich nicht nur um den Weingarten von Frau Klug. Er keltert auch nach ihrem Willen ihren Schilcher und kontrolliert ihn. In einem großen speziellen Immervolltank lagert der Schilcher in ihrem Keller, bis der Tank über das Jahr leer getrunken ist. Frau Klug achtet sehr genau darauf, dass ihr frühroter Schilcher, den nur sie und wenige Auserwählte zu trinken bekommen, von Slavko immer in gleicher Qualität gekeltert wird.

»Der Vater, Großvater, Urgroßvater und alle altvorderen Sommerhansl-Bauern«, sagt Frau Klug stolz, »haben den Schilcher so getrunken und so wird es auch in Zukunft sein, kellerkalt oder als G'spritzter, punktum. Säurebetont, sperrig, fein rosa schillernd, ehrlich und nach dem dritten, vierten Glaserl liebt oder hasst man ihn. Nur bei Sodbrennen heißt es aufpassen«, warnt Frau Klug. »Wenn man ihn zum Backhendl trinkt, kann's weh tun im Magerl und in

---

18 Wie die Faust aufs Aug: Das passt ideal.

der Speiseröhre. In der Nacht gibt's Reflux. Schuld ist nicht das Hendl oder der Schilcher, nein, das alte Frittierfett. Den meisten ist das wurscht und sie werfen zur Sicherheit vorher einen Magenschutz ein.«

Backhendl ist eine traditionelle Speise der Weststeiermark und darauf will niemand verzichten. Sodbrennen hin, Reflux her.

»Einmal Backhendl, immer Backhendl – Au-Wirt«, steht auf der etwas verwitterten Wand des letzten noch offenen Gasthauses von St. Vinzenz, das leider etwas zu weit außerhalb des Ortes steht. Es hat einmal drei Gasthäuser mitten in St. Vinzenz gegeben. Da saß man nach der Arbeit und nach der Kirche zusammen, hat geredet und gestritten, hat Begräbnisse und Hochzeiten, Taufen und Firmungen gefeiert. Alle weg. Im Bezirk gibt es noch das eine oder andere normale Gasthaus, ansonsten haben sich einige wenige zu Restaurants gemausert und damit auch ihre Preise verdoppelt. Der normale Bürger kann und will sich das nicht mehr leisten.

Slavko macht Würste, Schinken und Pasteten, wie man es im slowenisch-italienischen Karst so einzigartig kann. Josef schaut ihm gerne zu und er darf mittlerweile Slavkos Kreationen als Erster probieren, egal ob sie manches Mal verwürzt oder fast italienisch schmecken.

»Steiermark ist prima«, sagt Slavko, »aber Italien ist Land von Sehnsucht! Dort blii-hen Zi-trohoo-nen«, singt er. »Weil es geht um *Kultura*, verstehst?«, sagt Slavko lachend.

Kultura ist für ihn Essen, Trinken, Singen, Würste, Schinken, Speck und Frauen. Alles andere interessiert ihn nicht.

»Sind Deppen blede«, schimpft Slavko, »Deppen blede, Weststeirer. Zusammenschluss mit Südsteirern, sind dagegen … ha, wieso? Deppata! Is alles greßer, viel mehr, viel besser ... für alle. Aber sind Deppen blede, Weststeirer lebt in enges Hirnkastl.«

Josef als Zugereisten akzeptiert er von Anfang an. Ist er doch selbst ein Zugereister. Den Weingarten in der Štajerska und den Buschenschank in St. Vinzenz hat er von seinem Großvater geerbt. Dem konnten weder der Erste Weltkrieg noch der Zweite und schon gar nicht die Kommunisten etwas anhaben. Der Bruderkrieg der vielvölkischen Streithanseln im zerfallenden Jugoslawien ging ebenfalls an ihm vorüber. Slavkos Vater aber ist an der serbisch-kroatischen Grenze im Jugoslawienkrieg gefallen.

»War nix notwendig, aber is man Patriot wie Vater, dann is man Patriot. Opi war nix Patriot, hat überlebt, hat so lang g'lebt, bis ich übernommen hab«, sagt Slavko.

Wenn Slavko Schnaps brennt, darf Josef ihm dabei seit Neuestem auch zur Hand gehen, die frische kalte Maische in den Brennkessel füllen und die ausgebrannte heiße Maische aus dem Kessel als Dünger auf den Acker leeren. Josef lernt, wann der Vorlauf zum Raubrand übergeht und wann der Nachlauf einsetzt.

»Musst probieren, muss a in Gefiehl haben«, sagt Slavko und hält ihm ein Stamperl zum Probieren hin. »Wenn er schmeckt wie Uhu, dann is er Vorlauf, wenn net, is er Guata.«

Langsam begreift Josef, wie das funktioniert, und ist stolz darauf. Die neue Arbeit bringt ihn weg von den Gedanken an seine geschiedene Frau und sein früheres Leben.

Wenn die Brenn abgerissen ist, beginnt alles von vorne: Raubrand in den Kessel und das Gleiche noch einmal. Es entsteht der Doppeltgebrannte, er wird schon bei zirka sechzig bis siebzig Grad abgebrochen. Der übrige Nachlauf wird sortenrein in einem lebensmittelechten Plastikkanister aufbewahrt, für den nächstjährigen Brand. Oder Slavko mischt zu vielerlei Sorten Nachlauf noch den Vorlauf dazu und Frau Klug bekommt das zum Einreiben ihrer arthrotischen Gelenke.

Der starke Doppeltgebrannte wird in einen großen Glasballon gegeben, ein Wattebausch kommt auf die Öffnung, damit Fuselöle entweichen können, und einige Tage später wird er verkorkt und in den Keller gestellt. Nach zirka einem Jahr wird er auf vierzig Grad eingewogen, das heißt, der hochprozentige Schnaps wird mit Quellwasser gemischt. Quellwasser und Schnaps müssen für die Vereinigung gleich kalt sein. Dann ist er mild und herrlich trinkbereit. Slavko schätzt Männer, die sich um die wirklich wichtigen Dinge des Lebens kümmern, um *Kultura*.

»Verstehst du, Josef«, sagt Slavko. »Essen und Trinken sind die drei wichtigste Sachen in Leben.«

Sein schreiendes Lachen mag Mariza, seine Frau, nicht. Er liebt Witze, durchaus schlüpfrige, aber meist kann er sie nicht zu Ende erzählen, weil er sich im Deutsch verheddert oder vor Lachen über den eigenen Witz damit nicht zu Ende kommt und die Pointe versemmelt. Zu seinem Leidwesen wird Slavko über die letzten Jahre immer dicker. Zwei Teile seiner *Kultura*, Essen und Trinken, hinterlassen bei dem lebenslustigen Slowenen unübersehbare Spuren. Der fehlende dritte Teil seiner *Kultura* ist das wirkliche Problem. Seine Ehe ist unglücklich. »Über finfzig«, sagt Slavko traurig, »macht ma nix mehr jede Tag Liebe. Scheiß Hund auf Feierzeig, Mariza hat Wexel, nixa mehr Lust auf Slavko!«

»Ja, ja, es gibt Männerbäuche, die, wenn man sie einmal hat, nicht mehr kleiner werden«, warnt Frau Klug lachend. »Das ist wie bei den Weiberärschen, alle Hungerkuren der Welt helfen da nicht mehr.«

So bleiben Slavko nur Glaubersalzkuren nach Wunderdoktor Höllerhansl[19], der im vorigen Jahrhundert in der Weststeiermark den Leuten Krankheiten diagnostiziert hat, indem er ihren Harn beschaut hat. Dieser wundertätige und sehr gläubige Mann hat für sein Wirken den vollkommenen Ablass von Papst Pius XI. bekommen und starb als Schweralkoholiker an Leberzirrhose.

»Er war auch ein großer Verehrer des frühroten Schilchers«, sagt Frau Klug, »und von Zwetschkenschnaps. Tja, der eine packt's, der andere nicht, so ist das Leben.«

6

Neben den Übergriffen auf Touristen, die mittlerweile schon Alltag sind und zur Allgemeinunterhaltung beitragen, passiert in St. Vinzenz alles wie immer. Man macht zum Leidwesen des Bürgermeisters und der Opfer Witze und schließt Wetten ab, wo der nächste Überfall passieren wird. Alles wartet sehr gespannt auf eine wirkliche Vergewaltigung. Söldner Karli hat seinen Jeep in einem alten Heustadel oberhalb des Höllgrabens, der gleich hinter der Sommerhansl-Keusche steil abwärts beginnt, versteckt.

Würde man auf Söldner Karli treffen, könnte er auch als Tourist durchgehen. Er hat sich im Ort umgeschaut und Lebensmittel besorgt, hat die Plätze der Überfälle inspiziert und sich im wahrsten Sinne des Wortes im Höllgraben eingebunkert. Einen ehemaligen Dachsbau in einer dichtbe-

---

19 Höllerhansl: eig. Johann Reinbacher (1866–1935), »Bauerndoktor«, heilte durch Urinbeschau.

wachsenen Ecke des Höllgrabens hat er mit seinem Spaten professionell zu einer kleinen Höhle erweitert.

Für seinen Job ist er top gerüstet: Helm, ein Steyr Mannlicher Gewehr, Pfefferspray, Nachtsichtgerät, ein Gerät, um den Polizeifunk abzuhören, eine schusssichere Weste, in der zwei Handgranaten stecken, und ein Feldstecher. Als Krönung eine Glock 17 Polizeipistole, die weltweit gefeierte österreichische Qualitätsarbeit zum Töten. Er hofft, dass er den Job ganz schnell erledigen kann. Die zehntausend Euro braucht er dringend. Danach will er bei der Wagnertruppe in Sankt Petersburg anheuern.

Doch am frühen Morgen des Pfingstsonntags stellt zur Überraschung aller die Polizei die Truppe der Klimakasperln. Endlich! Im Sulzergraben!

Söldner Karli hat die ganze Aktion verschlafen. Er war am Nachmittag zuvor noch zu einem Buschenschank oberhalb des Höllgrabens aufgebrochen. Er kann sich nur an zu viel Wein, zu viel Schnaps, einen lauthals singenden Tschuschen – so bezeichnet er Slowenen, Kroaten und Serben und das ganze Balkangesindel – und an einen Schuss erinnern. Mehr tut sich nicht in seinem Hirn, er hat einen Filmriss.

Die Klimakasperln sind junge Burschen und Mädchen aus allen Gegenden der Weststeiermark. »Wir demonstrieren«, beginnt ihr Anführer mutig, »gegen den Raubbau an der Natur, gegen Klimaveränderung, gegen idiotische Touristen, den Zusammenschluss und die Geldgeilheit der Weinbauern. Vor allem aber gegen die feige Politik!«

Um ihnen kein zu großes Publikum für ihre durchaus ehrenhaften Argumente zu verschaffen, versucht man sie einzuschüchtern. Bürgermeister Loch, der doppelte Obmann Kurzmann und die Bezirkspolizeikommandanten von Deutschlandsberg und Leibnitz versprechen, sich bei der Bezirksverwaltungsbehörde nur für eine einstweilige Mahnung einzusetzen.

»Aber nur, wenn ihr sofort aufhört. Wenn es weitergeht, dann sind wir gezwungen …«

»Glaubt mir«, unterbricht der Tourismus- und Weinbauvereinsobmann Kurzmann den südlichen Bezirkspolizeikommandanten forsch, »ich kenne jemanden, der euch den Garaus macht. Da brauche ich nur mit dem Finger zu schnipsen. Der knackt euch wie Läuse!«

»Das reicht«, unterbricht ihn der westliche Bezirkspolizeikommandant. Aber der doppelte Obmann hat sich in Rage geredet, und da er Widerspruch nicht gewohnt ist, droht er weiter.

»Irgendwann knallt's, dann könnt ihr vielleicht plötzlich nicht mehr gehen … ein Schuss ins Knie … oder …«

»Aus jetzt«, schreit der südliche Bezirkspolizeikommandant, »das reicht!«

Der Mut der Klimakämpfer scheint durch die Drohungen erst etwas zu bröseln. Aber als der doppelte Obmann ihnen hochdotierte Gutscheine für seinen Buschenschank anbietet, lacht der Anführer.

»Sie können uns Angst machen und drohen, aber kaufen lassen wir uns nicht. Wir wollen nicht, dass unsere Weststeiermark im Tourismus versinkt. Es ist unser Land! Und Geld kann man nicht essen!«

Die beiden Bezirkspolizeikommandanten weisen ihn abwechselnd darauf hin, dass jede weitere Bedrohung von Touristen mit Anzeigen durch die Bezirksverwaltungsbehörde geahndet wird.

»Und nun wissen wir ja, wo es passiert ist und wer dahintersteckt«, sagt der westliche Bezirkspolizeikommandant.

»Überlegen Sie sich das gut, auch wir wollen unsere Ruhe«, ergänzt der südliche und reicht ihm als Erster die Hand.

Alle sind froh, hat man doch endlich das Hemmnis beseitigt und alles kann weitergehen wie immer.

»Man muss Söldner Karli mitteilen, dass wir ihn nicht mehr brauchen«, flüstert Kurzmann dem Bürgermeister zu. »Runterhandeln, ausbezahlen und loswerden!«

Der doppelte Obmann und Max verständigen sich mit einem Zwinkern und kaum merklichem Grinsen. Die großen Weinbauern sind fürs Erste befriedigt. Bürgermeister Loch widersteht Kurzmanns Überheblichkeit. Er hat dieser Arroganz, aber auch der Raffinesse des doppelten Obmanns momentan nichts entgegenzusetzen. Sein Amt war einmal machtvoll, aber diese Zeiten sind längst vorbei.

Plötzlich, unerwartet – ein Mord an einem Touristen!

Auch das noch! Im Wald, am Weg zum Höllgraben. Mitglieder der Landjugendtruppe haben ihn – eben an diesem Pfingstsonntag – in den frühen Morgenstunden gemeldet. War die Polizei aus der Süd- und Weststeiermark gerade noch mit den Klimakasperln zugange, überprüft sie nun den Tatort und sperrt das Gelände weiträumig ab. Ermittlungsbereichsleiter Puderer in der Landespolizeidirektion in Graz wird verständigt. Ihm folgen Spurensicherung und Bestattung.

»Wie soll bei diesem Trubel der Heilige Geist zu Pfingsten in St. Vinzenz einziehen?«, sagt Pfarrer Schwintzerl zu Reserl, seiner Pfarrersköchin, als sie bei der Einkleidung zur heiligen Messe am Pfingstsonntag von dem Mord hören.

»Ja, ja, der Heilige Geist. Wenn in St. Vinzenz einmal was los ist, dann aber richtig«, antwortet Reserl und lächelt verzückt.

»Wir sind Jäger«, sagt Frau Klug. »Die Pirsch geht auf Rotwild, Federwild, Raubzeug, aber doch nicht auf Touristen! Noch dazu von hinten?«

Frau Klug verteidigt alle Angriffe auf ihre Kollegen vehement, denn Frau Klug liebt das Weidwerk. »Ja, wenn es darauf ankommt, schieße ich auch heute noch gern, es ist mir eine tiefe innere Befriedigung. Und ich treffe!«, versichert sie Josef. »Aber ich schieße nur, wie es das Gesetz erlaubt.«

Josef spürt ihre Leidenschaft, aber verstanden hat er Jäger noch nie. Auch er hat eine Waffe getragen, im Dienst, auch er musste zweimal in seiner Laufbahn schießen, aber gern hat er es nicht getan.

»Das hat man oder hat man eben nicht«, sagt Frau Klug. »Herr über Leben und Tod, das ist etwas, das kommt aus der Tiefe, da ist eine Urgewalt, da setzt das Hirn aus, wie beim Sex. Einmal Jäger, immer Jäger«, sagt sie. »Und im Gegensatz zu irgendwelchen Stadt- und Sonntagsjägern esse ich das Wild auch, das ich schieße.«

Polizei an allen Ecken und Enden. Auch eine kleine Abordnung der Cobra, der österreichischen Spezialeinheit, ist aus der Landeshauptstadt Graz im vollen Harnisch angereist.

Einheimische laufen aufgescheucht herum oder sitzen in neugieriger Erwartung am Hauptplatz. Ein Mord in St. Vinzenz! Das ist völlig unmöglich, etwas ganz Neues!

Weder die Übergriffe noch der Mord können die Touristen von Besuchen in St. Vinzenz abschrecken. Damit hat man nicht gerechnet. Im Gegenteil, der Zustrom ist zur Verwunderung aller noch größer als sonst um diese Zeit.

Die Presse tut ein Übriges. Es ist ja auch ein Novum, fast ein Geschenk. Wann hat man schon so etwas Kapitales zu berichten: Mord im Tourismus.

»Ein neuer Zweig hat sich aufgetan, Abenteuer- und Risikotourismus«, verlautbart Kurzmann dem Anlass entsprechend auf einer gemeinsamen Sitzung von Tourismus- und Weinbauverein in seinem Buschenschank. Nicht wenige Touristen hoffen sogar, in eine Prügelei verwickelt zu werden, oder sie wollen sonst etwas Aufregendes in St. Vinzenz erleben. Ermordet will natürlich niemand werden, aber das wird verdrängt. So kommen Touristen mit schusssicheren Westen, Stahlhelmen, Feldstechern und vielen anderen erlaubten und unerlaubten Kriegsutensilien in St. Vinzenz an. Die Sehnsucht nach dem ultimativen Kick ist enorm.

»Gemeinsam sind wir stärker«, sagt der doppelte Obmann, und die großen Weinbauern der Südweststeiermark fühlen sich im Zusammenschluss bestätigt.

»Bravo! Bravo! Das rentiert sich jetzt«, sagt der doppelte Obmann. Auf sein Anraten wird schnell eine Erlebnis-Wanderkarte erstellt, auf der der Tatort des Mordes und einzelne Punkte, an denen spezielle Überfälle stattgefunden haben, verzeichnet sind. Gleichzeitig wird eine immense Preiserhöhung in den Buschenschänken beschlossen. Man überlegt sogar, den Trupp der Klimakasperln zu engagieren, um Touristen spielerisch zu überfallen.

Die Bürgermeister der gesamten Region sowie deren Gemeinderäte sind nicht stark genug, die überschießenden Geschäftsideen des doppelten Obmanns in die Schranken zu weisen. Denn hinter ihm stehen auch die anderen mächtigen Buschenschänkler. Die Landesregierung wird von ihm außen vor gelassen. Für ihn zählt der Erfolg an der Basis, und er weiß, dass damit auch die Landespolitiker beruhigt sind.

Die Sommerhansl-Keusche liegt Gott sei Dank etwas abseits von St. Vinzenz. Hierher verirrt sich kaum ein Tourist. Es gibt hier auch nichts Besonderes zu sehen oder zu erleben außer Ruhe, eine feine Schönheit sowie eine tolle Aussicht weit ins Slowenische hinein.

Der schöne Scheibengrund beherbergt ein kleines gepflegtes Gemüsebeet hinterm Haus. Es ist Frau Klugs Heiligtum. Josef will unbedingt die weißen Kriecherln[20] der zwei Bäume vorm Haus im Herbst maischen und mit Slavko nach dem nächsten Winter zu Schnaps brennen. Der Schnaps von dieser Ur-Pflaumenart schmeckt nach Marzipan. Auch die Früchte der beiden Zwetschkenbäume hinter der Keusche, unter denen die Mai-Ritterlinge wachsen, werden gemaischt.

Frau Klug liebt aber eher den Schnaps aus den kleinen Vogelbeeren, den Früchten der Eberesche.

»Ein Stamperl Vogelbeerschnaps am Morgen«, schwört sie, »vertreibt Kummer und Sorgen.« Doch die roten Früchte sind schwer zu sammeln, weil sie so klein sind. Man muss viele davon haben, ihr Zuckergehalt ist niedrig, somit auch die Alkoholausbeute. Aber der Waldrand hinter der Keusche ist voll von diesen Bäumen, und Frau Klug findet immer jemanden, der ihr die Früchte sammelt. Daneben gibt es einige seltene Holzapfelbäume[21], aus deren Obst Slavko herrlichsten Most macht und aus diesem wiederum den besten Essig. Nur das Sammeln ist mühsam, weil die Früchte dieser Ur-Apfelsorte ebenfalls klein sind.

Einen Klarapfelbaum gibt es noch auf dem Keuschengrund, bevor das knappe Viertelhektar Schilcher-Weingarten steil bergab fließt. Klaräpfel sind die ersten Essäpfel der Saison, die, wenn sie nicht mehlig sind, Ende Juni knackig reif

---

20 Kriecherl: wilde Zwetschkenart.

21 Holzapfel: sehr alte Wildapfelsorte, die besonders widerstandsfähig ist.

werden und säuerlich-süß schmecken. Frau Klug liebt sie wegen ihrer wackligen Zähne nicht besonders, aber sie macht köstliche Apfellaibchen draus, mit Bierteig in Butterschmalz herausgebacken und mit Zimt und Staubzucker bestreut.

»Sollte sich ein Tourist in unser schönes Reich verirren und sich nicht benehmen«, warnt die Jägerin Klug, »dann gibt's Sauborsten.«

7

Nun ist also ein Mord geschehen in St. Vinzenz, Pfingstsamstagnacht.

Vor dem Haus des Anführers der Klimakasperln fahren am Pfingstsonntagvormittag nach der Tatortbesichtigung nicht nur Bürgermeister Loch und der doppelte Obmann Kurzmann, sondern auch ein Dienstwagen mit dem Ermittlungsbereichsleiter Puderer vom LPD aus Graz vor. Beim Leben aller seiner Verwandten schwört der Anführer der Klimakämpfer, dass weder er noch einer seiner Freunde mit diesem oder welchem Mord auch immer etwas zu tun haben. Erschrecken ja, aber Mord: nein!

Als seine Frau sein Alibi bestätigt, dass er die ganze Nacht zu Hause war, lässt man ihn in Ruhe. Der doppelte Obmann schaut den Bürgermeister scheel an.

»Nun werden wir die Sache doch noch selbst in die Hand nehmen müssen, verdammte Scheiße noch einmal!«

»Sie werden sich zurückhalten«, sagt Ermittlungsbereichsleiter Puderer, »das ist ab jetzt meine Sache. Und das sage ich nicht zweimal. Haben Sie mich verstanden? Guten Tag«, und geht.

Der doppelte Obmann nickt etwas verzögert, als sich der Bürgermeister nähert. »Hast du das mit Karli geklärt?«

»Nein, noch nicht«, sagt der Bürgermeister, »mach ich morgen.«

»Nein«, sagt der doppelte Obmann, »nein, ruf ihn an, er soll den Mörder finden und entsorgen. Das Geschäft läuft zwar gut, aber wer weiß, was uns da noch alles bevorsteht! Besser wir klären das gleich, ein für alle Mal.«

»Okay«, sagt der Bürgermeister, »ich rufe ihn an. Und ich informiere Max.«

Pfingstsamstagnacht zieht die Landjugend traditionell durch die Gegend um St. Vinzenz. Einheimische, junge Menschen, Bauernsöhne. Traditionell konservativ, parteitreu, christlichsozial und von klein auf christgläubig, in Lederhosen gezwängt. Später in Steireranzügen und Dirndlkleidern, sind sie die Zukunft, die nicht nur die Volkstraditionen von St. Vinzenz hochhalten werden. Finanziell gefördert von Partei, Land und Gemeinde, sind sie entweder zukünftige konservative Wähler oder auch regionale politische Kader. Sie ziehen in der Nacht des Pfingstsamstags von Hof zu Hof, von Haus zu Haus, um frei herumstehende Geräte aller Art, Blumenkästen, Werkzeuge, zu verstecken. Genannt wird dieser alte Brauch *Wagenziehen*, indem man jemandem zu Fleiß einen Hund antut[22]: Dinge wegträgt, woanders hinbringt, um Verwirrung und Unruhe unter den Einwohnern zu stiften, und dergleichen mehr. Durchaus macht es ihnen großen Spaß, Schaden anzurichten. Aber alles im Schatten der Tradition, auch wenn mitunter Rache und Hass dahinterstecken mögen. Dabei wird viel getrunken und es gibt exzessive Auswüchse, denn es

---

22 Hund antun: einen witzig gemeinten Schaden zufügen.

ist einer der wenigen Momente, in denen sie absolut frei sind. Frauen und Mädchen sind bei Strafe nicht zugelassen. Werden sie entdeckt, ist die Strafe Sex.

Einmal gelang es einem Mädchen, sich einzuschleichen. Als man dies entdeckte, sollte sie mit dem Anführer der Truppe vögeln. Da aber ihr Freund in der Truppe und dieser naturgemäß nicht damit einverstanden war, kam es zu einer blutigen Auseinandersetzung. Seitdem werden Frischlinge, die zum ersten Mal bei diesem Gaudium dabei sind, zu Beginn auf ihr Geschlecht hin untersucht. Der Anführer der Landjugend hat dies angeblich einem Ritual aus dem Vatikan abgeschaut. Wenn es nicht wahr ist, ist es doch gut erfunden.

»Nachdem es eine Päpstin gegeben haben soll, wird jeder neue Papst nach seiner Wahl, bevor er das weiße Papstgewand überstreift, auf einen Stuhl gesetzt, der in der Mitte eine Öffnung hat, durch die der Zeremonienmeister das Gemächt ertastet.«

Nach diesem Akt beginnen die Jungen mit dem Vorglühen, das heißt, sie saufen sich ein und damit werden alle Schleusen geöffnet, jegliche Hemmschwellen sind weg. Dann schwärmen sie im Schutz der Nacht aus. Hauptsache laut und zerstörerisch. Über das Jahr hat sich bei den Jungen viel Kraft angestaut und die darf jetzt raus, endlich. Was für eine Verschwendung! Als Höhepunkt der Pfingstnacht verprügelt man sich meist gegenseitig, und das Ganze geht so weiter bis in die frühen Morgenstunden, bis alle vom Alkohol übermannt in sich zusammenkrachen.

Es ist einer der Höhepunkte, bei den Überstandigen, so nennt man etwas verächtlich ältere und alleinstehende Frauen aus St. Vinzenz, sogenannte *Pfingstlotta* aufzustellen. An diese mit Heu ausgestopften Männerklamotten wird eine riesige angefüllte Socke als Schwanz angenäht. An den schmierigen Geschichten dazu, die in St. Vinzenz hinter vorgehaltener Hand erzählt werden, haben sehr viele ihren Spaß.

8

Schilcher, frühroter, spätroter Schilcher, der Roséwein aus der blauen Wildbacher Traube.

Ihn hat Josef erst über Frau Klug kennen- und über die kurze Zeit doch lieben-, aber auch respektieren gelernt. Die meisten Schilcherbauern der Weststeiermark bevorzugen den Frühblauen wegen dessen früher Reife und somit schnelleren Verarbeitung. Der Spätblaue ist aber besser, schwören ältere St. Vinzenzer. Mit Schilcher, speziell mit dessen Vermarktung, hatten die Weinbauern über die Jahrzehnte ihre schwere Not. Unzählige Gemeinschaften, Vereine mit Schilcher im Vorspann wurden zu dessen Vermarktung schon gegründet und keine hat letztlich wirklich gegriffen. Schilcher-Weinbauern sind aus Tradition wie ihr Schilcher: sperrig und unberechenbar. Die Weinbauern sind fleißig, aber nur schwer für Gemeinsames zu fassen.

Nun fühlen sich vor allem die jungen Schilcherbauern, die nächste Generation, durch den Zusammenschluss von Süd- und Weststeiermark erst recht vernachlässigt. Das führt zu gehässigen Angriffen auf Gemeinde- und Landespolitiker. Aber vor allem der Tourismus- und Weinbauverantwortliche Justus Kurzmann bekommt sein Fett ab. Die national-traditionelle WIR SIND DAS SCHILCHERLAND-Partei von Max trifft genau in diese Kerbe. Er konnte sich gar nicht so rasch umschauen, so schnell waren die jungen Schilcherbauern in seiner Partei. Doch sie sind noch zu unentschlossen. Der rechte Geschmack der Partei gefällt ihnen nicht wirklich.

»Die Zukunft gehört euch, und zwar ohne Justus Kurzmann«, bringt Max die Jungen auf Kurs.

Frau Klug trinkt jeden Tag mindestens zwei bis drei Viertel Schilcher. Ihr Arzt, Doktor Stiegler, bezeichnet sie als »Wunder von St. Vinzenz«, sie hat mit ihren neunzig Jahren Blutfettwerte wie ein Kleinkind. Anzeichen von Alkoholismus sind bei ihr nicht zu diagnostizieren.

»Schilcher hat mir in schweren Zeiten immer geholfen, hat mein Herz stark, den Kopf klar und frei gemacht. Er gibt mir Mut und Kraft. Er muss selbstlos erlebt werden wie die Liebe. Wenn man sich mit ihm auf Höhen und Tiefen einlässt, mit ihm Glück, Hass, Schönheit, Trauer und Fröhlichkeit teilt, dann ist man im Leben angekommen. Aber er mag es nicht, wenn man sich gehen lässt und ihn zur Flucht vor dem Leben nutzt. Dann ist man verloren. Prost, liebe Freunde, dass die Gurgel nicht verrost!«

So lautet ein Statement von Frau Klug in der Werbebroschüre von WIR SIND DAS SCHILCHERLAND.

Der Mord beschäftigt Josef doch mehr, als er dachte und möchte. Wie auch nicht? Einmal Gendarm, immer Gendarm! Das Opfer, ein Mann, war am Pfingstsamstag mit seiner Freundin Julia, einer der zwei überstandigen Damen aus St. Vinzenz, nach einem Buschenschankbesuch nachts zu Fuß durch den Wald oberhalb des Höllgrabens unterwegs. Sie waren auf dem Weg zur Wohnung der Frau und sie waren betrunken. Es war Vollmond. Knutschend stolperten sie den schlechten Wanderweg durch den Wald entlang. Als der Mann pinkeln musste, soll sie ihm eine kräftige Fichte ausgesucht haben und half dem Betrunkenen mit dem Hosenstall. Da!, plötzlich – ein dumpfer Knall. Der Mann sackte in sich zusammen, wie die Begleiterin bei der Einvernahme beschreibt. Er war sofort tot. Sie schrie hysterisch in die Nacht, bis das Rudel besoffener Pfingstmänner auf sie stieß und die Polizei rief.

»Von hinten in den Kopf«, wundert sich Max am Morgen im Tankstellen-Tschecherl. Für Max, den Hegemeister und Parteichef der national-traditionellen Partei, ist das Tschecherl das Biotop, in dem er fischt. WIR SIND DAS SCHILCHERLAND ist seit dem Zusammenschluss im Aufwind und er hofft, bei den im Herbst anstehenden Landtags- und Gemeinderatswahlen endlich in den Gemeinderat von St. Vinzenz zu kommen.

»Hinterrücks, das gibt es bei uns nicht«, sagt er. »Ein Unglück vielleicht ... ein abgelenkter Schuss ... aber um diese Zeit? Obwohl ...«, er schüttelt noch einmal entgeistert den Kopf, »das war kein Jäger«, und gießt das halbe Viertel Schilcher mit einem geübten Schluck auf einmal hinunter. Der alte Herr ist wie viele St. Vinzenzer bewusster Alkoholiker. Er geht nicht mehr zu Doktor Stiegler. Seine Leber- und anderen Werte sind ihm wurscht, wie er sagt. Sein Lebensmotto: Krankheiten kommen von selbst und gehen auch von selbst. Was soll ich mich da einmischen und in meinem Alter mit Gesundheit anfangen?

Die Anzeige den Mord gegen Unbekannt betreffend ist bei der Staatsanwaltschaft in Graz eingebracht. Erste Beschuldigungen, erste Mutmaßungen hinter vorgehaltener Hand unter den St. Vinzenzern ... und die Medien tun ihr Übriges. Ausgeraubt hat man das Opfer nicht. Seine Partnerin erlitt auch keinen Vergewaltigungsversuch. War der Täter ein Tourist oder ein Nebenbuhler? Die Medien entschließen sich in ihren Berichten, zum Leidwesen von Kurzmann, für einen Touristen. Der ORF Steiermark, Landes-, Stadt- und Bezirkszeitungen, sogar Werbeblätter der Region machen Interviews. Sie fragen nach beim Bürgermeister, dem doppelten Obmann, bei Max, dem verantwortlichen Ermittlungsbereichsleiter Puderer und vielen Einheimischen. Aber es findet sich kein klares Motiv: Liebe, Sex, Hass – ja, aber alles Mutmaßungen. Von passenden Spuren ganz zu schweigen. Außer dass der Schuss aus einer Glock 17 mit Schalldämpfer abgegeben wurde.

Julia, die Freundin des Opfers, zieht sich nach dem Verhör durch den Ermittlungsbereichsleiter zu einer Freundin in die südliche Bezirkshauptstadt Leibnitz zurück. »Ich habe nichts weiter zu sagen, das jemanden etwas anginge«, sagt sie verstört und verschwindet, nur mehr für die Polizei erreichbar.

Der Tourismus floriert inzwischen weiterhin unerwartet gut. Nun kommen nicht nur mehr Schaulustige, sondern auch Amateurkriminalisten nach St. Vinzenz.

Die Buschenschänkler freuen sich über das Geschäft. Dazu musste erst ein Mord passieren!

Fernsehen, Radio, Zeitungen, Polizei, Cobra – alles da. Die Süd- als auch die Westler haben sich immer viele Touristen gewünscht, aber das übersteigt nun alles. Man braucht Zimmer, die nicht vorhanden sind, und die, die es gibt, sind veraltet. Man braucht Logistik, mit der Erschließung der Internettechnik ist es auch nicht weit her. Wein gibt es genug. Und genug Erzherzog-Käferbohnen, -Speck, -Brot, -Würste, gesellchten Schinken, Backhendl mit Krauthäuptel-Kernölsalat, Sterz, Lederhosen, Dirndlkleider, Steirerhüte, Gamsbärte, Schnäpse aller Art – und viel geschäftliches Grinsen.

»Niemand kann so grinsen wie ein erfolgreicher Buschenschankbesitzer und Weinbauer«, sagt Frau Klug.

»Essen und Trinken, Beten und Singen, hält Leib und Seele zusammen, das ist wichtig«, meint Pfarrer Schwintzerl als Beitrag zur Entspannung in seiner Sonntagspredigt.

Aber sonst gibt es in St. Vinzenz außer einer schönen Landschaft, die man erwandern kann, und Ruhe nichts Aufregendes für die Freizeit. Besucher wollen aber unterhalten werden und das mit Spannung.

»Irgendwann hat man genug von dem touristischen Vater- und Mutterspiel, dem vielen Essen, Saufen und Grinsen. Man braucht auch geistreiche Abwechslung, einen Kick, einfach Neues«, klagt der Ermittlungsbereichsleiter seinen Mitarbeitern. Sie leiden am meisten unter den Kriminalamateuren.

Hätte man im vorigen Jahr nur die Sommerrodelbahn gebaut, auch eine Cross-Radstrecke wäre möglich gewesen! Die nächsten Kinos sind in Graz. Bibliothek gibt es keine mehr, dafür fehlen Fördergelder der Gemeinde, die für Ortsmusik und Landjugend gebraucht werden. Im entfernten Lannach gibt es zwar ein Puff, aber das ist abschreckend. Die Damen haben wenig Format und ein Besuch geht trotzdem ins Geld.

Die Aufführung eines sexistischen und frauenfeindlichen Bauernschwanks der Theaterrunde im Herbst ist zwar ganz lustig, aber macht nun das Kraut auch nicht fett, denn manch denkender Mensch lacht da weit unter seinem Niveau. Der St. Vinzenzer Fußballverein dümpelt in der zweitniedrigsten Liga auf und ab. Das Zuschauen macht nicht wirklich Spaß. Eisschießen kann man in St. Vinzenz zwar auch auf Asphalt, aber »echt« geht es nur im Winter auf einem gefrorenen Teich. Und ja, Tischtennis und Tennis. Sonst gibt es nichts, aber auch gar nichts, außer Arbeit, Essen und Saufen.

»Das werden wir, wenn wir im Gemeinderat sind, verändern«, sagt Max im Au-Wirt beim bisweilen größten Mitgliedertreffen seiner Partei. »Wir brauchen Leben, richtiges Leben und spannende Angebote für unsere Gäste!«

»Bravo!«

»Bravo!«

Josef saust derweil mit seinem Moped in der Gegend herum. Er forscht im Wirtshaus und in den Buschenschänken. Auch das Tankstellen-Tschecherl besucht er. Er befragt die Einheimischen, bis ihnen die Köpfe rauchen und sie sich in ihren Antworten verheddern. Mancher ist nicht nur über Josefs Uniform verblüfft, sondern auch darüber, dass er Josef Dinge erzählt, die er gar nicht erzählen wollte. Die Gespräche sind aufschlussreich, nicht nur für den jetzigen Fall, auch für manch andere schiefe Begebenheit aus dunkler St. Vinzenzer Zeit.

Josef besucht den Tatort in den frühen Morgenstunden. Gerade erst ist es hell geworden, sucht er schon in dessen Umgebung nach Spuren, die vielleicht übersehen wurden. Bis er Söldner Karli überrascht, der ebenfalls auf Spurensuche ist. Es kommt fast zur Katastrophe, denn Josef hat es sich bei seinem Abgang in den Ruhestand nicht verkneifen können, neben seiner Schirmmütze und der Uniform auch seine Dienstwaffe mitzunehmen. Im Rummel der Abschiedsfeiern ging das spielend unter. Aus Gewohnheit hat er nun die Waffe bei seiner morgendlichen Untersuchung dabei. »Wenn schon, denn schon, man weiß ja nie.«

Als Söldner Karli, in der Meinung, nun einen Mörder beim Tatortbesuch schnell in die Finger zu kriegen, Josef hört, springt er mit seiner Glock 17 im Anschlag aus der Fichtenjugend und schreit: »Hände hoch! *Freeze!*«

Josef erschrickt so sehr, dass er einen ungezielten Schuss aus seiner ungesicherten Waffe abgibt. So etwas ist ihm in seinem ganzen Berufsleben nicht passiert. Söldner Karli schießt ebenfalls im Affekt. Keiner trifft.

Josef hastet in Karlis Richtung, legt auf Karli an und ruft: »Hände hoch!«

Der Söldner fällt, im Glauben, der vermeintliche Mörder hätte bewusst auf ihn geschossen, sofort mit erhobenen Armen auf die Knie.

»Weg mit der Waffe!«

Söldner Karli wirft freiwillig seine Glock 17 weit von sich.

Josef schaut ihm ins Gesicht: »Hände auf den Rücken, auf den Boden legen, sonst bist du tot. Name?«

»Karli«, sagt der Söldner.

»Karli wer?«

»Münster.«

»Was willst du hier?«

»Ich bin Privatdetektiv aus Wien und arbeite auf eigene Kassa. Ich suche den Mörder.«

Josef spürt, dass er lügt, aber da er in der Nähe zwei Menschen lärmen hört, will er schleunigst weg.

»Hör zu, wer du auch immer bist, ich glaub dir kein Wort. Hau ab! Wenn ich dich noch einmal in St. Vinzenz treffe, übergebe ich dich der Polizei. Ob lebend oder tot, darfst du dir aussuchen.« Josef verschwindet. Das hätte ich gebraucht, denkt er, pensionierter Gendarm bedroht Wanderer mit seiner gestohlenen ehemaligen Dienstwaffe!?

Söldner Karli wundert sich, ungeschoren davongekommen zu sein, und ist froh, das Abenteuer gesund überstanden zu haben. Vielleicht hätte ich für die Suche nach dem Mörder doch noch fünftausend Euro mehr verlangen sollen, denkt er jetzt. Er bleibt noch etwas in Demutshaltung, steht dann, langsam um sich schauend, auf, schnappt seine Glock 17 und – schwupps – ist er wieder im Dickicht der Fichtenjugend verschwunden.

Zwei Jäger nähern sich lauthals streitend der Richtung, aus der die Schüsse gekommen sind. Doch die beiden können den Ort nicht lokalisieren. Und da es noch sehr früh am Morgen ist, vermuten sie einen scheuen Kollegen mit Weidmannsheil und kehren um.

9

Die Distanz der Einheimischen zu Josef als Zugewandertem ist ihm grundsätzlich ganz recht. Lieber sich langsam und gut kennenlernen als schnell und oberflächlich. Josef ist, wie man im Schilcherland sagt, in Beziehungsangelegenheiten kein Tanzbodenkönig[23], eher ein bedächtiger Pirschgänger[24]. Karin aber, sie arbeitet in der Gemeinde im Bauamt, hat sein Interesse im Nu geweckt. Die hübsche Frau und er haben sich für einen kleinen, aber intensiven Moment tief in die Augen gesehen, als sie gleichzeitig im kleinen Supermarkt neben dem Tankstellen-Tschecherl nach der gleichen Flasche Milch griffen. Zwei, drei Sekunden und beide merkten sich den Moment in ihren Herzen. Er hat ihr natürlich die Milch überlassen. Sie dankte es mit

---

23 Tanzbodenkönig: jemand, der auftrumpft.

24 Pirschgänger: jemand, der sich scheu nach Frauen umschaut.

einem lieben Lächeln und einem freundlichen »Sehr lieb, danke«.

Zu mehr reichte es nicht, noch nicht.

Leider hat Frau Klug keine Kinder. Ihr Pepi war Schuster und ist schon vor Jahren hochbetagt an Krebs verstorben. Es werden viele Geschichten über ihn erzählt. Gerüchte verbreiten sich schnell. Das Gerücht ist das zweitliebste Kommunikationsmittel in St. Vinzenz nach der vorgehaltenen Hand. Frau Klug redet nicht gerne über ihre Ehe und ihren Mann, auch nicht mit Josef.

Der Krieg hatte Pepi von Ptuj nach St. Vinzenz verblasen. Weder wollte ihn der Seniorenbund noch die Kameradschaft, die auch Anlaufstelle für die wenigen noch lebenden Landser war. Sie halten das Andenken an gefallene Einheimische der Kriege hoch. Pepi aber war Partisane gewesen und für die meisten noch ein Feind.

Jedenfalls war es keine schöne Leich, wie man normalerweise ein gelungenes Begräbnis in St. Vinzenz nennt. Bürgermeister Loch hat in der Kirche einen knappen Lebenslauf von Pepi vorgetragen und am offenen Grab hat der Vorgänger von Pfarrer Schwintzerl mutig darauf hingewiesen, dass Pepi als Partisane auch nur seine Heimat gegen die Nazis verteidigt hat. Die Ortsmusik hat nicht nur das Lied der slowenischen Partisanen »Na juriš – Zum Sturme« zu spielen verweigert, sondern auch den Marsch »Ich hatte einen Kameraden«. Aber auf Beharren und aufgrund guter Bezahlung von Frau Klug haben sie dann doch irgendeinen Marsch gespielt. Es gab keine Schüsse mit den Prangerstutzen, die ansonsten zu Ehren des Verstorbenen abgefeuert wurden, nur die Kirchenglocken läuteten. Im Au-Wirt gab es nach der Bestattung das traditionelle Totenmahl für Pepis wenige Verwandte aus Ptuj, doch ohne die Anrainer der Sommerhansl-Keusche. Nur Slavko und Mariza gingen nach dem Begräbnis zum Bestattungsmahl.

»Pepi war feine Mann, feine Slowene Landsmann, war gute Mensch, gute Nachbar, und Klug Mame[25], sag ich dir: Ich werd immer beste Schilcher für Klug Mame machen. Beste von Welt.«

Gemeinsam aß man Rindsuppe mit Nudeln, danach gekochtes Rindfleisch mit Semmelkren[26] und als Getränk gab es den privaten Schilcher von Frau Klug. Man war zufrieden und für Frau Klug war endlich Ruhe.

»Das Leben ging weiter, Herr Josef, wichtig ist das Jetzt, *moje srce*«, sagt Frau Klug, schaut in den Himmel und bekreuzigt sich. Punktum!

10

Es geht aus einem mehr oder weniger kurzen, aber rauen ersten Frühling in St. Vinzenz in Josefs ersten weststeirischen, also südweststeirischen Sommer. Das Licht bricht am frühen Morgen mit den ersten Sonnenstrahlen ins Land, als würde Gott seine Halogen anknipsen und das Land absuchen, ob noch alles wie gestern ist.

Das Frühjahr hat Josef für Arbeiten am und um das Haus genutzt. Jetzt hat er Zeit und Ruhe. Ich bin der Sommerhansl-Bauer, denkt er stolz.

---

25 Mame: Mami, Mutter. Im ländlichen Bereich ehrenvolle Anrede für die verheiratete Frau.

26 Semmelkren: traditionelle Beilage aus Semmeln, Rindsuppe und Kren (Meerrettich).

Frau Klug und er kommen sich nicht in die Quere. Er liest viel und gern. Auch die Philosophie hat es ihm wieder angetan. Sokrates und seine Mäeutik, die Hebammenkunst. Josef hatte großen Spaß daran, in seinen Ermittlungen und Verhören damit zu experimentieren. »Ja früher«, denkt Josef wehmütig, »früher.«

»Stellen Sie sich vor, Frau Klug, von Sokrates ist kein einziges selbst geschriebenes Wort überliefert. Der ist über zweitausend Jahre tot und trotzdem ist er einer der wichtigsten Philosophen. Alles nur von Zeitgenossen übermittelt. Was muss das für eine Persönlichkeit gewesen sein?«

»Jo, jo, Herr Josef, jo, jo, die alten Griechen, die haben's schon gewusst«, antwortet Frau Klug, die so tut, als hätte sie eine Ahnung. »Sokrates hat die Leute über ihre Probleme so lange ausgefragt, bis sie selbst auf die Lösung gekommen sind. Darüber hat er die Zeit vergessen und wenn er zu spät nach Hause gekommen ist, hat ihm seine Frau Xanthippe das Kraut ausg'schüttet[27]. Eine gescheite Frau, die Xanthippe«, sagt Frau Klug.

Josef beschäftigt trotz mancher Gedanken an Karin immer noch seine gescheiterte Ehe. »Warum denke ich noch immer an sie?« Er hofft, von der alten klugen Frau vielleicht eine passende Antwort zu bekommen.

»Hm, das ist die Liebe«, scherzt Frau Klug, »oder Gewohnheit, oder beides. Das braucht Zeit, bis Platz frei wird für andere Gewohnheiten oder eine neue Liebe.«

Frau Klug hat ihm bis jetzt immer geduldig zugehört. »Ratschläge kann ich Ihnen auch keine geben«, sagt sie. »Denn Ratschläge sind auch Schläge, aber irgendwann muss Schluss sein, entweder gehen Sie zu Ihrer Frau zurück

---

27   Kraut ausschütten: jemanden seinen Zorn spüren lassen.

oder Sie suchen sich eine andere. Aber hören S' auf mit der Jammerei, das ist lächerlich und langweilig, auch für mich. Nichts für ungut!«

»Danke, jetzt reden Sie wie meine Eltern im Traum«, sagt Josef.

11

Einige Minuten bergab durch ein kleines Wäldchen lebt Franz, der ehemalige Gemeinderat von St. Vinzenz. Er ist Ehrenringträger der Gemeinde und Schauspieler der Theaterrunde von St. Vinzenz. Er bewohnt mit seiner Frau Genoveva, genannt Veverl, einen kleinen Bauernhof den Moastakogl hinunter Richtung Ort.

Franz ist Installateur in Pension. Seiner Frau ist im Gegensatz zu Franz jede Öffentlichkeit unangenehm. »Jo, der Franzl und sein Veverl«, sagt Frau Klug. »Da haben zwei im Leben ums Arschleckn haarscharf aneinander vorbeigelebt.«

Veverl liebt es, sich auf der kleinen Landwirtschaft für die Selbstversorgung um ein Schwein, einige Hühner, Enten und einen Hund zu kümmern. Daneben arbeitet sie sich durch einen Garten, der viel zu groß ist für den Bedarf der Familie, aber da ihre Mutter einen so großen Garten hatte, muss sie auch einen solchen haben. Familientradition gibt ihr Halt wie ihrem Mann die Öffentlichkeit. Franz war zwei Perioden Gemeinderat, daher, wie es in St. Vinzenz gute alte Sitte ist, die Auszeichnung.

»In St. Vinzenz werden nur wichtige politische Mandatare ausgezeichnet«, sagt Franz stolz und zeigt jedem, der es auch nicht will, seinen Ehrenring. Der Hobby-Radrennfahrer switcht mit seiner Rad-Rennmaschine, die auf dem höchsten technischen Stand ist, durch die Gegend. Doch je weiter sich Franz von St. Vinzenz entfernt, desto unruhiger wird er. Und je näher er an St. Vinzenz kommt, umso sicherer wird er wieder.

Die beiden haben eine Tochter, die schon längst aus dem Haus ist. Sie soll den Hof einmal übernehmen. Doch sie ist gleich nach ihrer Großjährigkeit nach Graz gezogen und studiert Psychologie.

»Er hat sich früher nicht für mich und uns interessiert«, schimpft Veverl, wenn sie mit ihren Tieren allein ist. »Immer unterwegs, immer wichtig, jetzt interessiert er uns nimmer.« Sie weiß, warum ihre Tochter von zu Hause geflohen ist.

Alles an Hoffnung hat sie runtergeschluckt, nichts haben sie geklärt, und das drückt und tut ihr weh. Sie fühlt sich hilflos und Änderung ist nicht in Sicht. Hätte sie nicht ihren Glauben, sie wüsste nicht, wie sie dieses Leben ertragen sollte. Auch Franz ist sehr gläubig, aber das hat ihm nicht genügt. Er hat, nachdem der alte Mesner verstorben war, dessen Stelle und Aufgabe als Vorbeter übernommen. Vor den heiligen Messen betet er in der Kirche Rosenkränze vor und wenn jemand verstorben ist, betet er bei der Totenwache ebenfalls. Am meisten liebt er Prozessionen, denn dann steht er als Vorbeter mit einem tragbaren Verstärker neben dem Pfarrer im Mittelpunkt.

Franz ist nebenbei quasi auch die Tageszeitung von St. Vinzenz. Es gibt nichts, das er nicht weiß, sofort interpretiert und mit seinen Ansichten vermischt unter die Leute bringt. Seine Karriere als Schauspieler der St. Vinzenzer Theaterrunde ist ihm sehr wichtig, viele bewundern ihn dafür und das tut ihm besonders gut. In Gesprächen hört er nicht zu, sondern überlegt schon, während der andere redet, wie er seine eigenen Argumente verteidigen kann. Wenn er das Gegenüber überhaupt reden lässt. Denn er redet und redet, als würde er sich durch sein Reden erst spüren.

In seiner Art ist der noch sportive Mann aber liebenswürdig und hilfsbereit. Nur manches Mal, wenn Josef und er beim Sommerhansl am Gartentisch sitzen und einige Gläser Schilcher gustieren – zu Hause würde Veverl das nie zulassen –, werden die privaten Ansichten von Franz mit steigendem Schilcherkonsum Josef doch zu viel. Dann muss Josef die Handbremse ziehen.

Wenn Franz über seine Ehe zu reden beginnt, findet er kein Ende. Es ist Josef unangenehm, wie offen Franz über sein Sexualleben klagt und dabei seine Frau beschimpft.

»Herr Jesus, tot mit seinem Lendenschurz am Kreuz, ist Veverl lieber als ich nackt und lebendig im Ehebett. Keine Zärtlichkeit, keine Liebe, kein Sex ...«

Doch zu Nutten gehen getraut sich Franz nicht, da sitzen ihm Gott und Veverl im geistigen Genick. »Außerdem ist das teuer, also besorg ich es mir eben selbst. Sie wird schon sehen, was sie davon hat.«

»Zu einer funktionierenden Ehe gehören immer zwei«, sagt Josef und ist erstaunt über seine eigene Aussage.

Aber Franz überhört das, wie er alles überhört, was ihm in sein Herz schlüpfen könnte. Er braust als eine Art Ortskurier mit seinem Rennrad quer durch die Gemeinde. Sein selbst gemachter Fahrradhelm sieht einem Feuerwehrhelm ähnlich. Der Renndress ist bunt. Das einzige Handicap, das er hat, ist seine Kurzsichtigkeit. Aber nicht nur deswegen hat ihm die St. Vinzenzer Feuerwehr die Mitgliedschaft verweigert.

»Du schaust aus wie ein Kasperl«, sagt Veverl kopfschüttelnd. »Man muss sich mit dir ja fremdschämen.«

Aber keiner kennt sein wirkliches Geheimnis: Franz wollte Radrennfahrer werden. Und sein Traum waren nicht etwa die Steiermark- oder Österreich-Rundfahrten, nein, die Tour de France war sein Ziel. Allein dieses so hochgesteckte Ziel zu haben, verschaffte ihm Befriedigung. »Ich werde das nie erreichen«, wusste er, aber das reichte ihm, um seinen Stolz zu befriedigen.

»Ich weiß als Einziger, wie das wirklich abgelaufen ist mit dem Mord«, fährt Franz Veverl über den Mund und treibt danach bergauf, bergab seine Rennmaschine zu Höchstleistungen an. »Denen werd ich's beweisen, allen!«

Aber ihn hört niemand. Er liebt diese Selbstanfeuerungen, während er mit seinem Rad herumbraust. Mit sich allein ist ihm alles möglich. »Und eigentlich bin ich der wahre Bürgermeister!«

Sein Verhalten verstört manchen St. Vinzenzer und sogar Touristen, die ihm unterkommen. Er schafft Unruhe. Deshalb hat ihn der Bürgermeister schon für die letzte Gemeinderatswahl nicht mehr aufgestellt. Er ist in seiner Wichtigtuerei zu unberechenbar, und das ist auch der Grund, warum ihn die Freiwillige Feuerwehr ablehnt. Das hat Franz zwar tief getroffen, aber seinen Eifer extrem befördert. Da ist er der national-traditionellen Partei WIR SIND DAS SCHILCHERLAND und auch dem Kameradschaftsbund beigetreten. Dass er im Herbst die Hauptrolle im neuen Theaterstück spielen wird, ist für ihn selbstverständlich.

12

Josef schläft wann und wie lange er will, aber vor allem gut. Er liest, trinkt, isst und spaziert wann und wohin er will. Niemand ist da, der ihm etwas vorzuschreiben hat. Das ist Freiheit, denkt er sich.

»Fruchtbare Langeweile« nennt er das – und Frau Klug verwöhnt ihn mit Köstlichkeiten. Wenn sie morgens den alten Sparherd in der Küche einheizt, versetzt ihn das in tiefste Kindheit. Seine Mutter hatte mit so einem Herd die herrlichsten Dinge für ihn als Einzelkind gezaubert.

Noch ist das schlechte Gewissen seine Ehe betreffend nicht weg, obwohl die Gedanken an Karin stärker und drängender werden. Jedes Mal, wenn er ihr unabsichtlich begegnet, versucht er, sie in ein Gespräch zu verwickeln.

»Übrigens, ich hab mich noch gar nicht vorgestellt.«
»Und ich mich auch noch nicht«, antwortet Karin lächelnd.
»Josef Sudi.«
»Karin Geiger.«
Stille.
»Kann ich Sie auf einen Kaffee einladen?«
»Danke, gern ein anderes Mal, ich muss ins Amt.«
»Also dann, auf Wiedersehen.«
»Ja, bis bald.«

13

War dieser Mord der Höhepunkt, der St. Vinzenz in diesem Jahr heimsuchen sollte, oder kommt da noch etwas nach? Womit muss man um Gottes willen noch rechnen? Wann haben wir endlich wieder Ruhe?

Solche Fragen stellen sich viele St. Vinzenzer und niemand ist da, außer Franz, um Rede und Antwort zu stehen.

»Der Mörder, das war ein Einheimischer«, behauptet Franz im Tschecherl.

Die Gäste nicken oder murmeln zustimmend, doch sie lächeln dabei, denn sie kennen ihren Franz, und er spürt, dass sie ihm das nicht so recht abnehmen.

Die vielen Gedanken an den Mord und Mutmaßungen darüber rufen in Josef den Kriminalisten wach. Er meldet sich beim Ermittlungsbereichsleiter der Polizei, der sein Hauptquartier in der Hauptschule von St. Vinzenz im Schilcherland-Saal eingerichtet hat.

»Wenn Sie wollen, Herr Kollege, stehe ich Ihnen als ehemaliger Kollege und Neo-Einheimischer mit Rat und Tat zur Seite.«

Aber Ermittlungsbereichsleiter Puderer lehnt dankend ab. »Es hat sich einiges verändert gegenüber früher, verfeinert, nicht böse sein«, sagt er lächelnd, »aber danke.«

In den kommenden Tagen steigern sich bei Josef aber Arbeitsdrang und sexuelle Lust gleichermaßen. Wie sehr ihm das doch beides gefehlt hat! Er beschließt, sich Valentina, die zweite Überstandige aus St. Vinzenz, zu krallen. Sie hat schon länger ein Auge auf ihn geworfen. Nun, soll sie mich eben haben, denkt er. Sie ist etwas mollig mit großer Oberweite und hat ein schönes Gesicht. Sie hat das Nötige, das er in dieser Situation braucht. Gedanken an seine Frau hin und Gedanken an die schöne Karin her.

Ich bin allein, niemandem verantwortlich, nur mir, und herausschwitzen funktioniert auch bei mir nicht, denkt Josef. Wenn er eine kriminelle Fährte aufnimmt, dann schießt neben dem Adrenalin auch das Testosteron ein, dann braucht er Sex. Unterwürfigen Sex. Wenn er darüber nachdenkt, kann er nur lachend den Kopf schütteln. Ich bin so offen als Mensch, bin Gendarm, denkt er, und doch läuft da etwas ziemlich falsch mit mir, meiner Sexualität und Beziehungsfähigkeit.

Schon seine Frau hat ihm das gesagt. Das führte zu Streit zwischen ihnen und zu Unruhe im Job. Josef fühlte sich dann wie von einem unsichtbaren Band zurückgehalten. So auch jetzt. Wie ein Hengst, der, an die Kandare genommen, immer ungestümer wird.

Das Leben aber ist für alleinstehende Frauen wie Valentina nicht leicht, vor allem in St. Vinzenz. Die einheimischen Männer sind verhaftet in ihrer christlich-konservativen Haltung. Aber dahinter stecken Abgründe, für die Frauen wie Valentina genau die Richtigen sind.

»Frauen sind ab einem gewissen Alter entweder verheiratet oder irgendetwas stimmt nicht mit ihnen«, sagen die Männer und sind stolz auf ihre Weisheit. Über sich selbst denken sie nicht nach. Niemand interessiert sich für Valentinas wirkliches Schicksal, das ihr mehr aufzuarbeiten gegeben hat als anderen.

Valentina und Julia waren und sind für Männer aus St. Vinzenz Freiwild. Sie decken Bedürfnisse, die ihnen ihre

Frauen nicht geben können oder wollen. Immer wieder lockt sie ein Versprechen – der Glaube an eine neue Liebe, eine Hoffnung, die letztlich von den gleichen Männern enttäuscht wird. Dazu eigene Fehler. Und je älter man wird, desto schwieriger wird es mit Beziehungen.

Mehr als gut essen, Wein und Fellatio sind für Valentina bei Josef nicht drin. Beziehung, Liebe, Zärtlichkeit, Übernachten: nein. Josef will sich spüren durch die Unterwürfigkeit der Frau, seine Macht spüren und seine Kraft loswerden, um dann gut und effektiv arbeiten zu können. Oder ist es fehlendes Selbstvertrauen? Ein erschreckender Gedanke! Es ist auf jeden Fall ein zwiespältiges Bedürfnis, das ist ihm bewusst.

Wenigstens ist er ehrlich, denkt Valentina, und: Vielleicht, wer weiß? Sie hofft, doch noch irgendwann, irgendwie in oder an sein Herz zu kommen und macht denselben Fehler wie immer. Ohne Wenn und Aber überlässt sie sich ihm.

Frau Klug zieht sich, wenn Josef Valentina zu Gast hat, in ihr Zimmerchen zurück, steckt sich Oropax in die Ohren und liest einen Arztroman. Sie freut sich, dass Josef ihrer Meinung nach endlich auflebt.

Das ist wichtig für Hirn, Herz, Bauch und seine Arbeit, denkt sie. Manches Mal sieht sie sich dann auch gerne während solcher Abende einen Horrorfilm auf DVD an. Wenn zwischen Karin und Josef wirklich Gefühle im Spiel sind, denkt Frau Klug, dann wird das auch klappen, da mache ich mir keine Sorgen. Liebe siegt über alles, das weiß sie aus eigener Erfahrung.

Ermittlungsbereichsleiter Puderer verkündet der versammelten Presse im Schilcherland-Saal den momentanen Stand seiner Ermittlungen.

»Es war ein Nebenbuhler! Einheimischer oder nicht. Dem Mann wurde mit einer Glock 17 mit Schalldämpfer aus nächster Nähe in den Kopf geschossen. Das haben die ballistischen Untersuchungen ergeben. Das Geschoss wird noch untersucht und ebenso die mögliche Herkunft der dazugehörigen Waffe. Der Altersunterschied von fünfzehn Jahren zwischen dem Opfer und seiner Partnerin ist doch groß. Außerdem hat sie ihre Männer oft gewechselt. Das war wahrscheinlich sein Verhängnis: ein abgewiesener, einheimischer Nebenbuhler.«

Nachfragen von Journalisten ergaben: Das Opfer war Goldschmied aus Graz, gut situiert. Hat sie sich ihm deshalb an den Hals geworfen? Oder liebten sie sich wirklich?

Auf Hinweise aus der Bevölkerung wurden auch Männer aus St. Vinzenz, die mit der Frau Kontakt hatten, einvernommen. Denunziation war das drittliebste Kommunikationsmittel in St. Vinzenz. Aber bei keinem erhärtete sich ein Verdacht.

Josef beschließt, Julia, die Geliebte des Mordopfers, in der südlichen Bezirkshauptstadt Leibnitz aufzusuchen, um sie zu befragen. Ihre Adresse bekommt er von Valentina. Es erstaunt ihn, dass der Ermittlungsbereichsleiter die Frau so einfach gehen ließ. Warum wurde sie nicht eingehender befragt, warum nicht beschützt?

»Ich habe nichts gesehen«, ist doch keine Antwort, wenn man wenige Meter neben dem Liebsten steht, der erschossen wird.

14

Zu einem ganz bestimmten Termin Anfang Juli gibt es das traditionelle Fest der Freiwilligen Feuerwehr St. Vinzenz, zu dem fast alle Einheimischen und auch Abordnungen der Nachbarfeuerwehren sowie der Kameradschaftsbünde als Gäste kommen. Es ist das Fest von St. Vinzenz für alle St. Vinzenzer. Der Tanz in den Mai, das große Zeltfest am Abend des letzten April, war hingegen nur etwas für die Jungen. Veranstaltet wurde es von der Landjugend St. Vinzenz. Es wurde sehr viel Alkohol getrunken und dauerte bis in den Morgen des 1. Mai. Eine Popgruppe spielte die neuesten Hits und das in einer Lautstärke, die weit in das Land zu hören war. Der Tanz in den Mai war über St. Vinzenz hinaus eine Prüfung für junge Menschen, erstmals sexuell aktiv zu werden und ihre Grenzen in Sachen Alkohol auszutesten. Dazu stellten sie mitten im Ort einen geschälten und geschmückten Maibaum als phallisches Symbol beginnender Fruchtbarkeit bei Mensch und Natur auf. Die Polizei drückte meist ein Auge zu, denn einerseits waren es ja junge Menschen, die sich austoben mussten, und andererseits war es durchaus gefährlich, sich in die Kraftmeiereien der betrunkenen Halbstarken einzumischen.

Das klassische Feuerwehrfest von St. Vinzenz aber war gleichzeitig auch das Fest des Kirchenpatrons, des heiligen Vinzenz, des Schutzpatrons der Armen und der Pflege. In St. Vinzenz befindet sich eine Reliquie in der Monstranz unter der Hostie. Es handelt sich um einen Zahn, der dem Märtyrer zugesprochen wird.

Die Feuerwehr wird nicht nur wegen des Kampfes gegen Feuer und der Hilfe bei Unfällen sehr geschätzt. Dass man Autos betrunkener St. Vinzenzer aus den Straßengräben zieht, ist dabei noch das Geringste. Am meisten schätzt man sie wegen ihrer Jugendarbeit. Auch Mädchen werden mittlerweile aufgenommen. Durch die vielen Kurse, die junge Mitglieder bei der Freiwilligen Feuerwehr machen können, durch Kameradschaft und daraus entstehende Freundschaften bleibt die Jugend im Ort verwurzelt und hält zusammen.

Gerade St. Vinzenz leidet trotz schönster Landschaft und seines Reichtums wegen des Weins, wie andere gleiche Orte, an der Abwanderung der Jugend. Denn viele können sich ihre Heimat nicht mehr leisten. Der touristische Aufschwung hat alles so verteuert, dass die Eltern ihren Kindern Baugründe meist nicht mehr vererben. Väter verkaufen lieber teuer an Spekulanten und fertigen ihre Sprösslinge mit Geld ab. Die großen Weinbauern kaufen günstig und verkaufen an Superreiche zu Fantasiepreisen. Das führt zu Zerwürfnissen in den einheimischen Familien und zeigt den jungen Menschen den wirklichen Charakter mancher Eltern und der Welt am Land. So fliehen sie lieber in die Stadt, reißen sich mit den Trachten den christlichsozialen Panzer vom Leib und aus der Seele. Sie können endlich frei atmen, frei leben, verdienen und das werden und machen, was sie wollen, ohne traditionellen Druck.

Gefühle zählen in St. Vinzenz, wenn es um Macht und Geld geht, in vielen Familien kaum bis gar nicht. Tradition und Sentimentalität ja, aber echte Gefühle? Abgerundet wird das Drama noch durch eine eigene Widmungs- und Baupolitik der Bürgermeister. Obwohl Landes- und Bundesgesetzankündigungen dagegensprechen, ändert sich kaum etwas. Wo kein Kläger, da kein Richter.

Auf dem Feuerwehrfest spielt ein slowenisches Oberkrainer-Quintett zum Tanz. In einem idyllischen Obstgarten ist ein mit Reisig dekorierter Tanzboden inmitten des Festplatzes aufgebaut. Bevor der Feuerwehrkommandant das Fest eröffnet, hält der Bürgermeister noch seine traditionelle Ansprache und wie jedes Jahr hat er auch heuer schon ziemlich einen in der Krone.

»Liebe St. Vinzenzer ... und ... innen, ich darf euch die herzlichsten Grüße unseres Landeshauptmannes ausrichten, der leider heuer wie immer be ... äh ... verhindert ist, haha ... Liebe Freunde, wieder ist ein Jahr vergangen. Ein Jahr, das uns vieles hat anschauen lassen, das wir aber so gar nicht verdient haben, das möcht ich wirklich einmal sagen. Neid, Missgunst und sogar ein Mord. Es ist uns noch nie so gut gegangen und trotzdem spüre ich, wenn ich durch mein schönes St. Vinzenz geh, ein Gefühl von Unzufriedenheit. Jo, St. Vinzenz hat in den letzten Monaten viel Schlimmes erlebt, das möchte ich wirklich einmal sagen. Aber immer wieder stehen wir auf! St. Vinzenz ist ein schöner Ort, mit brave Leut. Vergessen wir das nicht und halten wir zusammen, damit es auch weiter so bleibt, das wollte ich euch wirklich einmal mitgeben! Und egal, an was für einen Teil des Landes man uns verscherbelt, wir sind und bleiben im Herzen St. Vinzenzer! So schließe ich mit einem Danke an die Freiwillige Feuerwehr und einem weststeirischen Glück auf!«

Jubel und tosender Applaus!

Es ist nicht oft, dass Lukas Loch eine derartige Zustimmung bekommt, aber darin ist man sich nun einig: Der Zusammenschluss, der ohne Befragung, allein durch die

Macht einiger Politiker und großer Weinbauern auf beiden Seiten zustande kam, tut weh. Aber Wahltag ist Zahltag, sagen sich viele, und Max sammelt brav die unzufriedenen Stimmen für seine Partei.

Während der Feuerwehrhauptmann mit einem kräftigen »Gut Heil« das Fest eröffnet, trifft Josef auf Karin, die mit Freundinnen auf das Fest gekommen ist. Karin, die hübsche Vierzigjährige, die treue Witwe, das fesche Pupperl, wie der Bürgermeister sie nach einigen Schnäpsen immer nennt. Immerhin arbeitet sie ja in seinem Bauamt. Sie ist manchen St. Vinzenzer Männern auch eine dankbare Projektionsfläche unerfüllter Sehnsüchte, für Ideale, die sie einmal hatten und die sie für die Realität beugen mussten. Ob verheiratet oder nicht, Karin ist für St. Vinzenzer Männer unerreichbar, das wissen sie und deshalb können sie in ihren Anspielungen auch mutiger sein. »Das sind Hosenscheißer«, sagt Frau Klug, »wenn sie dürften, trauten sie sich eh nicht. Sie holen sich nur den Appetit, essen aber brav daheim.«

Als Josef mit Karin Richtung Tanzboden geht, wollen ihm zwei betrunkene Feuerwehrmänner etwas klarmachen. »Lass die Finger von ihr, du Hergelaufener[28], sonst …«

»Sonst was?«, geht Karin schroff dazwischen, und die zwei schleichen sich kleinlaut. Einem Brand oder sonstigen Katastrophen entgegentreten, das können die Feuerwehrmänner, aber dieser Frau?

Die beiden tanzen, was Josef zur Erheiterung Karins doch etwas schwerfällt. Aber es bleibt nicht bei einem Mal, immer wieder tanzen sie miteinander und haben immer mehr Spaß daran. Er mag ihren Duft und ihr Lachen und

---

28 Hergelaufener: Habenichts.

sie freut sich an seiner Art, sie fest und sicher bei den schnellen Polka-Drehungen um die Hüfte zu fassen. Dazwischen lädt er sie zum Likörstand auf ein Zirberl[29] ein. Sie erzählt von sich und er von seinem Leben.

Manche Männer und auch der Bürgermeister beobachten die beiden traurig, sitzen sie doch neben ihren feist und faltig gewordenen, in zu enge Dirndlkleider gezwängten frustrierten Frauen mit gefärbter und gelichteter, toupierter Haarpracht. Sie haben sich über die Jahrzehnte in ihren Herzen mutlos auseinandergelebt, aber sich für das Leben im Dorf vor Gott und der Gesellschaft brav arrangiert. Oder umgekehrt: Die Frauen beobachten sehnsüchtig die beiden, wie sie sich gut unterhalten, während sie ihre dick gewordenen, glatzköpfigen Männer in zu knappen Steireranzügen oder Lederhosenwürsten, Alkoholiker und impotent, neben sich wissen. Egal aus welcher Perspektive man das Leben der anderen auch immer sieht: Die Form muss gewahrt bleiben, hüben wie drüben. Die Angst vor der Öffentlichkeit, die Angst vor Gott, aber vor allem die Unsicherheit und die Angst vor der Einsamkeit innerhalb der Gemeinde hält viele Ehen zusammen.

Franz steht angelehnt am Tanzboden, ohne sein Veverl, mit einem Glas Schilcher. Sein feuchter Blick sucht nach einem Opfer. Doch hier gibt es keine Frauen, die an ihm interessiert wären. Erstens, weil er verheiratet ist, und zweitens, weil er den Ruf hat, ein Korinthenkacker[30] zu sein, der auch eine sadistische Ader haben soll, wenn er betrunken ist. Junge Burschen machen sich über den Ehrenringträger

---

29 Zirberl: Schnaps aus Zirbenzapfen, eingelegt oder gebrannt.

30 Korinthenkacker: kleinlicher Mensch.

lustig und diese Respektlosigkeit tut ihm weh. Ihr werdet mich noch kennenlernen, denkt er.

Inzwischen kommt die Zeit, wo betrunkene Festbesucher zu randalieren beginnen. Karin kennt das, es macht ihr Angst, sie weiß um die Brutalität dieser Raufereien. Sie gibt Josef ein Busserl auf die Wange und weg ist sie.

»Wir sehen uns!«

Valentina hat dies alles schweren Herzens beobachtet. Seit Längerem schon versucht sie erfolglos, Karin im Ort zu verunglimpfen. Sie ist bei Gott nicht stolz darauf, aber was soll sie machen? Karin wird geachtet, nicht zuletzt dafür, wie sie sich um ihren todkranken Mann gekümmert hat und ihm danach über lange Zeit der Witwenschaft die Treue hielt. Valentinas Schicksal hingegen interessiert niemanden. Josef hat sie auf dem Fest schlampig gegrüßt und nicht wirklich wahrgenommen. Auch sie hat einmal geliebt, jung und stürmisch, und wurde plötzlich von ihrem Bräutigam sitzen gelassen, weil dieser eine andere gefunden hatte. Er hat sie verlassen, heimlich und still, wie ein Verbrecher. Ohne ein Wort hat er sich nach vier Jahren einfach so davongeschlichen mit ihrem Geld.

»Der liebe Gott sagt einfach: Du wirst glücklich und du unglücklich, so ist das. Du bleibst klein und dick und du wirst groß und dünn, und du Mittelmaß, du hast Glück und du hast eben Pech, aus.« Übrig bleiben Träume, unerfüllte Träume und die Sehnsucht nach Liebe und Geborgenheit.

Etwas abseits im Dunkeln, mit einer Flasche Zwetschkenschnaps in der Hand, steht Söldner Karli. Er hasst fröhlich feiernde Menschen, das Tanzen und diese sorglosen Unterhaltungen. Er kennt das. Er hat als junger

Strizzi, aufgewachsen in der Nähe von Wien, auch Feste besucht, getanzt und getrunken. Und er hatte auch eine Freundin, Myra. Ein Flüchtling aus Bosnien. Wunderschön, klug und fleißig. Sie war Muslima, nicht praktizierend, aber doch gläubig. Ihre Familie, vor allem ihre Brüder und Verwandten, waren mit dieser Beziehung nicht einverstanden. Myra sprach sehr gut Deutsch und wollte Krankenschwester werden. Karli war Schlosser und verdiente gut, so hatten sie ein prima Leben zusammen in einer schönen kleinen Wohnung im 9. Bezirk in Wien. Karli liebte und beschützte sie, sie tat ihm gut. Doch nach einem Besuch bei ihrer Familie kam sie eines Abends nicht mehr nach Hause. Karli suchte sie, auch bei ihrer Familie. Nichts. Mitten in der Nacht brachte die Polizei die Nachricht, dass Myra tot aufgefunden worden war. Von wem sie ermordet worden war, weiß man bis heute nicht wirklich. Mord aus religiösen Gründen, mutmaßte die Polizei. Vielleicht ihr Freund? Karli wurde verhaftet. Das war für ihn das Schlimmste, dass er seine große Liebe umgebracht haben soll. Waren es ihre Brüder? Ihre Familie, Freunde? Verwandte? Es wird ein Geheimnis bleiben. Für ihn war klar, dass es ihre Brüder mit ihren muslimischen Freunden und Verwandten im Einverständnis mit den strenggläubigen Eltern waren. Aber wie das beweisen?

Es gelang ihm, aus der Polizeiinspektion zu flüchten, indem er einem Polizisten die Waffe abnahm und die anderen damit in Schach hielt. Er nahm die Sache nun selbst in die Hand. Was hatte er schon zu verlieren, seine Liebe war nicht mehr und überall in Wien wurde nach ihm gefahndet. Als er zwei Freunde um Hilfe bat, wollten die nichts von ihm wissen. Dann sollen sie alle von mir bekommen, was sie sowieso von mir denken, nahm er sich vor.

Er hatte die Dienstpistole des Polizisten, eine Glock 17, und ein volles Magazin. Er stellte die beiden Brüder und deren Freunde in einem Szenelokal am Gürtel. Es kam zu einer Rauferei, und als einer der Brüder sein Messer zog, schoss Karli blindlings das Magazin leer und floh. Er stahl ein Auto und auf ging es nach Ungarn, dort weiter über die serbische Grenze. Er ließ sich von Serben als Söldner für den Krieg anwerben. Wie er später erfuhr, waren nicht nur beide Brüder tot, sondern auch noch zwei ihrer Freunde. Mittlerweile wurde er per internationalem Haftbefehl gesucht.

So kann ein so friedliches Fest wie das St. Vinzenzer Feuerwehrfest bei dem einen Freude und beim anderen Schmerz auslösen. Söldner Karli muss sich in seinen Wald zurückziehen, zu sehr haben ihn die Gedanken aufgewühlt. Der Krieg hat ihn umgedreht und sein Herz endgültig einbetoniert. Wenn er nicht bald Erfolg hat, das weiß er, muss er von hier weg. Dieses eigenartige Kaff tut ihm nicht gut.

Das Fest bietet den St. Vinzenzern die Möglichkeit, sich ihre mit prekärem Schmerz gefüllten Herzen und Seelen leer zu feiern: zu saufen, zu tanzen, zu schwitzen, zu schreien, sich gegenseitig zu verprügeln, sich für Stunden freizuschaufeln von aller hemmenden Enge, um sie das folgende Jahr über wieder aufzufüllen.

Inzwischen biegt sich der Tanzboden vor Tanzpaaren. Männer juchzen brunftig und lauthals und Frauen quietschen lustvoll dazwischen. Niemand wehrt sich mehr gegen diese unbeschreibliche Freiheit, als wollten sie in den freien Urzustand zurück, aus dem der Mensch sich einmal entwickelt hat. Egal auch, was der heilige Vinzenz darüber denkt – die Adrenalin- und Testosterondepots der Männer von St. Vinzenz waren randvoll.

Randvoll ist wie jedes Jahr auch Bürgermeister Loch. Da ein Achterl Wein, dort ein, zwei Stamperl Schnaps, die Einladungen sind endlos. Bis ihm seine Frau kraftvoll unter die Arme greift und ihn ohne Gegenwehr vom Festplatz zerrt. Dass er dabei Schimpftiraden gegen alles und jeden von sich gibt, geht im Taumel des Festes unter.

Niemand geniert sich heute, auch Slavko nicht, er trinkt und trinkt und holt sich eine Frau nach der anderen zum Tanz. Wie die Tatzen eines Bären legt er dann seine dicken Arme und Handteller über seine Tänzerinnen. Er schiebt sie mit seinem massigen Körper Schritt für Schritt, in einem eigenen Rhythmus schwitzend und schnaubend, auf dem Tanzboden herum. Seine Mariza sitzt am Biertisch und beobachtet ihren ausgelassenen Mann. Sie weiß genau, was ihm fehlt und worauf er aus ist. Es tut ihr weh, dass er kein Verständnis für ihre hormonelle Situation hat.

»Alte spinnt«, sagt er und schreit vor Lachen und alle lachen mit. Sie machen gute Miene zum bösen Spiel, was sollen sie auch sonst tun. Das geht uns ja Gott sei Dank auch nichts an, denken sie und sind froh. Slavkos Frau lächelt nach links und rechts den Bekannten zu und tut so, als würde sie nicht mitbekommen, wie Slavko sich immer aufdringlicher an Valentina heranmacht. Natürlich merken dies die anderen, aber solange es nicht angesprochen wird, gibt es das eben nicht.

Slavko ist reich und wenn man reich ist, muss man nicht schön sein, nicht einmal gut, man braucht keinen Genierer, man muss nur die Spendierhosen anhaben, und das hat er. Plötzlich sind die beiden verschwunden. Wie vom Erdboden verschluckt. Mariza will sofort gehen, aber ein bekanntes Ehepaar verstrickt sie in ein Gespräch. Und nach einiger Zeit sieht sie aus dem Dunkel der Nacht Slavko allein hinter dem Tanzboden in ihre Richtung schwanken. Seine Hose ist dreckig, der Hosenstall offen, das Hemd hängt ihm heraus und seine Haare sind wirr. Seine Nase blutet und von nah sind rote Kratzer in seinem feisten Gesicht zu erkennen. Er stiert vor sich hin, als würde er nichts um sich herum wahrnehmen. Doch die Gäste nehmen ihn und seinen Zustand ganz genau wahr. Sie stecken die Köpfe zusammen, unterlassen es aber, ihn darauf anzusprechen. Sie kennen ihn und seine Brutalität, wenn er betrunken ist.

Er geht auf Mariza zu, schnappt sie an der rechten Hand. »*Pojdi hitro, pojdi.* – Geh schnell, geh. Kruzafix!«, fährt er sie an und zieht sie mit sich zum Ausgang des Festplatzes. Sie setzt sich dem entgegen, aber es hilft nichts, er ist stärker. Wenigstens ist es lustig, denken die anderen, und uns geht es sowieso nichts an.

Augenblicke später, nachdem die beiden den Festplatz verlassen haben, kommt Valentina ebenfalls aus dem Dunkel ins Helle zurück. Ihr Dirndl ist schmutzig und zerknittert, die Frisur kaputt. Sie hat Tränen in den Augen. Doch weit und breit ist niemand, der sie fragt, warum und wieso und was ihr passiert ist. Josef stößt währenddessen an der Weinschank mit einer Gruppe St. Vinzenzer an.

Valentina richtet sich so gut es geht. Sie will sich zu Josef stellen. Doch da hat schon der Nächste ein Auge auf sie geworfen und schleppt sie ungefragt auf den Tanzboden.

Womit dieses Jahr niemand gerechnet hat, ist die viele Polizei, die ebenfalls auf dem Fest eine Abwechslung sucht. Ermittlungsbereichsleiter Puderer hat die Losung ausgegeben, dass Alkohol in Maßen erlaubt ist. Die Polizei hat in den weststeirischen Breitengraden eigentlich nie ein Ansehen genossen. Die Gendarmerie hat man noch eher geduldet, weil sie die Menschen vor Ort mit ihren Sorgen und

Nöten kannte und nicht päpstlicher war als der Papst, wenn es bei einem Vergehen um Gnade ging.

Die betrunkenen Einheimischen pöbeln und schubsen, je später der Abend wird, ohne Achtung nun auch die Polizisten herum. Einige Zeit ertragen die Beamten dies auch stoisch. Bis ein durch Alkohol besonders mutiger, sehr alter, großer Feuerwehrbulle, angetrieben vom Jubel besoffener Festbesucher, dem Ermittlungsbereichsleiter »Du Grazer Polizeidodel, verschwind!« in den Rücken brüllt.

Als Puderer sich lächelnd umdreht und ruhig fragt: »Was bin ich?«, versetzt ihm der alte Feuerwehrmann ansatzlos einen so gewaltigen Magenstrudel, dass dieser stöhnend in sich zusammensackt und schwer atmend liegen bleibt.

»Ein Grazer Polizeidodel bist du!«, wiederholt der Alte laut und die Umstehenden applaudieren und lachen.

Nun begreift Josef, dass sich seit seiner Pensionierung bei der Polizei doch einiges zum Besseren verändert hat. In kürzester Zeit sind alle umstehenden betrunkenen Festbesucher, Kameraden und Feuerwehrler ohne großen Aufwand hops genommen[31]. Sie werden in den Schilcherland-Saal zum Ausnüchtern und zur Identitätsprüfung am nächsten Tag gebracht. Der Schilcherland-Saal dient der Gemeinde als Veranstaltungsort für traditionelle Home-Events, wie die Gemeinde ihre Veranstaltungen neuerdings auf der Homepage bewirbt. Der fehlkonstruierte Saal ist neben anderem aber auch nicht für Nächtigungen von Betrunkenen geschaffen.

Der Ermittlungsbereichsleiter erholt sich nur langsam von dem Schlag. Der Feuerwehrbulle, der den Magenstrudel ausgeteilt hat, kann während der ganzen Aufregung

---

31 Hops nehmen: gefangen nehmen.

fliehen. Da man sich um den stöhnenden Ermittlungsbereichsleiter gekümmert hat, merken dies die Polizisten zu spät. Sie wollen aber nicht aufgeben und folgen ihm.

Der Feuerwehrhauptmann ärgert sich, denn viele Gäste nutzten den Tumult, um das Fest ohne zu bezahlen zu verlassen.

15

Die Jäger von St. Vinzenz lassen sich die Pirsch trotz der mörderischen Vorgänge und einer mächtigen Katerstimmung nach dem Feuerwehrfest am sehr frühen nächsten Morgen nicht entgehen. Es scheint, als würde sie der Mord in ihrer Weidmannslust antreiben. Auch Frau Klug ist früher als sonst im Höllgraben unterwegs. Ohne Kopftuch, mit offenen Haaren und verschwitzt marschiert sie aufgeregt durch das dichte Unterholz der Fichtenjugend, als hätte sie die Orientierung verloren.

Sie summt leise vor sich hin. Auf dem Fest war sie nicht. Die Einladung Josefs hatte sie strikt abgelehnt.

»Dazu bin ich doch wahrlich zu alt«, sagt sie. »Als ich jung war, hab ich getanzt wie ein Kreisl, *moje srce* – mein Herz, hm – aber jetzt?«

Das Gewehr hat sie gebrochen umgehängt, in ihrer Rechten trägt sie ein kleines Bündel. Ein Tuch, in das sie etwas eingeschlagen hat. Da hört sie ein Geräusch und reagiert geistesgegenwärtig, indem sie das Bündel schnell unter eine kleine Fichte wirft. Reflexartig nimmt sie das Gewehr von der Schulter, schließt es, reißt es hoch und zielt in Richtung des Geräuschs.

Söldner Karli steht plötzlich vor ihr wie ein Geist aus dem Boden. Seine Glock 17 hat er im Hosenbund, das Fernglas in der Hand.

»Hei, hei, hei! Vorsicht, liebe Frau«, sagt Söldner Karli, »so schnell schießen die Preußen nicht!«

Frau Klug senkt das Gewehr. Hat er etwas gesehen oder nicht, fragt sie sich. Einige Momente stehen sie sich gegenüber.

»Sie sind doch die Frau Klug mit der Keusche?«

Sie nickt und lächelt. »Ja, Franziska Klug. Und wer sind Sie?«

»Karl Münster, Grüß Gott.«

»Grüß Sie Gott!«

»Sie sind Jägerin?«, stellt er erstaunt fest. »Das hätt ich nie im Leben gedacht, in Ihrem Alter …«, sagt er freundlich. »Haben Sie heut schon Weidmannsglück gehabt?«

Ihre Schrotflinte hält sie noch immer in seine Richtung.

»Vorsicht«, sagt er, »das Buschgawettl[32] kann losgehn.«

Beide lachen und sie senkt die Waffe. »Ich mag den Wald«, beginnt Frau Klug ruhig. »Grad in meinem Alter tut das gut, den Viecherln nachzuforschen am frühen Morgen, das ist Medizin für meine Seele. Schießen muss nicht sein, nur wenn es notwendig ist.«

»Das versteh ich«, sagt Karli.

»Es heißt übrigens Weidmannsheil … Hatten Sie Weidmannsheil?«

»Ahja«, sagt Karli. »Tschuldigung.«

Frau Klug überlegt krampfhaft, während sie sich mit der Rechten so einigermaßen die Haare richtet, wo sie diesem Mann schon einmal begegnet ist. Er hat offenbar nicht

---

32 Buschgawettl: eig. Blumenstrauß, für Gewehr verwendet.

gemerkt, dass sie das Bündel unter die junge Fichte geworfen hat. Sie bleibt aber aufmerksam.

»So«, sagt sie, »ich muss jetzt leider nach Hause«, und zügig setzt sie an, den Weg Richtung Keusche durch das Dickicht zurückzugehen. Beim Einkaufen in St. Vinzenz, jetzt fällt es ihr wieder ein, im Supermarkt, ja, da habe ich ihn gesehen.

»Sie sollten trotzdem nicht mehr allein auf die Pirsch gehn, gnä' Frau«, ruft Söldner Karli ihr lachend hinterher.

»Jo, jo, auf Wiedersehen«, antwortet Frau Klug und winkt ihm, ohne sich umzudrehen.

Für ihr Alter hat die Frau noch einen schnellen Schritt, denkt der Mann. Aber so sind Jäger, wenn es um die Jagd geht, vergessen sie Alter und Wehwehchen. Er schaut sich um und verschwindet ebenfalls in der dichten Fichtenjugend.

Die am Vortag hops genommenen Festgäste, Privatpersonen, Feuerwehrmänner und Kameraden erwachen frühmorgens im Schilcherland-Saal. Sie spüren Kopf und Magen vom Alkohol, ihre Rücken vom Schlafen auf dem Boden ohne Matratze und den Schlamassel im Hirn, in den sie seit gestern verstrickt sind. Es gibt schwarzen Kaffee vom Tankstellen-Tschecherl, wässrig und lauwarm. Jeder muss das übertuerte Gebräu selbst bezahlen. Es werden Personalien aufgenommen. Trotz Lüftung und offenen Fenstern stinkt es bestialisch. Fürze, aber vor allem der Gestank von Erbrochenem verpesten die ganze Halle und mancher hat wohl auch die Toilette nicht rechtzeitig gefunden.

»Guten Morgen, meine Herrschaften! Ich möchte Sie auf einige wichtige Dinge hinweisen«, beginnt Ermittlungsbereichsleiter Puderer ruhig zu sprechen. »Dass Sie alle bis auf Weiteres der Mittäterschaft eines tätlichen Angriffs auf eine Amtsperson verdächtig sind und wir uns vorbehalten, gegen jeden von Ihnen wegen Widerstands gegen die Staatsgewalt Anzeige zu erstatten, ist klar? Sie geben Ihre persönlichen Daten an und können dann gehen, wenn nicht Weiteres gegen Sie vorliegt. Sollten Sie irgendetwas über den Mann, der mich gestern am Fest zusammengeschlagen hat, wissen, sagen Sie es jetzt, glauben Sie mir, es wäre besser für Sie … JETZT! Haben Sie mich verstanden?«, brüllt Puderer für alle plötzlich unerwartet. »Unsere Dienststelle hier bleibt bis auf Weiteres besetzt.«

Alle reden durcheinander, schütteln Köpfe und tippen Vögel mit den Zeigefingern auf die Stirn, Richtung Puderer.

»Noch etwas, meine Herrschaften. Jeder von Ihnen ist verpflichtet, einen Beitrag zur Reinigung des Saales und der Toiletten zu leisten. Freiwillig! Das sehen Sie doch ein? Nicht? Wenn Sie bitte Ihre Spende in die Box da werfen. Die Spende geht an die Gemeindearbeiter.«

Der alte Riese, der Puderer den Magenstrudel versetzt hat, ist nicht nur Feuerwehrmann, sondern auch Fahnenträger der Kameradschaft. Er heißt Florian Müller, so viel weiß die Polizei inzwischen. Trotz intensiver Nachtsuche ist er noch immer nicht gefunden. Eingeschworene Kollegen des Ermittlungsbereichsleiters haben den Feuerwehrmann letzte Nacht jedoch noch Richtung Höllgraben gestellt, ihn anständig verprügelt und dann in den Wasserspüal[33], den sumpfigen Teil des Höllgrabens, geworfen. Sie haben geschworen, von dieser Guttat ihrem Chef nichts zu verraten.

---

33 Wasserspüal: Sumpfgebiet im Wald.

Die einheimischen Verdächtigen können nach der Identitätsprüfung und ihrer Spende nach Hause gehen. Niemand von ihnen hätte Florian verraten, aus Treue zum Kameraden, aber vor allem aus Angst. Es war allgemein bekannt, dass Florian brutal und unberechenbar war. Der Schilcherland-Saal wird von den Gemeindearbeitern trotz der zu erwartenden Spende verständlicherweise nur ungern gesäubert. Aber es muss sein, denn neben der Polizei als neuem Mieter üben abends immer abwechselnd die Volkstanzgruppe, der Gesangsverein, die Blasmusik und bald auch die Theaterrunde ihr neues Stück.

16

Der Weg in den Höllgraben ist Josefs Morgenstrecke für seinen täglichen Spaziergang. Auch am Tag nach dem Fest, das er noch vor dem Magenstrudel verlassen hatte. Wenn es bei der Tatortbesichtigung später durch die Polizei etwa zehn Uhr war, so kommt Josef schon gegen acht Uhr morgens vorbei. Und in der Tat, Josef hat das Opfer, als hätte es sein müssen, als Erster gefunden … oder fast, denn Söldner Karli war noch früher da und wollte das Opfer durchsuchen. Aber dabei hat ihn die Begegnung mit Frau Klug gestört und dann kam Josef.

Karli beobachtet ihn aus einiger Entfernung aus dem Dickicht. Josef spürt das, lässt sich aber nichts anmerken. Er beschließt, dem Fremden, der da offensichtlich trotz seiner Warnung noch immer im Wald herumschleicht, bald den versprochenen Besuch abzustatten.

Der Tote ist einheimisch, noch in Feuerwehruniform. Er wurde verprügelt und dann hat ihm jemand den Schädel gespalten. Die Kopfwunde ist relativ frisch.

Josef durchsucht das Opfer und findet den Ausweis. Florian Müller, Landwirt, Moastakogl 4, St. Vinzenz. Der Tote ist Frau Klugs, nein, nun Josefs Nachbar oberhalb am Moastakogl. Josef fotografiert mit dem Handy den Ausweis, den Tatort, den ganzen Mann und macht sich, während er Spuren vermeidet, rasch davon. Es wäre sicher nicht gut gewesen, wenn man ihn hier angetroffen hätte. Er schaltet die Nummernerkennung am Handy aus und meldet bei der Polizei im Schilcherland-Saal einen Toten im Höllgraben.

Josef bemüht sich, schnell in Richtung Hauptplatz von St. Vinzenz zu fahren, um Neues zu erfahren. Dort angekommen, braust das Dienstauto mit dem noch etwas lädierten Ermittlungsbereichsleiter Puderer gerade Richtung Bürgermeisteramt. Exakt vor dem schon draußen wartenden Bürgermeister kommt der Dienstwagen zu stehen.

Josef stellt sich zu dem aufgeregten Kreis mächtiger Männer und erfährt vom nächtlichen Magenstrudel auf dem Feuerwehrfest durch Florian Müller und von dessen Flucht.

17

Am Vormittag treffen der Landeshauptmann und seine Stellvertreterin, die Landesrätin für Tourismus, ein, um sich persönlich über die Lage vor Ort zu informieren. Er, jovial in einem Jägerleinenanzug, sie in einem nicht sehr vorteilhaften Steirertracht-Lodenkostüm. Ihre Sorge, dass sich die chaotische Situation in St. Vinzenz über das ganze

Land ausbreiten könnte, bestätigt sich durch die Meldung des neuerlichen Mordes.

Der Landeshauptmann hat aber noch ein dringenderes Problem. Im Herbst steht eine Landtagswahl bevor und er braucht bis dahin noch einen gewaltigen Schub an Sympathien in der Bevölkerung. Dazu sind die mächtigen Weinbauern und Buschenschänkler der Südweststeiermark gar nicht so unwichtig. Die Morde wären eine Möglichkeit zu beweisen, dass er knallhart durchgreifen kann, wenn es darauf ankommt. Dass er ein Macher ist und die richtigen Antworten hat.

Er weiß auch um die Schwierigkeiten der Menschen in der Weststeiermark mit der Zusammenlegung, für die er nie wirklich war, aber seine Tourismuslandesrätin bestand darauf, also hat er seinen Sanctus gegeben. Er liebt das Kleinteilige, Feine sowohl in der Süd- als auch in der Weststeiermark, den Charme der Besonderheiten, aber Politik ist nicht immer ein Juchee, schon gar nicht für einen Landeshauptmann. Er muss den Menschen die Sinnhaftigkeit der Zusammenlegung näherbringen, ihnen die Vorteile schmackhaft machen. Das könnte ihn durchaus Stimmen kosten. Er muss den Weststeirern klar zeigen, dass er genau der ist, den sie in diesen unsicheren Zeiten brauchen.

Es ist nichts Schönes, was sie da im Schilcherland-Saal zu sehen, zu hören und vor allem zu riechen bekommen. Alle Lüftungsmöglichkeiten sind auf voller Leistung, Fenster und Türen sperrangelweit aufgerissen. Übernächtigte Männer in verschiedensten dreckigen Uniformen werden noch erkennungsdienstlich erfasst. Die Gemeindearbeiter ärgern sich währenddessen immer noch schimpfend über ihre Arbeit.

In einem kurzen vertraulichen Gespräch mit Ermittlungsbereichsleiter Puderer beschwört ihn der Landeshauptmann, die beiden Morde so schnell wie möglich aufzuklären. Dann will er mit seiner Landesrätin noch zu Bürgermeister Loch.

Ermittlungsbereichsleiter Puderer weiß, dass der Landeshauptmann den amtierenden Landespolizeidirektor, dem alle die Schuld am großen Migranteneinbruch an der südsteirischen Grenze zu Slowenien geben, loswerden will.

Der neue Landeshauptmann weiß von Puderers Interesse am Amt des Landespolizeidirektors. Ermittlungsbereichsleiter Puderer wäre wohl der richtige Nachfolger, auch das Parteibuch passt. Und Puderer will unbedingt Karriere machen. Er ist gerade inmitten eines Promenadologie-Studiums[34]. Als Landespolizeidirektor braucht man ein abgeschlossenes Studium, welches, ist letztlich nicht wichtig.

»Ergebnisse, Puderer«, faucht der Landeshauptmann dem schmächtigen Mann ins Ohr, »ERGEBNISSE, dann kann ich mir vieles vorstellen!« Dabei täuscht der Landeshauptmann ihm mit der rechten Faust spielerisch einen Schlag Richtung Magen an.

»Aaahh, Vorsicht«, stöhnt der Ermittlungsbereichsleiter auf und krümmt sich, denn der Magenstrudel vom Vorabend wirkt noch nach. Der Landeshauptmann lächelt.

»Nur Schmerz bringt uns weiter, lieber Puderer, nur Schmerz«, sagt der Landeshauptmann kryptisch. »Ergebnisse, verstehst du, subito? Wir wollen gleich zum Tatort, um die Situation vor Ort zu prüfen. Doch zuerst besuchen wir noch den Bürgermeister, um ihm Feuer unterm Arsch zu machen.« Er zwinkert dem Einsatzbereichsleiter zu, seine Landesrätin lacht bestätigend.

---

34 Promenadologie: Wissenschaft vom Spaziergang, die darauf abzielt, die Bedingungen der Wahrnehmung der Umwelt bewusst zu machen und zu erweitern.

Die beiden finden Bürgermeister Loch in dessen Büro. Auf dem Tisch stehen wie immer eine Flasche selbstgebrannter Zwetschkenschnaps und frische Stamperln.

»Grüß Gott«, sagt der Landeshauptmann freundlich, als er eintritt, und streckt dem Bürgermeister die Hand zum Gruß hin. »Wie geht es dir, Kollege?«

»Grüß dich«, sagt die Landesrätin einnehmend lächelnd. Sie wuselt wie ein Prinzgemahl immer drei Schritte hinter dem Landeshauptmann her.

»Du bist vielleicht lustig«, fährt der Bürgermeister den Landeshauptmann an. Er hat schon einige Schnäpse intus. »Zwei Morde! Überfälle auf Touristen! Und du sagst: Grüß Gott, Kollege, wie geht es dir?«

Lukas Loch füllt ein Stamperl mit Schnaps und schiebt es dem Landeshauptmann hin. Der Landeshauptmann setzt sich und trinkt erst einmal.

»Prost!«

»Prost!«

»Danke«, lehnt die Landesrätin ab, obwohl ihr keiner ein Stamperl angeboten hat. Auch gut, denkt sie, einer muss ja nüchtern bleiben. Wenn sie Glück hat, ihr Chef so weitersäuft und die Wahl mit ihm verloren geht, könnte sie ihm bald nachfolgen. Darauf hofft sie und erträgt einiges stoisch.

»Also, was machen wir jetzt«, fährt der entnervte Bürgermeister den Landeshauptmann nach der Trinkpause an. »Es geht immerhin um mich und meine Gemeinde!«

»Aber auch um Wirtschaft, um die Zukunft der Region und des Landes«, ergänzt der Landeshauptmann, »und vor allem um meine Wiederwahl, vergiss das nicht!«

»Die Weinbauern knüpfen mich auf, wenn in St. Vinzenz nicht bald wieder Ruhe für ihre Geschäfte einkehrt«, entgegnet Loch.

»Lieber Freund«, sagt die Landesrätin staatstragend dazwischen.

Der Landeshauptmann blickt seine Landesrätin schnell und erstaunt an. Sofort stoppt diese im angefangenen Satz.

»Ich bin nicht dein Freund«, fährt Loch die Landesrätin an.

»Moment, Moment, nicht so schnell. Ich brauche Wähler«, geht der Landeshauptmann dazwischen. »Das geht vor. Wenn ich nicht gewählt werde, dann ist alles andere für die Fisch'.«

Diese leichte Arroganz in seinem Ton provoziert Bürgermeister Loch. »Ich muss mich hier vor Ort mit den großen Weinbauern und Gemeindebürgern und der Zusammenlegung herumschlagen! Die St. Vinzenzer nationaltraditionelle Bürgerliste WIR SIND DAS SCHILCHERLAND ist alles andere als Urlaub«, wird der Bürgermeister lauter und reibt sich die mittlerweile vom Schnaps verschwollenen Augen.

»Und was wollen die?«, fragt die Landesrätin nun forsch und bestimmt dazwischen.

»Die wollen, dass die Weststeiermark wieder die Weststeiermark ist«, faucht Loch die Landesrätin an, »und der Schilcher den Platz als Besonderheit der Weststeiermark bekommt, den er verdient.«

»Ich dachte, das Thema sei durch«, sagt die Landesrätin verwundert. »Warum bekommst du das nicht hin? Haben wir doch alles besprochen!«

»Weil du die Schilcherbauern und Weststeirer nicht kennst«, brüllt Loch sie an. »Wie oft soll ich das noch sagen? Ihr sitzt in Graz und habt keine Ahnung von den Menschen hier …«

»Na, na, na, können wir normal miteinander reden?«, murrt der Landeshauptmann und trinkt den nachgefüllten Schnaps in einem Zug aus.

»Der ist gut«, sagt der Landeshauptmann, »selbst gebrannt?«

»Scheiß drauf«, schreit ihn Bürgermeister Loch an. »Ich kann und will so nicht.«

»Na, na, na«, beschwichtigt nun die Landesrätin und schüttelt den Kopf. »So geht das einmal schon gar nicht, Kollege!«

Der Bürgermeister springt auf. So redet die Stadttussi nicht mit mir, schießt es ihm durch den erhitzten Kopf. Er steht vor der Entscheidung, zuzuhauen oder das Büro zu verlassen.

»Aber dazu sind wir doch alle in der Politik, lieber Kollege, um das auszuhalten und Probleme gemeinsam zu lösen«, versucht der Landeshauptmann, die Situation zu entspannen. »Wir haben eine sehr gut arbeitende Polizei und ich habe Anordnung getroffen, dass die Fälle so schnell wie möglich aufgeklärt werden. Vielleicht finden wir ja Schnittmengen für unsere gemeinsamen Probleme? Und das mit der Zusammenlegung wird sich beruhigen, in zwei, drei Monaten redet kein Schwein mehr davon.«

»Wie blöd muss man eigentlich sein, um das nicht zu begreifen«, schreit der Bürgermeister. »Die Leute wollen das nicht! Sie vergessen nicht und bei der Wahl wirst du es spüren und deine Polizei kann mich kreuzweise, und ihr beide auch!«

Bürgermeister Loch lässt seinen Parteichef mit seiner Stellvertreterin sitzen.

Der Landeshauptmann schreit ihm hinterher: »Jetzt reiß dich aber zusammen! Sauf nicht so viel, wenn du nichts verträgst, und wenn ich nicht gewählt werde, ist es auch für dich finster, hast mich?«

»Dieser Bauernarsch«, murrt die Landesrätin leise.

Der Landeshauptmann greift sich die Flasche, prostet zum lieben Gott und nimmt einen tiefen Schluck.

»Na servas«, wundert sich die Landesrätin kopfschüttelnd, »und das schon am Morgen!«

Der Polizei und dem Landeshauptmann ist für St. Vinzenzer Verhältnisse ein gewaltiger Tross an Medien in den Höllgraben, zum Tatort, gefolgt. Auch der ORF erhofft sich eine Wortspende für »Steiermark Heute«, aber der Landeshauptmann verweigert.

»Sie werden verstehen, das muss jetzt fachlich in ruhige Hände genommen werden und dazu haben wir die Besten. Lassen wir die Spezialisten erst einmal arbeiten. Danke.«

Währenddessen hat die Landesrätin den doppelten Obmann angerufen und ihn um ein inoffizielles Treffen, mit ihm allein, in seinem Buschenschank gebeten. Sie muss ihm einige Dinge klar machen, die ihrer Ansicht nach in seiner Arbeit falsch laufen.

Justus Kurzmann begrüßt seine Vorgesetzte charmant mit einem liebenswürdigen »Schön, dich wieder einmal in meinem Haus begrüßen zu dürfen«. Küsschen links und Küsschen rechts, aber er spürt, dass sich ihre Liebenswürdigkeit in Grenzen hält.

»Setz dich. Kann ich dir was anbieten? Was hast du? Jetzt setz dich doch!«

»Nein danke, ich muss gleich weiter. Wie oft muss ich noch bitte sagen? Wie oft, hm? Die Zeiten sind vorbei.« Die Landesrätin ist ganz ruhig, dafür umso gefährlicher. »Hör auf, nur für dich zu arbeiten, ein für alle Mal. Du hast den Auftrag, den Zusammenschluss zu kommunizieren und nicht einen Keil zwischen die Menschen zu treiben, um deine Taschen zu füllen. Zwinge mich ja nicht, dir auf die Finger zu klopfen … mach ja nicht den Fehler …«

Sie schaut auf die Uhr. »Also, du weißt, was du zu tun hast. Nun muss ich aber zur Landtagssitzung, den Landeshauptmann vertreten. Einer muss ja die Arbeit machen«, schimpft sie beim Verlassen des Buschenschanks, »und das nüchtern. Pfüati!«

Justus Kurzmann macht, was er in solchen Fällen immer macht. Er gönnt sich einen herrlichen, nur für sich selbst gebrannten, super echten Williams-Birnenschnaps und denkt sich seinen Teil. Schreit nur, denkt er sich. Schauen wir mal, dann werden wir schon sehen!, und er freut sich auf die Wahlen. Prost!

Eine Einsatztruppe aus Gerichtsmediziner, Fotograf und Spurensicherer arbeitet bereits am Tatort. Der Landeshauptmann beschaut angeekelt die Leiche. Der Fotograf des Landes macht einige Bilder: Landeshauptmann mit Leiche.

»Zu gegebener Zeit werde ich alles beantworten, aber nun geht es erst einmal um Sicherstellung der Spuren und Aufklärung und natürlich auch um a bisserl a Pietät«, appelliert der Landeshauptmann an die Umstehenden.

Der Ermittlungsbereichsleiter erkennt im Toten den einheimischen Feuerwehrmann, der ihm auf dem Fest den Magenstrudel versetzt hat. Er kann sich heimlich eine gewisse Genugtuung nicht verkneifen.

»Den hat man ordentlich verprügelt«, sagt er lächelnd zum Landeshauptmann und denkt dabei an seine übereifrigen Kameraden.

Etwas entfernt sitzt Söldner Karli im dichten Unterholz und beobachtet das Geschehen mit dem Feldstecher. Gott sei Dank haben sie keinen Spürhund dabei, das wäre fatal. Aber er hat bei den Serben auch damit umzugehen gelernt. Wurst, Pfefferspray, Kampfmesser und wenn gar nichts hilft: Glock 17 mit Schalldämpfer!

18

Es duftet himmlisch, als Josef gegen Mittag nach Hause kommt. Frau Klug hat eine aufg'setzte Henne in der großen alten Rein für Josef zubereitet, ein gefülltes Brathendl, das auf einem Erdäpfelbett im Rohr gebraten wird. Dazu macht sie Grazer Krauthäuptelsalat mit Holzapfelessig und Kernöl. Zwei Gläser Schilcher stehen daneben, an einem nippt Frau Klug immer wieder lustvoll und das zweite schiebt sie Josef hin. Lena schnurrt einschmeichelnd und bettelt zwischen ihren Füßen herum, in Erwartung, dass bald etwas vom Braten für sie abfallen wird.

Im Garten ist der Tisch gedeckt. Man isst, wie es früher üblich war, direkt aus der Rein, in der das Hendl zubereitet wurde, und den Salat aus der irdenen Schüssel. Josef braucht sich nur noch hinzusetzen und zu genießen. Frau Klug schnippelt das knusprig gebratene Huhn mit der Geflügelschere in kleine Teile und schneidet die flaumige Semmelfülle auf, in der sich auch die Innereien des Huhns befinden. Für Lena ist das alles fast nicht zu ertragen, sie pfaucht und schreit, als müsste sie sterben.

Der Salat wird von Frau Klug durchgerührt und mit einem freundlichen »Mahlzeit« setzt sie sich zu Josef. Gemeinsam stoßen sie mit Schilcher an. »Prost!« – »Prost!«

Niemand bis auf Lena bemerkt, dass sich der große Buchsbaum neben dem Haus etwas unnatürlich bewegt. Dabei gibt es keinen Wind …

Der Grund ist, dass sich dahinter Söldner Karli versteckt. Lena ist das egal, sie ist kein Wachhund. Das Brathuhn ist ihr Ziel. Söldner Karli ist Josef gefolgt. Er schwitzt, ist müde, hört aber den beiden genau zu, wobei ihm dies sehr schwerfällt, denn das Essen duftet zu herrlich und Hunger hat er wie ein Wolf. Beide schaufeln Huhn, Kartoffeln, Fülle und Salat in sich hinein, sodass in den ersten Minuten kein Wort gesprochen wird. Dazwischen wird mit Schilcher runtergespült. Frau Klug, die ihren Zähnen zuliebe lieber das trockene, aber weiche Brustfleisch isst, ist stolz auf ihr Gericht und freut sich, dass es Josef schmeckt.

»Sie kannten Ihren Nachbarn Florian Müller doch sehr gut, oder?«, fragt Josef mit vollem Mund. Das hat er zu Hause nie gedurft.

»Erst runterschlucken, dann reden«, predigte zuerst seine Mutter und später seine Frau. Aber hier gibt es solche Gesetze nicht.

»Jo, kenn ich«, sagt Frau Klug knapp und legt eine Pause beim Essen ein. Sie zeigt mit dem rechten Arm. »Mein Nachbar, gleich über den Kogel hinauf.«

»Er war bei der Freiwilligen Feuerwehr?«, fragt Josef.

»Jo, und Fahnenträger der Kameradschaft. Ein kleiner Bauer. Er hilft manches Mal beim Maschinenring aus, bei der Genossenschaft, wo sich die Bauern Geräte ausleihen können, und verkauft Versicherungen.« Frau Klug stopft sich eine große Gabel Salat in den Mund, dass ihr das Kernöl-Essig-Gemisch vom Kinn auf ihre Kittelschürze tropft. »Seine Frau hat daheim geschuftet, bis sie zusammengebrochen und gestorben ist. Er hat den Grund verpachtet und ist jetzt in den Gasthäusern zuhause. Ein richtiger Spieler. Der Hurenbock … aber wieso *war*?«, dämmert es jetzt Frau Klug. »Was ist mit ihm?«

»Er ist tot«, sagt Josef nach einer kleinen Pause. »Man hat ihn heute Morgen in Feuerwehruniform im Höllgraben gefunden. Verprügelt und mit gespaltenem Kopf.«

»Tot?«, wiederholt sie nach einiger Zeit erstaunt. »*Bog je pravičen, moje srce.* – Gott ist gerecht, mein Herz«, sagt sie leise und schlägt ein Kreuzzeichen.

Es entsteht eine Pause zwischen den beiden und Frau Klug beginnt leise zu summen.

»Ach ja, bevor ich es vergesse, es gibt hier einen Verrückten, der im Wald bewaffnet herumrennt«, sagt Josef. »Einen Privatdetektiv. Ich weiß nicht, was der hier wirklich will, also seien Sie vorsichtig, wenn Sie auf die Pirsch gehen.«

Frau Klug dankt etwas verzögert für den Rat.

Söldner Karli zieht sich nach dieser Ansage flink und unbemerkt, aber noch hungriger als vorher, vom Buchsbaum zurück in den Wald. Wer ist dieser Josef, fragt er sich schon die ganze Zeit, dieser ehemalige Gendarm, was will der eigentlich hier? Söldner Karli spürt erneut, dass er so schnell wie möglich weg sollte von St. Vinzenz. Er weiß, dass, wenn dieser Josef ihn hier erwischt, es eng für ihn wird.

Josef liebt es, die knusprig braunen Flügel des Huhns abzunagen, ebenso die Schenkel, überhaupt mag er die knusprige Haut am liebsten und den knusprigen Bischof, wie man den Pürzel auf Steirisch nennt. Lena sitzt neben ihm, tippt ihm ab und zu mit den Vorderpfoten an die Unterschenkel. Sie schreit wie am Spieß, um auf ihr Anteilsrecht aufmerksam zu machen. Das Brustfleisch mag Josef nicht so sehr, es ist ihm zu trocken. Zwischen gehäuften Gabeln von braun gebratenen, mit Kümmel und etwas Zitronenschalen gewürzten Kartoffeln, lockerer Fülle, einem herrlichen Natursaft und Salat gönnt er sich immer wieder schnelle Schlucke Schilcher. Josef wirft die abgenagten Knochen Lena zu und diese stürzt sich gierig darauf.

»Ahhh, das ist Ihnen heute aber wirklich sehr gelungen, danke, Frau Klug«, lobt Josef die Köchin und lehnt sich satt zurück.

»Nichts Besonderes«, wiegelt sie stolz lächelnd ab. »Essen Sie, Herr Josef, es freut mich, wenn es Ihnen schmeckt, essen Sie!«

»Ich kann leider nicht mehr ...«

Beide legen ihr Besteck hin, wischen sich ihre Münder mit den weißen Stoffservietten ab. Lena schreit, sie will mehr und bekommt schließlich die restlichen Knochen. Als Abschluss prosten sich beide noch einmal zu und leeren ihre Gläser. Die Servietten hängt Frau Klug in die Sonne. »Waschen hilft bei Kernöl nicht, aber in der Sonne vergilbt es. – Hm, der Florian, erschlagen«, wiederholt die alte Frau.

»Ja, erschlagen«, bestätigt Josef. »Auf dem Feuerwehrfest hat er dem Ermittlungsbereichsleiter von der Polizei einen Magenstrudel verpasst und ist geflohen.«

Frau Klug muss lachen. »Das schaut ihm ähnlich, dem alten Deppen, zuschlagen und dann selber tot, kein Hirn! – Und weiß man schon, wer es war und warum?«

»Keine Ahnung«, sagt Josef. »Es könnte ein Polizist gewesen sein, Rache für den körperlichen Übergriff am Ermittlungsbereichsleiter, aber sonst? Hatte er in St. Vinzenz Feinde?«

»Feinde?«, überlegt sie und lacht kurz auf. »Feinde? Der hat die Feindschaft erfunden«, antwortet Frau Klug. »Der Florian ist ... war ein unguter Mensch, ein Ruanstoanvasetza, ein Streithansl. Da hat es schon ungute Sachen gegeben und auch Raufereien. Die Weiber haben es ihm halt angetan, dem alten Bock ... vor allem junge Dirndln. Das Alter war ihm aber eigentlich wurscht. Was bei drei nicht auf dem Baum war, war dran. Sein Sohn hat sich vor Jahren aufgehängt, nachdem ihm seine Braut am Tag der Hochzeit davongerannt ist. Es hat Gerüchte gegeben, dass sich Florian … ach, es ist lang her, zu lang.«

»Was?«

»Na, er hätt sich an sie drangemacht. Sie gezwungen, mit ihm … und dann … aber es gab keine Beweise und wer hätt damals genauer hingeschaut? Die Frau ist vor dem langweiligen Bräutigam in eine spannendere Welt geflohen, hat es offiziell geheißen.«

Den Salat haben die beiden aufgegessen, aber Huhn, Fülle und Kartoffeln sind noch genug in der Rein.

»Ich stell das ins Rohr für den Abend«, sagt Frau Klug mit einem Schmunzeln, denn sie weiß, dass Josef das Hendl sehr gerne auch kalt isst. Sie selbst isst am Abend meist nichts mehr, ein Glaserl ihres Schilchers, vielleicht noch ein Stück trockenes Brot, und das war es.

»Danke«, sagt Josef und streicht über ihre Hand, »danke, es war großartig!«

Ebenfalls satt vom Abnagen der Knochen, putzt sich Lena Schnauze und Barthaare und schlendert fressfaul ihrer Wege. Während Frau Klug den Tisch abräumt, legt sich Josef in den Liegestuhl hinter dem Haus. Er ist wie Lena müde. Langsam essen hat ihm seine Mutter befohlen, nicht schlingen. Nun spürt er, warum.

Er kann nur schwer einnicken, muss immer wieder rülpsen. Die Morde gehen ihm nicht aus dem Sinn. Lena hüpft auf seinen Schoß und macht es sich dort schnurrend gemütlich. Der erste Mord, ja, aus Neid, aus Liebe, ja, aber der zweite ergibt gar keinen Sinn.

Überhaupt ergibt das alles keinen Sinn, was hier passiert, denken sich auch viele St. Vinzenzer. Wenn jemand den Tourismus stören will, so ist ihm das mit den Überfällen gelungen. Auch mit dem ersten Mord. Aber jetzt der Totschlag? Oder war es doch Mord? Hat der zweite vielleicht doch etwas mit dem verhassten Zusammenschluss zu tun?

Josef ist noch nicht so weit, aber wenn, dann kann er solche Fälle lesen, drehen und von einer ganz anderen Sicht aus angehen. Das haben seine Kollegen an ihm, dem Trüffelschwein, wie sie ihn nannten, geschätzt. Er kann blitzschnell umdenken, Haken schlagen, genau dem Gegenteil nachgehen – und nicht selten hat gerade das zum Erfolg geführt. Früher, ja früher ...

Der Höllgraben ist nebelig und es graut bald der Morgen. Eine Eule verständigt sich mit einer anderen. Licht und Schatten zwischen den Fichten zaubern Feen in den Nebel. Ein Mann stolpert mit letzten Kräften durch das Unterholz abseits des Weges. Es ist Josef! Er trägt eine Feuerwehruniform, sie ist dreckig. Er blutet aus Nase und Mund und ist voller Schrammen. Erschöpft versucht er, tiefer in den Höllgrabner Wasserspüal zu fliehen.

Plötzlich ein lauter Donner wie aus dem Nichts. Der Erdboden schwankt und ein gewaltiger Spalt tut sich auf. Da steht er, der Höll-Irdene, der Teufel, vor Josef. Dieser schreit, wirft sich auf die Knie und bettelt um sein Leben, aber der Teufel haut ihm erbarmungslos mit etwas Axtähnlichem auf den Kopf, sodass Josef auf der Stelle tot ist. Nun dreht sich der Teufel um und lacht. Seine Fratze ist umsäumt von einem weißen Spitzenschleier und an der Seite steckt ihm auf dem rechten Horn ein Plastiksträußchen von Maiglöckchen. Er zeigt unvermittelt mit seinem Mordwerkzeug auf den träumenden Josef und lacht.

»Sie«, stammelt Josef benommen, »Sie ... Sie? SIIIEEE, Frau Klug?«

Josef schreckt schreiend aus dem Schlaf! Lena flüchtet in sichere Entfernung.

»Jo, jo, ich bin's! Da bringe ich Ihnen einen ang'setzten Kräuterschnaps, keine Zwetschke, sondern in Korn angesetzte Moastawurz. Das Kräuterl wächst auf der Wiese unten neben Ihrem Wald. Die beste Medizin zur Verdauung und zum Einschlafen, für einen klaren Kopf, ruhigen Magen und Geist. Ist auch gesund für die Liebe«, sagt sie und lächelt.

»Ich hab im Traum den Teufel gesehen, Frau Klug«, sagt Josef schwitzend, »und das waren Sie! Der Teufel hatte Ihr Gesicht. Sie haben mir im Höllgraben den Kopf gespalten.«

»Ich, der Teufel und eine Mörderin an Ihnen noch dazu!«, lacht Frau Klug. »Das ist etwas ganz Neues! Das kommt daher, dass Sie zu viel und zu schnell gegessen haben. Da kann einem schon der Teufel vom Magen ins Hirn flutschen. Trinken Sie und ruhen Sie sich aus.«

Josef riecht am Schnaps und kippt die bittere Medizin auf einmal hinunter. Frau Klug lässt ihn etwas verwirrt zurück. Er denkt über den Traum nach und nickt wieder ein.

Lena hat es sich diesmal sicherheitshalber unter Josefs Liegestuhl am Wiesenboden gemütlich gemacht und schnurrt.

19

Der Höllgraben, so ist es seit Generationen überliefert, hat seine eigene dunkle Geschichte. Frau Klugs Großeltern haben erzählt, dass ihnen ihre Großeltern erzählten, dass darin der Teufel ein Loch in die Welt hat und manches Mal in die Gegend von St. Vinzenz schlüpft, um sich die Seele eines Weinbauern zu holen, der sich für Reichtum dem Teufel verschrieben hat, oder er musste ihm statt seiner eine Jungfrau opfern.

Es gab über die Jahrhunderte immer wieder eigenartige Geschehnisse im Höllgraben. Im Ersten Weltkrieg verschwanden dort kaiserliche Soldaten, erzählt man sich. Im Zweiten Weltkrieg passierte das Gleiche mit Landsern und russischen Besatzungssoldaten. Auch slowenische Partisanen verschwanden in der dunklen Gegend auf Nimmerwiedersehen.

Der Höllgraben beziehungsweise der Teufel schluckte alles.

So mancher St. Vinzenzer denkt, dass es mit der Geschichte doch etwas Wahres auf sich haben könnte. Aberglauben ist immerhin auch ein Glauben, doch niemand will daran rühren und dadurch unnötig etwas abbekommen. Und überhaupt, wer weiß? Eigentlich will man gar nicht dahinterkommen. Was interessiert es die Bürger von St. Vinzenz, wer da wen ums Leben bringt. Für die großen Dinge ist man zu klein und an den kleinen Dingen ist der Teufel nicht interessiert. Vielleicht verdienten es die Opfer ja auch, wer weiß? Aber ganz sicher ist man sich nicht, ob man nicht irgendwann selbst auch an der Reihe sein könnte. Sich präventiv dagegen zu sichern, ist nicht das Schlechteste. So hat man vor Jahrzehnten eine Bittprozession in den Höllgraben ins Leben gerufen.

Ausschlaggebend war das Verschwinden einer jungen Frau – Mimi, die angehende Schwiegertochter Florians, die am Tag der Heirat plötzlich weg war. Der Hochzeiter, es handelte sich um den Sohn des ermordeten Florian, stand plötzlich allein da. Niemand hatte eine Ahnung, was mit ihr passiert war. Viele St. Vinzenzer meinten, der Teufel habe sich die Braut anstatt eines reichen Weinbauern geholt. Aber Jungfrau war sie sicher keine mehr, wie manch Einheimischer hinter vorgehaltener Hand mutmaßte. Und Mutmaßen ist die vierte und das Vorurteil die fünfte Art der Kommunikation, die in St. Vinzenz gerne praktiziert wird.

Aber wer kennt sich schon aus beim Teufel. Er soll in der Not auch Fliegen fressen. Auch dass sie der Bräutigam selbst um die Ecke gebracht hat, mutmaßte man. Oder sein Vater, der alte Florian, hätte dies getan, weil er diese Schwiegertochter nicht wollte – oder nur für sich wollte. Oder sie ist einfach abgehauen in die Fremde. Man fand es nicht heraus. Es war furchtbar für den jungen Mann, bis er verzweifelte und sich auf dem Heuboden erhängte.

Was immer man auch vermutete, es führte alles zu keiner wirklich glaubhaften Geschichte. Und so stimmte der damalige Pfarrer der ersten Bittprozession von St. Vinzenz zu. Die Menschen brauchen Halt im Glauben, das nimmt ihnen Ängste und Unsicherheit. Also könnte es vielleicht doch, wenn es Gott gibt, auch einen Teufel geben? Einen Teufel, der von Zeit zu Zeit durch das Loch im Höllgraben nach St. Vinzenz kommt, um seinen Tribut zu fordern.

Warum sich der Teufel allerdings gerade St. Vinzenz auserwählt hat, war nicht nur dem alten Pfarrer schleierhaft.

Es wäre heute schon wieder höchste Zeit, denken sich die Alten. Die Weinbauern sind reich, zu reich, ob das mit rechten Dingen zugeht? Und vielleicht gefällt dem Teufel der Zusammenschluss von Süd- und Weststeiermark ja auch nicht?

Der Nachfolgepfarrer Robert Schwintzerl ist der Meinung seines Vorgängers. Es schadet gar nicht, wenn die Kirche wieder etwas mehr Macht über die St. Vinzenzer bekommt. Menschen brauchen Spiritualität, etwas Unbegreifbares, auf das sie vertrauen und ihre Nöte abschieben und wo sie Kraft herholen können, vertraut er Reserl an, während sie seine Hemden und Unterwäsche bügelt. Die Pfarrersköchin mag solche familiären Situationen mit Bertl, dem Pfarrer. Dazu etwas Schlagermusik aus dem Radio ... Für Reserl ist das Glück.

Am kommenden Sonntag soll nach sehr langer Zeit wieder eine solche Bittprozession in den Höllgraben durchgeführt werden.

Die Bürger versammeln sich in der Pfarrkirche von St. Vinzenz. Aber da nicht alle Platz finden, ist die Menge bis weit in den Ortsplatz hinein dicht gedrängt. In Gedenken an die Verschwundenen und alle armen Seelen und mit der Bitte, dass der Herr diesen Kelch bald an St. Vinzenz vorübergehen lassen möge, beginnt Pfarrer Schwintzerl mit einem Vaterunser und einem Gegrüßet seist du, Maria den Gottesdienst. Man hört ihn über den Lautsprecher im ganzen Ort. Bürgermeister Loch hat die Bittprozession angeordnet. Der Pfarrer mag es aber nicht, dass ihm jemand Weltliches etwas anordnet und schon gar nicht Bürgermeister Loch. Aber da die Renovierung der Kirche ansteht, lässt er sich doch hinreißen. »Wenn ihr etwas gegen eure Ängste braucht, dann kommt ihr angekrochen, aber wenn ich oder unser Herr euch ruft, dann versteckt ihr euer Geld«, schimpft der Pfarrer den Bürgermeister aus. »Ich erwarte mir eine große finanzielle Beteiligung der Gemeinde an der Renovierung, hast du mich verstanden, und im Höllgraben gehst du dafür mit dem Klingelbeutel herum!«

Der neue Pfarrer Schwintzerl nimmt seine Aufgabe als Seelsorger sehr ernst. Manches Mal zu ernst, sagt manch Schäfchen. Aber was bleibt dem Gottesmann schon übrig in solchen unsicheren Zeiten, wo die Menschen offenbar Gott nicht mehr brauchen. Immer weniger Einheimische besuchen seine Gottesdienste. Ungeheuerliche Aufdeckungen über Kindermissbrauch durch Kirchenmänner weltweit und der Umgang aller Kirchen damit, finanzielle Machenschaften sowie Machtgelüste einiger Kirchenfürsten und politische Verstrickungen stoßen viele Menschen ab, die immer der Meinung waren, für die Kirche sei die Seelsorge das Wichtigste.

Am schmerzhaftesten trifft Pfarrer Schwintzerl, dass die Kirche der Jugend immer gleichgültiger wird. Viele St. Vinzenzer richten sich lieber gleich an Gott und nicht an seine Stellvertreter auf Erden. Zwar machen sie dies nicht offen, denn wer weiß schon, was Wahrheit ist? Sie bleiben dem Gottesdienst einfach fern und wenn der Pfarrer sie darauf anspricht, haben sie alle möglichen Ausreden. Deshalb ist Schwintzerl meist relativ allein mit sich, Reserl und dem lieben Gott in der St. Vinzenzer Kirche in ihrem herrlichen Bauernbarock. Trotzdem erfüllt er seine Aufgaben mit ganzem Herzen. Letzte Ölungen und Begräbnisse häufen sich, man weiß ja nie, sagen sich auch die St. Vinzenzer, die sich von der Kirche losgesagt haben. Aber Hochzeiten? Taufen? Firmungen? Erstkommunionen und andere schöne Erlebnisse werden immer weniger. Sogar Ministranten findet er kaum noch. Er muss einen Aushang am Gemeindehaus anbringen, worin er um Ministranten wirbt, selbst das nutzt nichts. Hätte er nicht in Heinzi, dem geistig eingeschränkten Sohn des Bürgermeisters, einen braven Ministranten gefunden, um den er sich auch seelsorgerisch kümmert, es wäre traurig um die Messfeiern bestellt.

Nun also eine Bittprozession in den Höllgraben. Diesmal sind Menschen über Menschen gekommen. Nicht nur Einheimische. Menschen aus der ganzen Steiermark, aus Graz, Kärnten und dem nahen Slowenien, und es wird auch ein extra Segen für die angerückte Polizei vor Ort angekündigt.

»Der Landeshauptmann hat anfragen lassen, ob er kommen soll«, sagt Bürgermeister Loch zu Pfarrer Schwintzerl. »Was soll ich ihm sagen?«

»Er ist wie alle willkommen, aber keine Ansprache«, fährt ihn Schwintzerl an. »Dann breche ich sofort ab. Ich lasse mich und diese Prozession nicht von euch für Politik benutzen, die Prozession ist allein meine und Gottes Sache.«

»Gut, dann sage ich ihm ab.«

Der Pfarrer kann sich zu seiner Freude nicht erinnern, wann das letzte Mal so viele Menschen im Namen Gottes in der Kirche und auf dem Ortsplatz von St. Vinzenz versammelt waren. Das freut den Gottesmann, aber vor allem Reserl, die das ganze Gedränge vom Kirchturmfenster aus mit dem Handy filmt. Sie ist stolz auf ihren Bertl.

Auch die Medien sind da und sogar der ORF Steiermark filmt. Kurzmann und das Werbeteam des Südweststeirischen Tourismusvereins haben sich ins Zeug gelegt. Überall gibt es Weinstände vom Weinbauverein, wo man sich mit einem gratis Glaserl und Brötchen für die Prozession stärken kann. Josef und Karin haben sich verabredet, die Prozession mitzumachen. Josef hat erst gezögert, aber weil es Karin wichtig war, hat er zugestimmt. Er selbst hat den Glauben an die römisch-katholische Kirche lange schon verloren und ist vor Jahren ausgetreten.

»Obwohl es wunderbare Kleriker gibt, hat Gott für mich nichts mit Kirche zu tun«, beichtet er Karin. »Gott ist für mich, wenn du so willst, alles, was mich umgibt, das Unbeschreibliche, aus dem ich als Teil gekommen bin und, wenn ich sterbe, wieder als Teil eingehe.«

»Verstehe ich«, sagt Karin. »Aber seit ich meinen Mann im Sterben begleitet habe, denke ich anders. Für mich geht es nicht darum, ob und wer, sondern dass etwas für einen da ist, das einen ertragen lässt, innere Hilfe bietet und Mut macht für etwas Neues, was das auch immer ist. Es geht nicht um richtig oder falsch, es geht um das Dazwischen.«

Frau Klug hat versprochen, nach der Prozession etwas Gutes für sie zum Essen vorzubereiten. Die alte Frau will nicht bei der Prozession dabei sein. »Das ist was für Jüngere, es hilft sowieso nicht«, meint sie. »Hilf dir selbst, dann hilft dir Gott, und der Teufel war auch einmal ein Engel, alles eine Nudel, ein Teig, aber wenn man dran glauben kann, warum nicht.« Frau Klug schaut lange nach oben. »*Moje srce,* hm, trotzdem bin ich nicht aus der Kirche ausgetreten.«

Die Feuerwehr und der Kameradschaftsbund haben den sehr alten Baldachin für die Fronleichnamsprozession vom Kirchendachboden geholt. Frauen haben die Mottenlöcher gestopft, ihn gereinigt und mit Blumen geschmückt. Feuerwehr und Kameradschaft sind in voller Festtagsadjustierung angetreten. Jede der vier Baldachinsäulen wird von einem Feuerwehrmann mit Helm, Uniform und Koppel getragen. Es ist schwierig, das Gleichgewicht zu halten, aber die vier Träger haben geübt. Darunter geht der Pfarrer im schweren, festlichen Fronleichnamsornat. Mit beiden Händen trägt er die Monstranz als Zeichen des lebendigen Gottes vor sich her. Bürgermeister Loch ministriert an einer Seite, er trägt den Kessel mit Weihrauch, auf der anderen Seite sein Heinzi mit dem Weihwasserkessel.

Das ist nicht allen St. Vinzenzern recht. »Wie schaut das denn aus. Ein Behinderter ministriert?«, aber was soll man machen, heutzutage gibt es auch in der Kirche keinen Genierer mehr. Heinzi tut das sehr gerne und auch gut, das sieht man an seiner stolzen Haltung und seinem Lachen. Er mag Pfarrer Schwintzerl und seine Köchin, die wohl zu den ganz wenigen Menschen in St. Vinzenz gehören, die ihn so mögen, wie er ist.

Neben den vier Baldachinträgern marschieren jeweils vier Kameraden im Steireranzug mit Hut und gläsernen Kerzenhaltern, darin brennen Kerzen als Zeichen der Würde, des Schutzes und der kameradschaftlichen Verbundenheit in St. Vinzenz.

Gemächlichen Schrittes marschiert der Tross Richtung Höllgraben abwärts. Vorbeter Franz betet den Schmerzhaften Rosenkranz vor und die Gläubigen antworten im üblichen Singsang. Nach einiger Zeit ist man fast am tiefsten Punkt des Grabens, vor dem Wasserspüal, angekommen, dort, wo man einige Meter weiter Florian gefunden hat. Davor ist eine trockene, ebene Fläche.

Hier haben die Feuerwehr und die Kameraden einen mit Blumen geschmückten Altar errichtet, auf dem der Pfarrer die Wandlung vornehmen wird. Obwohl es einigen nicht ganz geheuer ist, ist es doch ein eindrucksvolles Erlebnis, vor allem für Touristen, die mit ihren Handys filmen.

Das Jäger-Quartett aus St. Vinzenz begrüßt die Prozession mit dem Lieblingslied von Pfarrer Schwintzerl, »Meerstern, ich dich grüße«. Er ist wider Erwarten sehr zufrieden, wenn nicht gar etwas hoffärtig. Er denkt kurz darüber nach, wie sich wohl ein Popstar bei einem Auftritt vor vollem Stadion fühlt, und sucht dabei sein Reserl im Publikum, die eifrig filmt. Die Messfeier leitet er würdevoll und souverän und singt zusammen mit dem Jäger-Quartett die alten Messlieder. Die meisten murmeln, weil ihnen die Texte nicht geläufig sind, irgendetwas bemüht daher. Das tut aber der Würde des Ganzen keinen Abbruch.

Schwintzerls Predigt handelt von Schuld, Hölle, Verdammnis, aber auch von Vergebung und Liebe, die jeder sich selbst und dem anderen gewähren muss. Und wenn das nicht gehe, müsse man auf Gott vertrauen und auf seine Erlösung hoffen. Die Polizisten in Repräsentationsuniform unter Führung des Ermittlungsbereichsleiters Puderer stehen neben den zwei Reihen der Feuerwehr und der Kameraden und erwarten in Habtachtstellung ihren extra Segen.

Söldner Karli, der aus dem Unterholz mit dem Fernglas das Szenario beobachtet, hält von jeglichem Glauben rein gar nichts. Das führt nur zu Unterdrückung, Gewalt, letztlich fast immer zu Krieg und Schmerz. Wie in seinem Fall, da half weder Allah noch Gott noch sonst wer oder was. Keine liebenden Eltern und schon gar nicht die Gesellschaft. Myra wurde umgebracht, weil es jemandem nicht passte, dass eine Muslima mit einem Christen glücklich war. Da gibt es keine Mutter, keinen Vater, keine Tochter, keine Brüder oder Freunde, keinen Gott, nur Hass. Wirklich glückliche Menschen haben seiner Ansicht nach in den Religionen kein Zuhause. Es geht um Unterwerfung, um Gehorsam, um Leiden. Es geht um Macht. Aber Freiheit, Glück und Liebe folgen keinem Gehorsam und keiner Macht. Aber was ist wirkliches Glück, fragt er sich.

»Im Namen des Vaters und des Sohnes und des Heiligen Geistes«, beendet Pfarrer Schwintzerl feierlich laut das Vaterunser, und Heinzi übergibt auf ein Zeichen hin dem Pfarrer den Schwengel mit dem Weihwasser, den dieser über alle drei Abordnungen im Kreuzzeichen anständig schwingt. »Herr, segne die braven und willigen Männer, auf dass es ihnen gelinge, unsere Gesellschaft zu reinigen und zu schützen vor unsauberen Elementen und Mächten, damit wir dich alle in Freiheit lobpreisen können. Beschütze die Feuerwehr, unsere Kameraden und besonders die Polizei, die eine schwere Aufgabe hat. Schicke ihnen den Heiligen Geist, damit er sie erleuchte. Amen!«

»Amen«, entgegnen alle.

Auf dem Höhepunkt der Wandlung macht der Aushilfsfahnenträger Max die verabredete Geste und senkt die Fahne aus Respekt vor Gott. Von den Kameraden werden drei Prangerstutzen abgefeuert und etwas entfernt im Ort läuten die Glocken. Nachdem sich viele die Kommunionsoblate abgeholt haben, will der Pfarrer die Messe mit seinem Segen beenden. Doch er kennt seine Schäfchen. Es muss vor dem Segen gesammelt werden, danach sind die Menschen schneller auf dem Weg nach Hause, als man denkt. Pfarrer Schwintzerl bittet nun großzügig, an die Renovierung der Kirche zu denken, und Bürgermeister Loch dreht mit dem Klingelbeutel erfolgreich seine Runden. Ihm kann keiner entkommen. Der Pfarrer gibt danach seinen Segen und entlässt die Gläubigen ins profane Leben, indem er mit dem Jäger-Quartett »Großer Gott, wir loben dich« anstimmt. Danach räumt man zusammen und geht schnell und doch beruhigter nach Hause, als man gekommen ist. Man ist nicht gerne in dieser Gegend. Auch wenn Gott dabei ist.

Die Prozession hat um einiges länger gedauert als der normale sonntägliche Gottesdienst. Kinder weinen, weil sie Hunger haben oder durstig sind, oder weil ihnen das alles zu lang war und sie von dem, was sie nicht verstanden haben, gelangweilt oder gar verängstigt sind.

Ermittlungsbereichsleiter Puderer wird noch vom ORF Steiermark zum Stand der Ermittlungen interviewt. Auf die Frage, ob er einen Zusammenhang zwischen Gott und der Polizei sehe, sagt er: »Wir erleben tagein, tagaus hautnah, dass Gottes Gesetze eine Sache, die Wirklichkeit aber eine sehr menschliche Angelegenheit ist. Gottes Ebenbilder sind zu allem fähig. Und manches Mal frage ich mich, wer denn dieser Gott eigentlich ist und was er wirklich will?«

Die Männer gehen zum Au-Wirt oder ins Tankstellen-Tschecherl, und die Frauen nach Hause, um schnell das verspätete Mittagessen zu bereiten.

Bei Frau Klug angekommen, überraschen Josef und Karin sie dabei, wie sie, aus dem Wald kommend, auf die Scheune zugeht. Frau Klug mit Steirerhut und Gamsbart trägt wie immer auf der Jagd eine grüne Fleecejacke, braune Jagdstiefel und eine grüne Pluderhose. Sie hat ihr Gewehr gebrochen umgehängt und ein kleines Bündel in der Hand.

»O Gott, da seid ihr ja schon«, ruft sie den beiden überrascht entgegen. »Ist es schon so spät? Verfluchtes Dornenzeug«, und hebt dabei das kleine Bündel hoch, bevor sie es in die Scheune wirft. »Ich hab die Zeit übersehen, bin zu spät, ich weiß, Tschuldigung. Ein kapitaler Bock in der Fichtenjugend, und wenn mich das Jagdfieber einmal packt … Es geht halt nicht mehr alles so, wie ich es will. Leider hab ich noch nichts gekocht, aber mit einem Glas Schilcher und Apfelstrudel, frisch von heute Morgen, kann ich hoffentlich alles wieder gutmachen«, sagt Frau Klug und wischt sich die Hände an der Hose ab. »Aber jetzt setzt euch.«

»Hatten Sie Weidmannsheil?«, fragt Karin.

»Nein, der Bock war schlauer und vor allem schneller als ich.«

»Ach, duftet das herrlich«, sagt Josef, als Frau Klug das Tablett mit Schilcher und Kuchen auf dem Gartentisch abstellt. Josef greift gleich richtig zu, hat er doch seit in der Früh außer der Oblate nichts mehr gegessen. Frau Klug sitzt daneben und hebt ihr Glas zum Prost. Die beiden ebenfalls. Karin hat sich in den Jahren an die Trinktraditionen in St. Vinzenz mit Maß und Ziel angenähert.

»Mein Gott, seid ihr ein schönes Paar. Das nächste Mal werd ich euch was ganz Feines kochen, versprochen.«

»Prost!«

»Prost!«

Irgendwie ergibt sich kein richtiges Gespräch. Frau Klug summt unruhig herum. »Ich muss noch Kleinholz machen«, sagt sie abwesend. »Ist ja immer noch zu heizen am Abend.«

Nachdem sie vom Apfelstrudel gegessen und den Schilcher getrunken haben, beschließen sie zu gehen. Josef bringt Karin nach Hause. Frau Klug hält ein kleines Mittagsschläfchen.

Josef kommt zurück, will sie überraschen und Kleinholz machen. Als er in der Scheune das Spitzmesser zum Holzmachen sucht, sieht er das braune Bündel. Da ist Blut dran! Der Fetzen, aber auch das darin eingewickelte Spitzmesser sind voll getrocknetem Blut. Er bündelt das Knäuel wieder zusammen und legt es an seinen Platz zurück.

20

»Immerhin war der steirische Prinz der erste deutsche Reichskanzler, gewählt zu Köln«, sagt Karin. »Er führte sogar Feldzüge für seinen Bruder, den Kaiser.«

»Ja«, antwortet Josef, »er hat sich meist die Watschen für ihn abgeholt. Aber Graz war auch die Stadt der Volkserhebung im Nationalsozialismus.« Josef fährt seinen VW Käfer in die Operngarage.

»Und jetzt hat Graz die erste kommunistische Bürgermeisterin, ätsch,« sagt Karin.

Es ist Dienstag, Karins freier Nachmittag in der Gemeinde. Josef hat sie zu einem Stadtbummel nach Graz eingeladen. Das Wetter ist sommerlich warm und Karin hat nach zweimaligem Nachfragen doch zugesagt. In den letzten Tagen hat sie der Bürgermeister kaum angesehen, sie schreibt das dem Kontakt mit Josef auf dem Feuerwehrfest zu, dem gemeinsamen Prozessionsbesuch oder überhaupt den Gerüchten über sie beide.

Es ist mein Leben, denkt sie, und Josef ist sehr nett. Warum nicht eine schöne Zeit gemeinsam haben, ich bin zu nichts verpflichtet. Wer weiß schon, wie lange das andauert. Sie spürt, dass sie vieles noch nicht verarbeitet hat, aber dass ihr auch anderes langsam wichtiger wird. Ihr verstorbener Mann beschützt immer noch ihr Herz. Sie spürt ihre Liebe zu diesem außergewöhnlichen Menschen. Eigentlich ist es ein Wunder, dass Karin wieder lachen und das Leben einigermaßen genießen kann. Vor acht Jahren hatten sie geheiratet und sie waren drauf und dran, sich ein Leben nach ihren Sehnsüchten einzurichten. Kinder, ein Haus und alles, was ihnen an Schönem in den Sinn kam. Er verdiente als Sachbearbeiter im Landesdienst sehr gut und sie wurde als junge Sekretärin damals in der Gemeinde, im Bauamt, angestellt. Sie waren aus Graz nach St. Vinzenz in eine Neubauwohnung gezogen. Die kleine Gemeinde gefiel ihnen. Hier wollten sie ihr Leben aufbauen, bis er an Krebs erkrankte. Zuerst hatten sie noch Kraft und Hoffnung über die Jahre der Behandlungen. Irgendwann haben sie den Kampf verloren und auf einmal stürzte alles, was sie sich jemals erträumt hatten, in sich zusammen.

Viele im Ort, einschließlich Bürgermeister Loch, standen ihnen nicht nur mental bei, sondern halfen, wo es ging.

Karin und ihr Mann hatten dies nie erwartet. Es war, als wären die St. Vinzenzer dankbar, diese Liebe beschützen zu können, weil so etwas Einmaliges für sie kaum möglich war. Deshalb geht sie mit den Menschen und speziell den Männern aus St. Vinzenz kulant um. Sie weiß, sie können auch ganz anders, wenn es darauf ankommt.

»Magst du ein Eis?«, fragt Karin, als sie durch die Sporgasse, die sich im historischen Stadtkern von Graz befindet, schlendern.

»O ja, bitte, vielleicht haben sie griechisches Joghurt? Das liebe ich«, sagt Josef, »es ist etwas salzig.«

Und tatsächlich, sie haben es, und auch Karin bestellt sich eine Tüte.

»Ich möchte dich gerne zum Essen einladen«, sagt Karin. »Worauf hast du Lust?«

Sie spazieren weiter ohne wirkliches Ziel die Gasse mit den schönen alten Häusern hinauf.

»Ein kaltes Glas Wein hätt ich gerne«, sagt Josef.

Karin kennt ein kleines Lokal. »Gleich um die Ecke, wenn es dir recht ist?«

Das Santa Clara war das Lieblingslokal von Josefs Frau. Was soll das schlechte Gewissen, denkt er sich, wir sind geschieden und aus. Das Lokal ist zwar teuer, aber richtig gut. Steirisches Hochquellwasser, dazu ein Glaserl weststeirischen Muskateller als Aperitif. Josef trinkt diesen Wein ja nicht so gern, isst lieber die Trauben, aber der Geschmack dieses Muskatellers ist feiner, nicht so penetrant wie sonst oft.

»Auf dein Wohl«, sagt Karin beim Anstoßen.

»Nein, auf deines«, bessert Josef nach.

»Gut, dann auf unseres«, beendet Karin und sie stoßen lachend an.

Austern Fines de Claires als Vorspeise, dann gegrillte Shiitake-Pilze auf Rucola mit Parmesan. Ein Rindersteak vom Almochsen mit handgeschnittenen Pommes, dazu einen Miraval, einen Rosé aus der Provence vom Weingut Brad Pitt und Angelina Jolie.

»Die sind ja mittlerweile auch geschieden«, sagt Josef.

Die beiden lachen, werden währenddessen jünger, lustiger.

»Warum seid ihr geschieden?«, fragt Karin.

»Meine Frau hat nicht zu mir gepasst«, antwortet Josef schnell und lächelt. Er nimmt einen tiefen Schluck.

Karin lächelt ebenfalls.

»Nein, wir haben beide Schuld. Aber das würde zu weit führen. Es ist aber alles im Guten geklärt.«

Es entsteht eine lange Pause, bis Karin ihre Hand auf seine legt und ihn anlächelt. Josef spürt, dass sich sein Schutzmantel zu lösen beginnt, er wird unsicher. Ja, wenn, dann musst du nun wohl mutig sein, denkt er.

»Weißt du«, sagt sie, »als mein Mann wusste, dass er bald sterben wird, da glaubte ich, die Welt müsste einstürzen, so unvorstellbar schmerzvoll war das. Ich hatte keine Ahnung, wie ich damit umgehen sollte. Es tat einfach nur weh! Mein Mann bat mich, ihm etwas zu versprechen: ›Wenn ich nicht mehr bin, lass wieder einen Mann, der dich verdient, in dein Leben und Herz. Ich möchte nicht, dass du allein bleibst. Ich will, dass du in Liebe lebst, ich bin sowieso immer da und passe von da oben auf dich auf. Ich will, dass du glücklich bist. Denn egal, was auch immer passiert, es wird die Sonne wieder aufgehen, die Vögel werden singen, als wäre alles wie jeden Tag …‹, und ich versprach es ihm.«

Josef spürt ihre Hand auf der seinen. Sie schauen sich lang in die Augen. Karin drückt sanft ihre Lippen auf Josefs

Mund, bis er zurückzieht. Es entsteht eine beredte Pause. Dann bricht Josef die Stille und verlangt die Rechnung.

»Nein, nein, mein Lieber«, sie schiebt seine Hand mit der Kreditkarte zurück, »ich habe dich eingeladen.«

Sie stehen, nachdem sie gezahlt hat, auf und gehen. Schon komisch, denkt er, das Essen heute war genauso, wie ich es mit meiner Frau nie wirklich mochte, doch heute habe ich es genossen! Ungelenk nimmt er Karins Hand. »Danke für das herrliche Essen.«

»Kannst du ... äh ... darfst du noch fahren?«, fragt Karin.

»Was? Doch ja, ich denke schon, außerdem kenne ich ja alle Polizisten«, lacht er.

»Und ein Unfall? Wir haben mehr als eine Flasche Wein getrunken?« Karin schaut auf ihre Uhr, 21 Uhr 30.

»Komm«, sagt sie. »Wir gehen zum Griesplatz, da fährt noch ein Bus nach St. Vinzenz.« Und recht hat sie: Abfahrt 22 Uhr.

Josef lässt sein Auto in der Operngarage. Und so tuckern sie mit dem Bus durch die Nacht Richtung St. Vinzenz. Karin hat sich an ihn geschmiegt und sie erklären sich gegenseitig die vorbeifliegenden Landschaften, Ortschaften und Sehenswürdigkeiten. Wie schön das ist, denkt er sich und fragt sich gleichzeitig, wann er das mit seiner Ex-Frau erlebt hat.

Karin fühlt sich mit ihm wohl. Sie drückt sich näher an ihn. Sie spürt ihn und ist seit Langem richtig glücklich. Endlich in St. Vinzenz angekommen, lädt sie Josef noch zu sich auf ein Glas in ihre Wohnung am Ortsplatz ein.

St. Vinzenz ist nach 19 Uhr, wenn der Arbeiterverkehr durchgerauscht ist, unter der Woche wie ausgestorben. Untertags staut es sich in der Ortsdurchfahrt. Die angedachte Umfahrung wurde vom ortsansässigen Tankstellen-

Tschecherl-Besitzer erfolgreich verhindert, und jetzt gibt es keine andere Möglichkeit mehr.

Söldner Karli ist noch unterwegs und kundschaftet. Er hat sich gegen seine Absicht, bald von hier zu verschwinden, doch noch im Supermarkt neben dem Tankstellen-Tschecherl mit Zwetschkenschnaps eingedeckt. Seiner Erfahrung nach sind diese blinden Stunden gegen Mitternacht, wie er sie nennt, am aufschlussreichsten. Und tatsächlich, als er auf den Hauptplatz einbiegt und zu seinem Auto will, das in einer Seitengasse parkt, sieht er das Pärchen Richtung Karins Wohnung gehen. Beide schäkern, Arm in Arm, jung verliebt. Söldner Karli beneidet sie. Wie gerne hätte er das noch einmal mit Myra erlebt!

»Wenn's nicht sein soll, dann soll's nicht sein«, murmelt er und positioniert sich mit der Flasche Schnaps und seinem Feldstecher am Hauptplatz auf der Bank unter einer Weinrebe. So hat er den ganzen Platz im Auge, aber ihn selbst kann man nicht sehen.

»Wos is? Herumgelungert wird da nicht, Vinzenz ist sauber, wir brauchen keine Sandler, also auf und Abflug, kalt ist's nicht«, grunzt der kraftstrotzende Gemeindearbeiter, »oder brauchst Hilfe?«

Söldner Karli schreckt aus tiefem Schlaf hoch von der Bank. Es ist fast schon hell.

»Was«, mault Söldner Karli verschlafen, »bist deppert, Oida?«

Aber die Botschaft des Gemeindearbeiters ist deutlich, Söldner Karli muss hoch von der Bank, auf der er eingeschlafen war. Der Gemeindearbeiter reibt seine rechte Faust drohend in der linken Hand. Noch etwas benommen vom Schnaps, dem er vor dem Einschlafen auf der Bank doch ziemlich zugesprochen hat, zieht Söldner Karli murrend ab.

Er will keinen Aufruhr, sonst hätte der Gemeindearbeiter die nächste Zeit im Krankenstand verbracht.

Karlis Rücken schmerzt, aber was ihn wirklich ärgert, ist, dass er nicht weiß, wie lange und ob Josef bei Karin geblieben ist oder ob er sogar noch dort ist.

»Was soll's«, grinst er den Gemeindearbeiter an. »Bis zum nächsten Mal, oida Freind und Zwetschkenröster.[35]« Söldner Karli weiß aus Erfahrung ganz genau, wann ein Hü oder ein Hott angebracht ist. Er schaut kurz um sich und weg ist er.

Mit seinem Geländewagen braust er bergan Richtung Höllgraben. Am Wald vorbei. Der Morgen dämmert. Da sieht Karli im Morgennebel eine Gestalt Richtung Wald gehen, einen Jäger? Es ist der doppelte Obmann Justus Kurzmann am Feldweg zum Hochsitz.

Karli biegt in den Weg ein und tritt aufs Gas. Der doppelte Obmann beginnt sicherheitshalber zu laufen, hat er doch das Auto erkannt. Söldner Karli jagt den schnaufenden Kurzmann Richtung Wald. Kurzmann kann nicht mehr, er bleibt erschöpft stehen und atmet schwer. Karli bremst, es staubt ungemein.

Kurzmann reißt sein Gewehr von der Schulter und hält es im Anschlag auf das Auto. Der Söldner springt aus seinem Geländewagen und schießt ungezielt in Richtung Kurzmann.

»Pfoten in den Himmel, du Wichtl«, sagt Söldner Karli.

»Spinnst du«, schnauft Kurzmann mit letztem Atem.

»Pssst, pssst«, beruhigt ihn Karli, die Glock 17 auf den doppelten Obmann angelegt.

---

35 Oida Freind und Zwetschkenröster: Lieber Freund und Zwetschkenröster. (scherzhafte Anrede)

»Ganz ruhig, Oida, sonst leg ich dich um … RUHE! Und aus! Nur noch atmen, wenn's sein muss.«

»Wenn das jemand gehört hat! Wenn uns wer sieht?«

»Schmeiß dein Buschgawettl weg und auf mit dir! Host mi?[36]«

Kurzmann legt sein Gewehr vorsichtig auf den Boden.

»Na, siehst, geht ja eh. Horch zu, ich hab da eine Vermutung.«

Der doppelte Obmann schaut hektisch um sich. »Was für eine Vermutung, red!«, keucht Kurzmann.

»Es ist doch im Frühjahr der Gendarm aus Graz nach St. Vinzenz gezogen. Der hat sich die kleine Keusche von der alten Klug auf Leibrente untern Nagel gerissen. Soweit ich weiß, hat er ein Fickverhältnis mit der Valentina aus dem Dorf und steigt der Karin vom Bauamt nach. Dieser Herr Sudi lebt in Saus und Braus, das ist nicht koscher«, mutmaßt Söldner Karli aus dem Stegreif. »Was ist mit dem? Er ist geschieden, hat den Dienst bei der Polizei hingeschmissen und ist in Pension gegangen. Hat sich der Alten angedient, sie abgecasht – und jetzt vögelt er eure Weiber. Und er hat seine Dienst-Puffn. Alles hat angefangen, wie er aufgetaucht ist. Hast du darüber schon einmal nachgedacht? Es gibt für beide Morde kein g'scheites Motiv, nichts, aber einen Mann, der erst kurz da lebt und von dem keiner was weiß, außer mir!«

Kurzmann holt seinen Flachmann heraus und nimmt einen Schluck. »Magst?«

Und ob Söldner Karli mag. Er hat einen Brand vom gestrigen Schnaps auf der Bank.

»Ich trau dem Ganzen nicht. Das ist ein verdeckter G'schmierter. Ein ganz Gewifter. Der reißt euch Flach-

---

36 Host mi?: Hast du mich verstanden?

wurzlern allen den Arsch auf![37] Wer weiß, was der vorhat. Einmal hab ich ihn schon getroffen – ich sag nur: Mit dem ist nicht gut Kirschen essen. Also: die restliche Kohle, bitte, ich hau ab.«

»Du willst was?«, fragt der doppelte Obmann aus der Tiefe einer anderen Welt.

»Fünftausend, okay, ich arbeite effektiv, wie du siehst. Keiner hat eine Spur, die Polizei nicht, nur ich. Aber überführen müsst ihr ihn selber.«

Der Doppelte traut seinen Ohren nicht. »Und ich soll dir diesen Schmarrn glauben?«, schreit er ihn an und kommt ihm dabei etwas zu nahe.

In Sekundenbruchteilen liegt der doppelte Obmann röchelnd am Boden. Söldner Karli kniet auf seinem Oberkörper. »Hör zu, du Wichtl, noch einen Piepser und ich drück dir deinen Adamsapfel ein, dann ist's aus! Entweder gibst du mir mein Geld oder …!«

Der Söldner drückt und der doppelte Obmann krächzt: »Jaaa.«

»Na, schau her, geht jo eh«, sagt der Söldner, richtet sich auf und hilft dem doppelten Obmann hoch. »Morgen, *same time, same station*. Aber keine Linke, vergiss nicht, mein Lieber, wie schnell man tot sein kann.«

Söldner Karli trinkt noch den Flachmann mit Kurzmanns Zwetschkenschnaps aus und schmeißt ihn weit in die Wiese. Er verschwindet mit seinem Auto, wie er gekommen ist.

Kurzmann ist unschlüssig, ob er jetzt noch jagen möchte, und sucht erst einmal seinen Flachmann in der Wiese.

---

37 Den Arsch aufreißen: fertig machen.

21

Die Obduktion in Graz hat bei beiden Opfern starke Alkoholrückstände und hohe Blutfettwerte sowie angegriffene Lebern ergeben. Der Liebhaber starb durch einen aus kurzer Entfernung abgegebenen Schuss aus einer Glock 17 mit Schalldämpfer in den Hinterkopf, und der alte Feuerwehrmann hat Blutergüsse und klaffende Kopfwunden, zugefügt durch eine Axt oder Ähnliches, was zum Tode führte. Ermittlungsbereichsleiter Puderer informiert Bürgermeister Loch, der mittlerweile auch äußerlich zu zerfleddern scheint.

»Das ist doch unmöglich, dass in so einer Gegend wie der unseren solche Verbrechen nicht schneller aufgeklärt werden«, schimpft Loch mit heiserer Stimme. »In der Stadt ja, aber hier kennt doch jeder jeden, das muss doch möglich sein, Kreuzkruzifix noch einmal, ihr habt doch sonst nix zu tun!«

Er kann seit dem ersten Mord kaum schlafen. Alles dreht sich, wenn er die Augen schließt, und die Gedanken rattern. Nachdem man den Klimakasperln ihren Schwachsinn ausgetrieben hatte, dachte er, es sei ausgestanden, und nun? Zwei Morde! Tausende Fragen schwirren in seinem Kopf herum. Loch lässt sich gehen, rasiert sich nicht mehr, duscht nicht mehr und essen mag er auch kaum, nur Zwetschkenschnaps, ja, Schnaps, der erschafft ihm zeitweise eine andere Welt. Er gesteht es sich nicht wirklich ein, aber er hat Angst. Max und WIR SIND DAS SCHILCHERLAND machen ihm und seiner Partei im Ort das Leben zusätzlich schwer.

»Da haben wir jetzt diese unfähigen christlichsozialen Lusch'n[38]«, stichelt Max. »Außen hui und innen pfui! Bringen nichts weiter!«

Der Bürgermeister ärgert sich, dass er sich mit diesem Idioten eingelassen hat. Er weiß, dass auch einige andere große Weinbauern traditionell mit Max unter einer Decke stecken. Aber machen kann er nichts, gar nichts.

Nachdem ihn Kurzmann informiert hat, dass der Söldner abhauen will, legt Loch die restlichen fünftausend in einem Kuvert für den nächsten Morgen bereit, um sie selbst zu übergeben. »Wenigstens sind wir den dann los.«

Zu dieser schwierigen Gesamtsituation gesellt sich nun auch noch Lochs Frau Maria mit eigenen Überlegungen. Von Zeit zu Zeit hat sie Momente, wo ihr Herd und Hausarbeit nicht mehr genügen.

»Die Klimaaktivisten haben recht«, sagt sie aus heiterem Himmel. »Du weißt das und lässt dich aber von den Weinbauern und Politikern zwingen, dagegen zu sein. Das ist feig von dir. Hallo? Du bist der Bürgermeister! Stell dir vor, es wäre wirklich jemand verletzt oder vergewaltigt worden?«

Für Loch kommen die Argumente seiner Frau wie aus einer anderen Zeit. Sie mundtot zu machen, ist aus Erfahrung das einzige Mittel, das seiner Meinung nach in solchen Momenten hilft. Er schreit sie aus dem Stand an: »Du hast ja keine Ahnung! Und nimm dich um Gottes willen nicht so wichtig, das ist doch lächerlich. Alle nehmt ihr euch so wichtig, aber ich muss den Kopf für alles hinhalten. Hast du überhaupt eine Ahnung, was hier passiert?«

Maria kennt das und sie weiß, dass sie nun zwei Möglichkeiten hat: zu schweigen oder noch eins draufzulegen.

---

38 Lusch'n: Schimpfwort für unfähige Menschen.

»Wer soll denn vergewaltigt werden, um Gottes willen, du vielleicht?«, brüllt er weiter. »Schau dich doch einmal an!«

Das ist für Maria zu viel, sie entscheidet sich für Letzteres. Im folgenden Streit bricht alles auf, was in den letzten Jahren zwischen ihnen an Hässlichem, Ungeklärtem schwelt. Genau deshalb versucht er, diese Extremsituationen mit ihr zu vermeiden. Denn da kommen Dinge ans Licht, die er mit ihr nicht besprechen kann und lieber verdrängt.

»Hör endlich mit diesem Schwachsinn auf, sei einfach nur still!«

Aber umso lauter wird seine Frau! »Du bist wie ein Moped, einmal runtertreten und es scheppert ohne Rücksicht auf Verluste durch die Gegend. Und du«, schreit sie, »du bist feig, FEIG!«

Es kommen beidseitig furchtbare und teils grindige Vorwürfe unbestimmten Inhalts. Das dauert erfahrungsgemäß eine lange schlaflose Nacht. Und manches Mal hat er gegen seine Frau auch schon die Hand erhoben. Nur zugeschlagen hat er nie.

»Einmal, schlag einmal her«, drohte ihm dann seine Frau, »und ich mach dich fertig.« Waren sie früher, nachdem sie ihre Mistkübel entleert hatten, manches Mal gierig übereinander hergefallen, hatten sich wild geliebt, so fiel das diesmal aus.

Frühmorgens geht er unausgeschlafen, müde und heiser in das Bürgermeisteramt. Er füllt sich seine innere Leere mit Schnaps auf. Karin, ja, die wäre es, das ist eine Frau. Der Bürgermeister träumt oft von ihr. Für so eine Frau würde sich vieles lohnen. Natürlich gefällt sie ihm körperlich, aber am meisten fühlt er sich von ihrer Art, ihrer Innerlichkeit, ihrer Intelligenz angezogen. – So ein Mensch versteht einen, liebt einen und wäre sicher zärtlich zu mir. – Beides hat er mit seiner Frau selten bis nie erlebt. Schon am Anfang war der Wurm drin, wie er im Tankstellen-Tschecherl oft betrunken erzählt.

In St. Vinzenz ist das Frauenerobern, wenn man nicht über die Ortsgrenzen hinauskommt, eine Art Kampfsport. Wer schneller, direkter, brutaler, reicher oder sonst was Unnötiges ist, bekommt das Beste auf dem knappen Markt. Das heißt aber nicht, dass das Beste auch wirklich das Beste ist, der Markt ist sehr klein und der St. Vinzenzer Männergeschmack orientiert sich oft an Tinder-Angeboten oder heimlichen Pornofilmchen. Die Frauen nutzen das, zieren sich, verhandeln, denn zu reden haben sie später nicht viel, und das wissen sie. Aber letztlich hält man sich an das, was gerade gängiges Schönheitsideal ist. Da hat Inneres, Individualität, Zärtlichkeit kaum eine Chance. Maria hat versucht, ihm Liebe zu geben und Zärtlichkeit, so gut sie konnte, aber er hat das als sentimentales Getue weggeschoben.

»Diesen Schmus brauch ich nicht, das ist was für Weicheier«, sagte Loch und wurde Bürgermeister. Und doch sehnt er sich in den Tiefen seines Herzens in endlos wachen Nächten nach etwas. Er kann es aber weder sagen noch zeigen, er findet nicht die Öffnung in der Mauer aus seiner brutalen Kindheit, hinter der er noch sitzt.

Die Eltern der Bräute sind meist ebenfalls hilflos. Natürlich wollen sie ihre Töchter grundsätzlich gut versorgt wissen, das wäre ja schon viel, aber Liebe, Zärtlichkeit, Glücklichsein? Wie sollten sie da helfen, haben sie doch meist dasselbe Problem.

Heinzi, der Sohn der beiden Bürgermeisterleute, ist durch seine geistige Einschränkung nur zu minderen Arbeiten fähig. Loch hat ihn nach langem Drängen seiner Frau bei sich in der Gemeinde als Hilfsarbeiter an einem geschützten Arbeitsplatz untergebracht. Aber auch für ihn empfindet er keinerlei Gefühle, nichts, und er ist doch sein eigen Fleisch und Blut. Sein Sohn ist ihm ein Fremder. Er schämt sich, wenn Heinzi ihn umarmen will und »Daddi« sagt. Gerne hätte der Bürgermeister Ermittlungsbereichsleiter Puderer zu seiner Lieblingsspeise, geröstete Stiereier, eingeladen, die seine Frau so prima zubereitet, aber sie weigert sich momentan, auch dies zu tun. Da kann er noch so oft um Verständnis bitten.

Das ist meine Rache, meine Möglichkeit, denkt sie. Die Frau Bürgermeister hat sich von dem reichen Bauernsohn, ihrem Mann, zu jung den Kopf verdrehen lassen in der Hoffnung, eine gute, vor allem abgesicherte Partie einzugehen. Wenn schon keine Zärtlichkeit, dann wollte sie wenigstens als Frau Bürgermeister Loch was hermachen, aber das hat sich bald als Trugschluss herausgestellt. Denn der *hero,* wie er immer behauptet, war und ist er als Bürgermeister nicht. Nachdem Heinzi zur Welt kam und sich seine Einschränkung bemerkbar machte, wandte sich der Bürgermeister von ihnen beiden ab. Sie musste das Kind mehr oder weniger allein großziehen.

»Ich komme für ihn auf«, sagte er, »aber lass mich in Ruhe mit dem …« Es war klar, dass der Bub noch mehr Liebe und vor allem seine Liebe gebraucht hätte. Ihre Eltern und die Schwiegereltern gaben auch ihr die Schuld und distanzierten sich ebenfalls von dem Kind. Nur der Pfarrer und sein Reserl hat sich schon früh des Jungen angenommen und beschäftigt ihn als Ministrant. Mühsam konnte er Loch überzeugen, mit seinem Sohn wenigstens zu ministrieren, aber das war es dann auch. Schwintzerl und Reserl lernten mit dem aufgeweckten Buben, brachten ihm manches bei, wofür die Geduld in der Schule nicht da war. Aber gemeinen Gerüchten, er mache sich an dem Buben unsittlich zu schaffen, musste er kategorisch und hart entgegentreten. So blieb dem Buben einstweilen nur seine Ministriertätigkeit und Maria als Mami mit Herz. Wenn der Bürgermeister zu viel getrunken hatte, gab er ebenfalls seiner Frau die Schuld an der Einschränkung des Sohnes.

»Noch so etwas brauche ich nicht«, fuhr er seine Frau an, als sie vorsichtig fragte, ob er nicht auch ein zweites Kind wollte. Damit war alles gestört, zerstört, was sie sich einmal zu geben hatten. Ihre Ehe war nur noch eine Reihe von Vereinbarungen, mit denen beide ihr gemeinsames Leben einsam fristen und das Gesicht wahren konnten und können. Glück ist etwas anderes.

Stiereier, Stierhoden, sind nur über Beziehungen zu noch selbst schlachtenden Fleischern zu bekommen. Einer aus Leibnitz versorgt den Bürgermeister damit. Seine Frau schält die Dinger, legt sie mindestens einen Tag und eine Nacht in Buttermilch ein, damit sie den typischen Uringeschmack verlieren, und schneidet sie feinblättrig. Sie röstet Zwiebel in Streifen in der Pfanne mit Schweineschmalz und gibt zwei zerdrückte Knoblauchzehen dazu. Dann kommen die blättrig geschnittenen Stiereier in die heiße Pfanne. Sie röstet sie im Schweineschmalz scharf an, staubt etwas Mehl darüber, löscht mit einem Schluck Balsamico und Wein ab, würzt mit Salz, Pfeffer, gedrückten Korianderkörnern und etwas Majoran sowie einem Schuss Obers. Salz, Pfeffer aus der Mühle und einen Spritzer Cognac rein. Nicht lange ziehen lassen, gehackte Petersilie drüber und auf einem heißen Teller anrichten. Dazu frisches Weißbrot, ein Krügel Bier und hinterher mehrere Moastawurz-Schnäpse zur Verdauung. Das liebt der Bürgermeister.

Außerdem glaubt er, wie der Volksmund meint, an die Übertragung der Kraft vom Stier auf den Mann. »Dann, liebe Freunde«, wie er oft beim Au-Wirt im Rausch auftrumpft, »dann, meine Lieben, spielt's Granada bei uns!« Dabei zeigt er seinen rechten Arm mit geballter Faust.

Aber seine Frau verweigert ihm nun nicht nur die Stiereier, sondern wohl auch Granada. Er erzählt ihr zwar von seinen Problemen, aber das Feine, unausgesprochene Dazwischen hört ihr Herz momentan nicht. Selbst wenn er »Ich liebe dich« gesagt hätte, was er nie tat oder tut, wäre es an ihr vorbeigerauscht. Schnellen kurzen Hasensex, die geschwinde Rammelei, kann sie ihm nicht verweigern, aber zu Granada gehört vor allem Vertrauen. Karin! Ja, das wäre eine Frau für ihn, deshalb war und ist sie ihm wertvoll, und er schützt und unterstützt sie, wo und wie er kann, damit sie ja nicht in die Hände eines Idioten aus St. Vinzenz gerät.

»Glaub mir, wir tun unser Bestes«, sagt der Ermittlungsbereichsleiter. »Aber es ist eine völlig andere Situation als in der Stadt. Es gibt in beiden Fällen keine wirklichen Spuren, nichts, keine Fingerabdrücke, gar nichts. Wir können nur mutmaßen. Ein Mord aus Liebe und ein Mord aus Rache ... Aber wer sollte an einem alten Mann wegen dem Magenstrudel eine solche Rache üben? Und meine Männer habe ich mir zur Brust genommen. Verprügelt haben sie ihn, aber nicht ermordet. Zweitens, warum erschießt jemand einen Nebenbuhler?«

»Ganz einfach, weil er der Einzige sein will«, ergänzt der Bürgermeister und holt endlich eine Flasche Zwetschkenschnaps aus dem Schrank.

»Aber gleich schießen?«, setzt Puderer entgegen.

Loch weiß, wozu er fähig gewesen wäre, um Maria zu bekommen, damals, und schenkt ihnen ein. Einmal, zweimal, dreimal ...

»Ich muss jetzt gehen«, sagt Puderer. »Die Uni wartet auf mich. Es gibt zwei Morde und zwei verschiedene Motive, also auch zwei Mörder. Und ich schnappe sie, darauf können Sie sich verlassen.«

»Prost!«

»Prost!«

»Übrigens, wegen der Stierhoden machen Sie sich keine Sorgen, ich esse keine Innereien.«

22

Josef ist mit seinem VW unterwegs zu Julia, nach Leibnitz, in das Epizentrum der Südsteiermark. Er hat Zeit, während der Fahrt über das blutige Tuch, das Spitzmesser und Frau Klug nachzudenken. Es kommt ihm nicht in den Sinn, Frau Klug mit irgendetwas Kriminellem in Verbindung zu bringen, aber da ist etwas, ohne Zweifel, das spürt er.

Ich sollte Tuch und Spitzmesser untersuchen lassen, dann habe ich Gewissheit und Ruhe und kann alles ausschließen. Aber was ist, wenn sich daraus etwas gegen Frau Klug ergibt? Will ich das? Als Gendarm a. D. wäre es meine Pflicht, diese Vermutung zu melden, aber ich bin kein Abteilungsinspektor der Gendarmerie mehr und schon gar kein Ermittlungsbereichsleiter der Polizei. Was geht es mich an, was dieser alte Mensch vielleicht getan hat oder nicht? Vielleicht war es auch ein Stück Wild, das sie aufgebrochen hat? Andererseits, was ist, wenn wirklich? Wenn sich hinter ihrer Herzlichkeit ein Abgrund verbirgt, der auch mich verschlucken kann, wenn ich meinen Verdacht nicht früh genug melde?

Josef hat in seinem langen Berufsleben alles schon doppelt und dreifach erlebt, und oft sind es die nettesten Menschen, in denen das wirklich Böse lauert. Aber noch ist es nicht so weit. Er beschließt, wenn er wieder zu Hause ist, Tuch und Messer zu sichern und es von einem Freund bei der Kripo Graz prüfen zu lassen. Aber noch etwas anderes beschäftigt ihn. Die Gefühle zu Karin werden stärker, sie tut ihm gut. Trotzdem nimmt er sich immer noch Valentina. Das letzte Mal hatte er Probleme, bei ihr zu kommen. Er hat es im Kopf mit seiner Idealvorstellung von Sex versucht, aber es ging trotzdem nicht. Josef war also doch ein Mensch und keine Maschine. Es ging nicht, basta!

»Was mache ich falsch?«, fragte sie.

»Gar nichts, lass mich allein.«

»Was hast du?«

»Ich habe gar nichts«, antwortete Josef etwas zu aggressiv, was ihm leidtat, zog sich seinen Bademantel über und legte Valentina ihre Sachen hin. »Bitte … geh!«

Sie zog sich an.

»Ich melde mich. Ja?«

»Ja, ist schon okay«, sagte sie. Sie wollte ihn küssen, aber Josef ließ es nicht mehr zu, und schon war sie draußen. Obwohl es ihm leidtat, ärgerte er sich über ihre Unterwürfigkeit.

Er muss lange klingeln, bis sich die Tür zu einer Wohnung im zweiten Stock in einem alten Bürgerhaus mitten in Leibnitz öffnet.

»Was wollen Sie?«, fragt Julia.

»Ich würde gern mit Ihnen über den Mord sprechen.«

»Das geht Sie nichts an«, sagt Julia schroff, und die fesche Frau in den Vierzigern will die Tür schließen.

»Vielleicht doch«, sagt Josef schnell. »Sie kennen mich, ich war Abteilungsinspektor der Kriminalabteilung der Gendarmerie. Ich beschäftige mich mit Ihrem Fall.«

»Ich kenne Sie«, kontert Julia. »Sie sind in Pension, das geht Sie also nichts mehr an.«

»Ja, das stimmt, aber vielleicht kann ich Ihnen trotzdem helfen? In St. Vinzenz sagt man über Sie manches, das man vielleicht gleichrücken sollte. Oder ist es Ihnen egal?«

»Kommen Sie rein«, sagt sie nach kurzem Zögern. »Aber ich kann Ihnen auch nicht mehr sagen, als ich dem Ermittlungsbereichsleiter erzählt habe.«

»Schauen wir mal«, sagt Josef und er sieht sich nebenbei in der kleinen, abgewohnten Wohnung um. Ihm fällt nichts Besonderes auf, außer die leeren Weinflaschen in einer Ecke neben dem Kühlschrank. Er setzt sich und sieht der Frau ins Gesicht. Eingefallene Wangen, dicke Augenringe, ihre Hände zittern leicht.

»Möchten Sie etwas trinken?«

»Nein, danke, keine Umstände, ich möchte Sie auch nicht lange stören. Bitte erzählen Sie mir doch, was Sie an diesem Tag, am Nachmittag im Buschenschank und dann am Abend, erlebt haben?«

Sie denkt einen Moment nach und zündet sich eine Zigarette an, wobei sie das Zittern ihrer Hände zu verbergen sucht. »Na gut, ja, wir gingen nach Hause durch den Wald ...«

Josef unterbricht sie. »Nein, vorher, was haben Sie vor dem Nachhauseweg mit Ihrem Freund im Buschenschank erlebt?«

Sie denkt wieder etwas nach, zieht lang an ihrer Zigarette. »Der Erwin ... ich habe ihn im Buschenschank von Slavko kennengelernt, schon Wochen vorher. Er war Goldschmied aus Graz. Ein freundlicher, feinfühliger Mann. Er war älter als ich, ein Herr ...«

Sie bekommt feuchte Augen. Josef reicht ihr ein Taschentuch.

»Das Leben in St. Vinzenz ist ... als ich aus Deutschland zugezogen bin, dachte ich, hier am Land fliegen mir die gebratenen Hühner in den Mund. Denkste! Dabei habe ich immer nur einen liebevollen Mann und eine Familie gewollt, aber dazu war ich immer zu dumm und zu leichtgläubig. Irgendwann wird man älter, bekommt einen bestimmten Ruf und es wird schwierig. Die Menschen sind gemein. Erwin kam zur rechten Zeit, ich spürte seine Ehrlichkeit und seine wirkliche Absicht, mit mir zusammen sein zu wollen. Er war Witwer und ebenfalls einsam. Er wollte sich wieder um jemanden kümmern, um mich.«

Julia stockt. Sie dämpft ihre Zigarette aus. »Wenn Sie nichts trinken, darf ich aber schon.« Sie holt eine Flasche Wein aus dem Kühlschrank, schenkt sich ein und nimmt einen tiefen Schluck.

»An diesem Tag, dem Pfingstsamstag, hatten wir unsere Verlobung beschlossen. Erwin kannte mein Leben und meine Sorgen, aber das war ihm egal. Wir hatten beide große Freude und luden den ganzen Buschenschank auf ein Getränk ein. Natürlich war so ein Glück nicht jedem Gast recht, aber uns war das egal. Die üblichen Idioten saßen an den Tischen verteilt herum und lachten uns aus, machten blöde Witze, vor allem über Erwin. Aber ihm war das egal, und je unwichtiger wir das nahmen, desto dümmer und aggressiver wurden ihre Gemeinheiten.«

»Idioten? Wer?«

Sie raucht sich die nächste Zigarette an und zieht den Rauch tief in die Lunge, gleich darauf nimmt sie noch einen Schluck Wein.

»Franz, Slavko, Max, ich glaube zwei Gemeinderäte und einer, den ich hier noch nie gesehen habe, der hat sich besonders mit Erwin angelegt. Mir war es wichtig, dass diese Schweine sehen, dass ich jemandem etwas wert bin … bis es uns zu blöd wurde, wir aufstanden, zahlten und gingen. Wir hörten noch einige Zeit hinter uns die Gemeinheiten, die man uns nachrief, aber dann waren wir endlich unter uns, der Sternenhimmel, die Ruhe, wir küssten uns, hatten Spaß und gingen vorsichtig den Weg im Dunkeln durch den Wald. Bis Erwin pinkeln musste und mich spaßhalber bat, ihm einen Baum auszusuchen … Dann krachte es und Erwin sank in sich zusammen. Ich stürzte, als ich zu ihm lief, und ab dann weiß ich nur noch, dass irgendwann diese Prolos von der Landjugend plötzlich da waren und die Polizei riefen …«

»Das haben Sie alles so der Polizei erzählt?«

»Ja.«

»Haben Sie jemanden im Verdacht? Jemanden von den Idioten im Buschenschank?«

»Nein«, sagt sie und drückt dabei die nächste Zigarette aus.

»Warum glaube ich Ihnen nicht?«

Sie lacht. »Das ist Ihr Problem, ich bin nicht verrückt, ich beschuldige niemanden, wenn Sie das meinen.«

»Was haben Sie jetzt vor?«, fragt Josef.

»Ich weiß es nicht, so ein Glück wird wahrscheinlich nicht mehr kommen und ich werde älter und älter. Ich werde weggehen von St. Vinzenz, der Ort hat mir nur Unglück gebracht. Vielleicht zurück nach Deutschland? Ich finde

irgendwo noch etwas anderes, das weiß ich. Arbeiten kann ich, das ist wichtig, und so unansehnlich bin ich auch noch nicht. Das kann nicht mein Leben gewesen sein! Ich bleibe noch bis zum Begräbnis und … und bis der Täter gefunden ist. Dann weg von diesem Scheißland, diesem Scheißort.«
Ihr Blick geht dabei aus dem Fenster und die rechte Hand ballt sich zitternd zu einer Faust.

»Warum sagen Sie mir nicht die Wahrheit, Julia?«

Sie schaut ihn an, bekommt wieder feuchte Augen. »Und wenn? Wer würde mir schon glauben?«, sagt sie nach einer Pause.

»ICH«, ruft Josef. »Reden Sie um Gottes willen!«

»Ich habe Angst«, sagt Julia.

»Das müssen Sie nicht, ich bin da.«

»Gut. Bis wir gingen, war alles so, wie ich Ihnen erzählt habe, aber dann …«

»Weiter«, insistiert Josef.

»Erwin musste pinkeln und ich suchte ihm dazu eine große Fichte aus. Plötzlich der dumpfe Knall und Erwin sackte in sich zusammen. Ich verstand die Welt nicht mehr, und plötzlich drückte mir ein Arm von hinten meinen Kehlkopf, sodass ich kaum mehr Luft bekam. Jemand flüsterte mir ins Ohr, dass ich ruhig sein soll, sonst erschießt er mich auch. Ich soll ihm einen blasen. Ich hatte Todesangst, wusste nicht, was tun, er hielt mir die Waffe an die Schläfe und wiederholte seinen Befehl. Er drehte mich, zog mich an den Haaren hinunter auf die Knie und ich tat es … aber er konnte nicht. Es klappte nicht.« Julia bekommt einen Weinkrampf. »Er wurde unruhig, sagte: ›Ein Wort und du bist tot.‹ Dann war er plötzlich weg.«

Josef nimmt sie in die Arme und hält sie.

»Ich fiel auf den Boden, er war weg, die Landjugend kam.«

»Ganz ruhig, ganz ruhig«, sagt Josef. »Danke für Ihr Vertrauen. Ist Ihnen irgendetwas aufgefallen, erinnern Sie sich an etwas Besonderes?«

»Nein, gar nichts«, sagt Julia.

»Wie lange können Sie hier in Leibnitz bleiben?«

»So lange ich will«, murmelt Julia.

»Gut, bleiben Sie, verhalten Sie sich aber ruhig. Ach, noch eine Kleinigkeit«, sagt Josef. »Der Mann, der Sie festgehalten hat, hatte er einen Dialekt?«

»Hm, ja richtig«, sagt Julia überrascht, »wie der Fremde im Buschenschank.«

»Gut«, sagt Josef, »verlassen Sie sich auf mich, und wenn etwas ist oder die Polizei etwas von Ihnen will, Sie irgendjemand bedrängt – hier ist meine Handynummer, rufen Sie mich sofort an, wann auch immer.«

Josef steigt in seinen VW und wählt Valentinas Nummer.

»Ja?«

»Ich bin's. Entschuldige wegen vorher …«

»Kommst du … oder soll ich zu dir …«

»Nein, heut glaub ich nicht … ich kann …«

»Mach dir doch keine Sorgen, ich nehme dich wie du bist.«

Stille.

»Valentina, ich kann so nicht mehr … du hast es ja gemerkt … ich kann dich nicht mehr …«

»Warum? Mach ich etwas falsch? Sag mir, was du möchtest?«

»Nein, du bist eine tolle Frau … es hat mit mir zu tun, ich will einfach nicht mehr so weitermachen, verstehst du? Du bist …«

»Lass das bitte«, unterbricht ihn Valentina. »Bitte lass das. Es ist aus, Schluss, wie immer, das ist okay. Deine Entscheidung, ist egal …«

»Sei mir nicht böse, ich wünschte, es wäre anders, aber ich kann das nicht mehr«, wiederholt sich Josef etwas zu ärgerlich.

Valentina schweigt lange.

»Was ist?«

»Gar nichts«, sagt Valentina. »Es ist wie immer, du bist genauso ein Arsch wie alle anderen.«

23

Im Haus von Josef brennt noch Licht, als er mit seinem VW, aus Leibnitz kommend, in die Einfahrt fährt. Lena sitzt maunzend vor der Haustür und wartet, hineingelassen zu werden. Frau Klug hat heute wohl auf sie vergessen? Josef klopft mehrmals, er hat seinen Hausschlüssel nicht mit. Er hört dann doch bald ihren schlurfenden Gang zur Tür.

»Wer ist's?«

»Ich, hab meinen Schlüssel vergessen. Entschuldigen Sie, ich hoffe, ich habe Sie nicht geweckt?«

Frau Klug sperrt auf, wartet aber nicht, bis er eintritt, sondern schlurft wortlos voraus in die Wohnküche. Josef hört ihr leises Summen. Lena zischt ihm zwischen den Beinen voraus. Frau Klug sitzt am Tisch mit einem Glas Schilcher und bittet ihn, Platz zu nehmen. Sie gießt ihm ebenfalls ein Glas ein.

»Prost!«

»Prost!«

»Wie geht's?«, fragt sie und steht wieder auf. »Hunger?« Josef nickt.

Sie schlurft in die Küchenecke, um mit einem Brett, auf dem Speck, Käse, Paradeiser, Brot sowie ein Messer liegen, zurückzukommen.

»Wie stehen die Ermittlungen?«, fragt Frau Klug.

Josef schneidet sich von allem etwas ab und beginnt zu essen. Auch Lena bekommt zwei Stückchen von dem Speck. Das Gespräch mit Valentina hängt ihm doch nach.

»Gibt's nichts Neues?«, fragt Frau Klug.

»Nun, die Ermittlungen, soweit ich weiß«, sagt Josef mit vollem Mund, »haben bis jetzt keinen Erfolg. Beide Morde sind voneinander grundverschieden und die Polizei tappt im Dunkeln.«

»Und Sie«, sagt Frau Klug ruhig, »haben Sie was herausgefunden?«

Josef stockt im Kauen und überlegt, worauf sie wohl hinauswill. »Ich bin in Pension und wenn ich das eine oder andere nachfrage, ist das rein privates Interesse. Auch will die Polizei nicht, dass ich mich einmische.«

»So, so«, sagt sie, »und was haben Sie aus privatem Interesse herausgefunden?«

Lenas erneutes Jammern ist trotz der Spannung, die im Raum herrscht, nicht mehr zu überhören. Josef gibt ihr wieder vom Speck, den sie ihm fast aus der Hand reißt. Frau Klug wischt mit den krummen Fingern ihrer abgearbeiteten Hände unsichtbare Krümel vom Plastiktischtuch und summt dabei. Josef spürt erst jetzt ihre Unruhe.

»Was ist das eigentlich für eine Melodie, die Sie immer summen?«

Frau Klug lacht. »Das ist ein altes Volkslied, das Pepi und ich immer gesungen haben. »Der Weltverdruß«, ein Lied vom Verlust von allem, vom Nicht-geliebt- und Nicht-gewollt-Werden. Von Einsamkeit. Irgendwann sing ich es euch vor, wenn es einmal passt.«

»Nun gut«, beginnt Josef, »ich glaube, dass der Mann im Wald von einem Nebenbuhler erschossen wurde. Einheimisch oder nicht, weiß ich noch nicht, und der Mord an Florian Müller war meiner Ansicht nach Mord aus Rache und hat wahrscheinlich mit einer Sache zu tun, die sehr lange zurückliegt. Mehr weiß ich nicht, aber wenn ich einsteigen würde, würde ich die Wahrheit finden, das wissen Sie.«

»Jo«, sagt Frau Klug und nimmt einen langen Schluck Schilcher. Plötzlich legt sie ihre Rechte auf seine. Er spürt die schwieligen Finger. Josef schaut ihr in die Augen, die feucht werden.

»Wenn es sein soll, dann wird es so sein«, sagt sie nach einer Pause. »Dann ist es auch gut und richtig.«

Ein Klopfen unterbricht Josefs Gedanken über das Gesagte.

»Klug Mame, Klug Mame, hier Slavko«, hören sie Slavko von draußen rufen. »Klug Mame, Klug Mame! Ist neue Mond, bitte Essig nachfillen?«

»Um die Zeit?«, ruft Frau Klug lachend.

»Muss, muss, ist neue Mond«, ruft Slavko, »habe nix friher Zeit gehabt.«

»Na dann herein mit dir, wenn es jetzt so spät noch sein muss.«

Sie schlurft zur Tür, um ihren offensichtlich betrunkenen slowenischen Freund hereinzulassen. Ihre Wendigkeit, umzuschalten, ist für Josef bewundernswert, ebenso die Schnelligkeit, mit der sie jetzt an der Tür ist, um zu öffnen.

Und schon steht der Berg von einem Slowenen mitten in der Wohnstube. Frau Klug und Josef lachen, denn er hat ein Veilchen. Er sieht aus wie ein Panzerknacker bei *Donald Duck*. Slavko tut, als wäre alles in Ordnung, aber das ist es offensichtlich nicht.

»Was ist passiert, um Gottes willen«, fragt Frau Klug. »Du schaust ja aus, als wärst du gegen einen Baum ...?«

»Eher gegen eine Faust«, unterbricht sie Josef. »Was ist passiert?«

»Klug Mame«, sagt Slavko, nachdem er durchgeatmet und zu schniefen begonnen hat. Er hat einen Mächtigen sitzen. »Ist nix immer leicht mit Mariza. Andere Meinung, verstehst, Klug Mame? Slavko ist a guata Mensch, aber manches Mal hilft guata Slavko nix. Faust von Mariza schneller triffta ... Slavko nix zurückschlagen, besser rennt er zu Klug Mame ... Essig fillen.«

Nun schreit er fast vor Lachen in seiner unnachahmlichen Art und die zwei lachen mit. Frau Klug gibt Slavko den Kellerschlüssel und er kommt nach einiger Zeit mit einem Füllkrug kellerkaltem Schilcher zurück. Er schenkt jedem das Glas voll und trinkt selbst aus dem Krug.

»Möcht ich auf Pepi anstoßen, war beste Mensch, Ehrenmann, beste Nachbar und Freind auf ganze Welt. *Bog je praviČen, Bogga varuj in mati.* – Gott ist gerecht, Gott schütze ihn und Mutter ... Prost!«

Alle drei trinken, nachdem sie mit dem Glas Richtung Himmel angestoßen haben.

»Hab ich neue Essig fillt, zwei Drittel Holzapfelmost und ein Drittel Wasser ... genauso basta ... hahaha.«

Viel Unnützes wird an diesem Abend noch geredet, das allen sehr guttut. Der Schilcher macht die Zungen lockerer und lockerer. Josef spürt, dass Frau Klug trotzdem angespannt bleibt. Bis Slavko einen Kamm und ein Stück Papier aus der Hosentasche holt und ihr Lieblingslied, den »Weltverdruss«, anstimmt, zu dem Frau Klug dann doch singt.

24

Nachdem die Staatsanwaltschaft in Graz die Körper der beiden Mordopfer freigegeben hat, sind die zwei Begräbnisse noch lange nicht die letzten Höhepunkte in Sachen Mord in St. Vinzenz. Beim Requiem für Erwin, den Liebhaber, waren, außer seiner Geliebten Julia, Pfarrer Schwintzerl, Josef und Bürgermeister Loch, seine Frau Maria und ihr eingeschränkter Sohn Heinzi, ministrierend, anwesend. Reserl steht allein am Chor neben der Orgel und betet. Eine eigenartige Situation. Es ist still, es ist eine tiefe Trauer zu spüren, die alle trifft.

Keiner aber will oder kann ein Wort über den Toten oder zur Situation sagen. Bevor Pfarrer Schwintzerl zu sprechen beginnt, wirft er seiner Köchin Reserl am Chor noch einen vertrauten Blick zu.

»Lieber Erwin, liebe Julia«, beginnt Schwintzerl ruhig, »liebe Trauernde, ich kann weder zu Erwin noch zu eurer Verbindung etwas sagen. Überhaupt fehlt mir alles, was ich hier und jetzt dazu sagen könnte, denn ich kenne euch nicht. Deshalb erlaubt mir, dass ich etwas anderes sage, und ich denke, es ist in seinem und eurem Sinn und vielleicht doch ein richtiger Moment. Was heißt kennen, lieben, etwas für einen anderen tun, weil man jemanden gernhat, mag oder liebt? Für einen anderen Menschen da sein, das gibt es in der Ehe, in Freundschaften, aber es gibt auch Verbindungen, die einfach nur das Reine wollen, ohne Absicht, ohne irgendein besonderes Ziel, einfach nur eine Gleichheit, für die der eine es schwerer hat als der andere. Ich habe vor einiger Zeit so jemanden kennengelernt. Einen jungen Menschen, der halt nicht alles hat, was junge Menschen haben sollen. Aber er hat ein reines, gutes Herz. Er erfüllt nur nicht die Norm, die wir aufgestellt haben, um gleichwertig zu sein, und deshalb soll er draußen bleiben aus unserer Gesellschaft, versteckt werden.«

Heinzi steht mit seinem Weihwasserkessel da und versteht nicht, was der Pfarrer, sein Freund, so lange zu reden hat, er will alles und alle endlich segnen.

»Und wenn sich jemand seiner annimmt«, fährt Schwintzerl fort, »kann dies nicht sein, weil es halt nicht sein darf. Deshalb werde ich mit Gottesvertrauen diesem Menschen weiter beistehen, egal, was wer wie darüber sagt, und ich bitte auch euch ...«

Schwintzerl schweigt, er spürt Heinzis Ungeduld. Er blickt hoch zu Reserl. Sie lächelt und nickt.

»Jetzt, Heinzi, bitte mach dreimal das Kreuzzeichen über uns alle, bevor der Sarg mit Erwin weggefahren wird.«

Loch und Maria spüren, wovon Pfarrer Schwintzerl gesprochen hat, ebenso Josef. Heinzi tut mit großer Freude, worum ihn sein Freund gebeten hat. Julia bedankt sich beim Pfarrer, legt ihre Hand noch kurz auf den Sarg, verneigt sich und dann ist sie weg.

Seit dem Begräbnis haben sich Lukas und Maria wieder etwas zusammengefunden. Sie haben sich auf Anraten des Landeshauptmannes einen Mediator genommen und der konnte doch wieder einiges geradebiegen.

»Wer weiß, welche Karriere dir bei meiner Wiederwahl noch bevorsteht?«, hat der Landeshauptmann Bürgermeister Loch gesagt. »Ohne Frau an deiner Seite oder in zerrütteten Verhältnissen bist du ein Fressen für die Opposition. Ich brauche gute, unantastbare Leute wie dich nach der Wahl.«

Die Frau Bürgermeister macht ihrem Mann und ausgewählten Gästen auch wieder sein Lieblingsessen, geröstete Stiereier, und voll Stolz bitten sie danach Heinzi, den Gästen ein Stück auf der Harmonika vorzuspielen.

Das zweite Begräbnis, das von Florian Müller, Fahnenträger des Kameradschaftsbundes und Hauptfeuerwehrmann, verläuft hingegen pompös traditionell. Seine Leiche wird im Feuerwehrhaus der Freiwilligen Feuerwehr St. Vinzenz aufgebahrt und jeder kann an ihm vorbeidefilieren, um Abschied zu nehmen. In der Kirche betet Franz am Abend vor dem Begräbnis, beim Wachten, den Schmerzhaften Rosenkranz vor. Kameraden halten abwechselnd Totenwache am Sarg.

Florian Müller war Witwer und hat keine Verwandten. Außer den Hof, etwas Bargeld und seinen NSDAP-Abzeichen hat er nichts hinterlassen. Die Gemeinde übernimmt auf Wunsch des Verstorbenen bei der Testamentseröffnung durch den Bürgermeister die Sachwalterschaft, bis alles gesetzlich geklärt ist. Der kleine Bauernhof soll nach Florians Willen an den Meistbietenden verkauft werden. Damit sollen zum einen die Kosten für seinen Sonderwunsch der Bestattung gedeckt werden, das übrige Geld geht komplett an den Kriegsopferverband.

Florian will, dass sein Leichnam verbrannt wird. Seine Asche soll auf dem Mamajew-Hügel in Stalingrad verstreut werden. Seine Begründung, die niemand verstand, war: Das

Ostvolk ist stärker als das Westvolk. Bürgermeister Loch unterbindet diesen »Schwachsinn«, wie er sagt. Aber Max als Kommandant der Kameradschaft erhebt Einspruch.

»Einem Toten muss man seinen letzten Willen lassen!«

»Ich will als gerichtlich beeideter Nachlassverwalter ein traditionelles Begräbnis, mit Sarg und allem Trara«, widerspricht der Bürgermeister, »aber das muss reichen. Das Nazi-Kriegszeug interessiert mich nicht und hat in St. Vinzenz nichts verloren, jedenfalls nicht, solange ich Bürgermeister bin.«

Feuerwehr, Max und die gesamte Kameradschaft stimmen letztlich zu. Der Bürgermeister zahlt aus dem Nachlass die Miete für das Familiengrab gleich im Voraus für zwei Jahrzehnte.

»Das muss reichen, hinter mir die Sintflut«, sagt der Bürgermeister.

Pfarrer Schwintzerl wird mit dem Requiem beauftragt. Frau Klug bittet Josef, sie zum Begräbnis zu begleiten. Traditionell schwarz gekleidet, mit schwarzem Kopftuch, hat sich Frau Klug fertig gemacht für den letzten Weg ihres Nachbarn. Wie lange ist es her, da haben sie und er unabhängig voneinander ihren neunzigsten Geburtstag gefeiert. Bürgermeister Loch wollte eine gemeinsame Feier, aber Frau Klug nicht.

Am Feuerwehrhaus angekommen, ist dort schon die gesamte Freiwillige Feuerwehr von St. Vinzenz in ihren rostroten Uniformen angetreten. Daneben ebenfalls in Uniform, dem traditionellen Steireranzug mit Hut, die Kameraden und ein neuer Fahnenträger, allesamt in Reih und Glied. Ganz vorne die Ortsmusik. Max, der Kommandant, bespricht sich noch mit dem Hauptmann der Feuerwehr. Sehr viele Einheimische erwarten ein Spektakel.

An diesem Tag ist es nicht nur viel zu heiß für die Zeit, auch der Föhn bläst Staub aus der Sahara in die Weststeiermark. Der Klimawandel macht nicht einmal vor einem Kameradenbegräbnis halt, denken sich Feuerwehrleute und Kameraden. Ihre Uniformen sind aus dickem Stoff. Hüte und Kappen sind auch nicht gerade luftig. Aber trotz der äußeren Hitze ist für alle eine innere Kälte spürbar. Endlich erlösen die Glocken die schlechten Gedanken aus den Köpfen und aus der Kirche tritt Pfarrer Schwintzerl.

Es ist ihm gelungen, für dieses Begräbnis doch zwei Ministranten mit zwanzig Euro pro Kopf und Nase zu ködern, die jetzt links und rechts von ihm in weißen Chorröckchen einhergehen. Ihnen wird er während des Requiems immer wieder etwas zuzischen, weil sie natürlich keine Ahnung haben, was zu tun ist. Florian wollte den »Bürgermeisterkrüppel«, wie er Heinzi nannte, nicht als Ministranten. Das hat er ebenfalls im Testament festgelegt.

Der Pfarrer segnet den Sarg, murmelt einige lateinische Formeln, dreht sich um und geht los. Der Sarg wird einmal um die Kirche getragen bis zum Kriegerdenkmal, dort wird eine Gedenkminute für die gefallenen Kameraden eingelegt, und weiter geht es dann in die Kirche. Der Trommler schlägt dabei den »47er Regimentsmarsch« ein und die Blasmusik beginnt zu spielen. Es ist lange her, dass sie diesen Marsch gespielt haben, vor allem im Schritt. Einen Fehltritt, nun gut, wer sieht das schon, aber ein falscher Ton bei einem Begräbnis, das ist allemal peinlich. Immer diese eigenwilligen Musikwünsche, ärgerte sich der Kapellmeister und führt mit seinem Stab die Ortsmusik trotzdem sicher im Takt.

Der Feuerwehrhauptmann befiehlt: »Im Schritt, Marsch!« und der Tross setzt sich hinter der marschierenden

Blasmusik in Bewegung. Ebenso Max, der Kommandant der Kameraden: »Im Schritt, Marsch!« Die Kameraden schließen sich an den Feuerwehrtross an. Dahinter reihen sich die vielen Einheimischen ein. Touristen und Wanderer bestaunen den Vorgang, fotografieren und machen Videos, als wäre es eine Tourismus-Show extra für sie. Dazwischen bemerkt Josef auch Ermittlungsbereichsleiter Puderer. Man grüßt sich von Weitem, vermeidet es aber, zusammenzutreffen.

Plötzlich saust eine schwarze Mercedes-Limousine die Auffahrt zum Kirchplatz hinauf und es entsteigt der Landeshauptmann. Dieser reiht sich hinter dem Sarg mit professionell gesenktem Kopf und gefalteten Händen über dem Schritt ein. Ein Raunen geht durch die Reihen. Das ist wirklich etwas Besonderes!

Der Bürgermeister beeilt sich, an die Seite seines Landeschefs zu kommen. Doch da, zur Verwunderung aller, kommt noch eine Limousine und es entsteigt ihr der sportive Chef der national-traditionellen Landespartei. Er nickt grüßend überallhin und reiht sich, zu dessen Verwunderung, noch vor dem Landeshauptmann ein.

Nicht alle haben später Platz in der Kirche, nur die Alten und Wichtigen dürfen sitzen, die anderen stehen draußen am Kirchplatz. Frau Klug darf sitzen, der Landeshauptmann hat ihr ostentativ seinen Platz ganz vorne angeboten und bleibt daneben im Gang stehen. Josef beobachtet Frau Klug, die keine Miene verzieht. Für sie hat das Begräbnis nichts Trauriges; als wäre sie nur hier, um Zeugenschaft abzulegen.

Ein Orgelspieler ist vom Bürgermeister engagiert worden und der Landeshauptmann hält eine eindrucksvolle Ansprache, worauf der Bürgermeister mit der zusammengestoppelten Biografie Florians warten muss, denn der rechte Landeschef spricht auch noch glühende Worte des Abschieds und legt eine Plastikkornblume auf den Sarg.

»Lügner, alles Lügner«, flüstert Frau Klug für sich und nickt Josef von Weitem zu. Nach dem Requiem müssen auf dem Weg zum Friedhof die Sargträger, bestehend aus zwei Kameraden und zwei Männern von der Feuerwehr, samt dem langen Kondukt die befahrene Dorfstraße queren. Der Bürgermeister hat vergessen, Posten für eine Sicherheitssperre zu bestellen, so saust das eine oder andere ungeduldige Gefährt gefährlich durch die Reihen der Trauernden, bis der Ermittlungsbereichsleiter spontan persönlich die Straße sperrt.

Die Last ist schwer und der Weg bis zum Familiengrab für die Träger lang. Der Trommler schlägt den Marsch »Ich hatte einen Kameraden« ein. Musiker wie Stabführender Kapellmeister sind erleichtert. Diesen Marsch können sie aus dem Effeff, den hätten sie auch mit geschlossenen Augen spielen und marschieren können. Kurz bevor man den Sarg, nachdem ihn der Pfarrer eingesegnet hat, in die Grube fahren lässt, singt das St. Vinzenzer Jäger-Quartett noch das traditionelles Volkslied »'s is Feierobnd«.

Dann schreien der Hauptmann der Feuerwehr und Max fast gleichzeitig: »Habt Acht! Hut ab! Prangerstutzen, Bereitschaft zur Ehrensalve!«

Es schießen drei Kameraden mit Prangerstutzen in die Luft. Gleichzeitig beginnen die Glocken zu läuten und die Sirene der Feuerwehr wird angelassen. Darüber spielt die Blasmusik den »alten Kameraden«.

Die Touristen sind schwer beeindruckt. Sie staunen, filmen und fotografieren. Wer so etwas einmal miterlebt hat, denken sie, weiß, was dieses Steirerland wirklich zu bieten hat. Wunderbar, einzigartig! Der Landeshauptmann hat sich salutierend ganz nahe an das Grab gestellt, ebenso der Landeschef der rechten Partei. Der Bürgermeister steht dazwischen und der Fotograf des Landes knipst.

Der Landeshauptmann blickt verstohlen auf seine Armbanduhr. Nachdem der Sarg im Grab ist, hört man ein: »Hut auf und ein doppeltes Ruht.« Das Kamerateam des ORF hat am Rande des Friedhofs durchgehalten, um mit dem eiligen Landeshauptmann sowie dem ebenso eiligen rechten Landesparteichef gleich noch ein Interview zu führen.

»Auch wenn mancher im Leben vielleicht irre gegangen ist, so hat man im Tod doch Respekt verdient«, popularisiert der Landeshauptmann. Der rechte Landesparteichef hält sich kurz. Er hat Tränen in den Augen. »Die Partei hat einen treuen Kameraden und ich einen Freund verloren ...« Pause, *schnief,* und »Danke, entschuldigen Sie ...«. Er geht und lässt den ORF stehen.

Endlich kommt der Bürgermeister zu seiner Wortspende, aber die interessiert nicht mehr. Frau Klug will gleich nach Hause. Sie wirft Florian keine Erde ins Grab, auch das große traditionelle Bestattungsessen beim Au-Wirt interessiert sie nicht. *»Zakon mora ostati zakon. –* Recht muss Recht bleiben«, murmelt sie für sich, schaut dabei in den Himmel und zwinkert Pepi zu.

Josef bringt sie nach Hause, wo Frau Klug in Schweineschmalz herausgebackene panierte Schweinekoteletts am Knochen mit Petersilienkartoffeln und frischem Vogerlsalat mit Kartoffeln, Kernöl und Holzapfelessig vorbereitet hat. Lena, die neben dem Ofen liegt, freut sich schon auf die Knochen. Frau Klug erwähnt mit keinem Wort mehr das Begräbnis und Josef verzieht sich nach dem reichlichen

Essen und zwei Gläsern Schilcher auf die Liege hinter dem Haus für ein Nickerchen.

»Wir haben dir immer nur das Beste gewollt«, schimpft Josefs Vater, der mächtig groß vor ihm, dem kleinen Josef, steht. Josefs Mutter, ebenso riesig, steht daneben und weint: »Und du, wie hast du es uns gedankt? Kleine Kinder kleine Sorgen, große Kinder große …«

»Ich habe mich bemüht«, schimpft Josefs Frau, die plötzlich ebenfalls als Riesin zwischen den Eltern auftaucht, »aber du hast meine Liebe nicht gesehen.«

Alle Vorwürfe verschwimmen ineinander, werden immer lauter, ein Weltenschreien. Ihre Gesichter verkommen zu Fratzen. Der kleine Josef bekommt Angst, weiß nicht, was er tun noch sagen soll. Der Vater haut ihm links und rechts eine Ohrfeige herunter, dass dem kleinen Buben das Blut aus der Nase spritzt. Die Mutter schreit vor Weinen.

»Was haben wir alles für dich getan, auf was haben wir für dich verzichtet! Du undankbarer Kretin du!«

Die Ex lacht: »Das hast du davon. Ich hab dir nicht gepasst, war dir nie genug, DUUU!« Auch sie schlägt auf ihn ein.

Tränenüberströmt schreit das Kind um Hilfe. »Lasst mich endlich in Ruhe ihr, ihr … Verschwindet endlich aus meinem Leben … VERSCHWINDET!« Und der kleine Josef stößt in einem ungeheuren Gewaltakt alle drei von sich.

Josef erwacht.

»Ganz ruhig, mein Lieb, ganz ruhig, ich bin es, Karin, tu mir nicht weh.«

Josef schlägt die Augen auf. Er schwitzt, keucht. Hat er auf Karin eingeschlagen?

»O mein Gott, was war das?« Er umarmt Karin, die vor ihm steht.

»Du hast schlecht geträumt.«

Josef beginnt zu weinen. Karin hält ihn. »Weine nur, mein Lieb, weine nur, du bist in Sicherheit … Ich liebe dich.«

25

Die Zeit vergeht und ein sehr launischer Sommer hat in St. Vinzenz endlich für den Herbstanfang Platz gemacht. Die beiden Morde sind noch immer unaufgeklärt. Vielen ist das Thema lästig und sie wollen nichts mehr davon hören. Die Medien haben sich zurückgezogen, es gibt mittlerweile Wichtigeres über die Welt zu berichten als über St. Vinzenz.

Die Wahlen rücken näher und somit auch Prognosen, Verleumdungen, Vermutungen und gegenseitige Anwürfe der Parteien und Kandidaten. Die Umfragen fallen für die Landeshauptmannpartei noch nicht so rosig aus.

Wie werden die St. Vinzenzer wählen? Bürgermeister Loch weiß, dass dieser Kelch nicht so einfach an ihm und seiner Partei vorübergehen wird. Es gibt die Kulturstrategie 2030 der Landesregierung, die ebenfalls auf die Umsetzung wartet. Und viele andere Projekte, die auf ihre Verwirklichung hoffen. Aber was ist, wenn der Landeshauptmann nicht gewählt wird? Waren die vielen angefangenen Projekte, die viele Arbeit, das viele Geld dann für nichts, fragt sich nicht nur Bürgermeister Loch. Wie soll er das den Bürgern erklären? Es braucht Resultate und die müssen im Landtag beschlossen sein.

»Wir brauchen diese Kulturstrategie und das ganze Zeug nicht«, sagt Max und eigentlich ist die ganze Opposition seiner Meinung. »Wir haben genug Kultur, unseren Schilcher, man muss nur dazu stehen und sich um unsere tollen Kulturgüter kümmern. Das andere Zeug brauchen wir nicht! Wir Weststeirer werden wissen, was wir zu tun haben.«

Die Beziehung zu Karin bewirkt bei Josef ein Lebensgefühl, wie er es noch nie empfunden hat. Er ist einerseits irritiert, unsicher und auf der anderen Seite fühlt er sich wohl. Einziehen will Karin aber nicht bei ihm, noch nicht. Sie genießt das Gebundensein mit dem Herzen und nicht durch den Trauschein oder ein Jawort vor Gott. Durch Herzenswillen frei verbunden zu sein, das ist ihre Vorstellung von Beziehung. Frei sein, eigene Interessen haben und verwirklichen, wenn man Lust hat, gemeinsam ein Stück Weges zu gehen.

Was bleibt Josef also anderes übrig, als sich auf diese für ihn neue Art des Zusammenlebens einzulassen. Eigentlich ist es so doch sehr schön, nichts zu müssen, aber alles zu dürfen. Er lässt Gefühle in sich zu, von denen er nichts wusste; nur der Spalt zu seinem Herzen ist noch sehr eng.

Die Buschenschänken florieren wieder und die Weinbauern erzählen jedem ihrer Gäste eine eigene spannende Geschichte von den Morden, als wären diese im Mittelalter passiert. Sie schmücken ihre Mutmaßungen aus mit allem, was ihnen gerade so einfällt. Die Touristen sind dankbar dafür, staunen und konsumieren umso mehr. Und die Preise steigen und steigen wieder. Es verspricht ein sehr gutes Weinjahr zu werden, auch der Hagel hat erstaunlich wenig angerichtet. Viele haben auf ökologischen Weinbau umgestellt und leiden noch unter der Weinbereitung, weil die meisten Konsumenten den neuen Geschmack nicht gewohnt sind. Wurde früher mit Glyphosat, Roundup und anderen Giften nur so in der Gegend herumgespritzt, hat sich das geändert.

Eine neue Generation von jungen Weinbauern sieht ihren Weg anders als die Altvorderen und das tut nicht nur dem Wein, dem Konsumenten, sondern auch den Böden, Pflanzen und Tieren gut. Die Tradition, dass sich die Weinbauern bei der Weinlese gegenseitig helfen, ist aber leider längst vorbei. Heute hat unter der Woche kaum jemand mehr für den anderen Zeit. Es werden Menschen aus Slowenien oder Rumänien angefordert. Sie übernehmen das für weniger Geld, als ein Einheimischer kostet. Die meisten werden angemeldet und genießen dadurch auch Versicherungsschutz. Es gibt aber noch schwarze Schafe, die das nicht tun. Im Verletzungsfall werden die Ungemeldeten schwarz ausbezahlt, schnell über die Grenze, alles Gute und Pfüati Gott.

Bürgermeister Loch ruht wieder mehr oder weniger in sich. Er hat nicht nur seine Eltern gezwungen, den Hof seinem Sohn zu überschreiben, damit dieser einmal abgesichert ist. Er ist auch mit Maria dabei, Hilfen für den Buben zu finden.

Söldner Karli hat längst seine fünftausend Euro vom Bürgermeister bekommen. »Du bist nie hier gewesen, hast nie Geld von uns für irgendetwas bekommen«, bläute ihm der Bürgermeister ein, als er ihm das Geld übergab.

»Scheiß dich nicht an«, sagte Karli. »Ich bin kein Anfänger, mich gibt's gar nicht, *see you!*« Und weg war der zukünftige Held der Wagnertruppe.

Der Landeshauptmann ist zuversichtlich, doch noch einiges an Bekanntheit und Stimmen zuzulegen. Franz hat mit seiner Veverl ein kleines Tourismusbüro in der alten verwaisten Trafik am Hauptplatz aufgemacht. Die gemeinsame Aufgabe hat die beiden Eheleute wieder etwas zusammengeführt. Außer dem Hund haben sie ihre Tiere bis auf Weiteres zu einem befreundeten Bauern gegeben. Franz macht begeistert Führungen in das »Todeswäldchen«, den Höllgraben, und verkauft kleine Souvenirs: von Veverl selbst gebackene »St. Vinzenzer Germteig-Höllgrabenteufelchen« sowie Wein mit Etiketten. »Mords-Schilcher aus St. Vinzenz« oder »Da Resche vom Höllgraben«, so heißt ein traditioneller Welschriesling. »Liebe bis in den Tod« ist eine süße Verführung aus Schilcher. Daneben gibt es die üblichen »Höllgraben-Käferbohnen«, »Höllgraben-Würstel«, »Höllgraben-Schinken«, »Höllgraben-Kernölspezialitäten« und »Zwetschkenschnaps vom Höllgraben«. Und natürlich das Highlight: »*The special taste of the St. Vinzenz Hell Valley: West-Styrian Grammelschmalz[39] Bread with a special taste of garlic.*« Sogar eine kleine gedruckte Mordgeschichte auf Englisch gibt es: »*The St. Vinzenz Hell Valley Murder Mystery.*«

Josef hat Tuch und Spitzmesser, die er in Frau Klugs Scheune gefunden hat, doch nicht zur Untersuchung geschickt. Er weiß selbst nicht genau warum. Aber die Arroganz des Ermittlungsbereichsleiters und seiner Polizisten, mit der sie ihn schneiden, ärgert ihn. Warum soll er also übereifrig sein. Gerechtigkeit ist sowieso ein sehr dehnbarer Begriff, denkt er und lässt momentan alles auf sich beruhen.

Eine kleine Einheit an Polizisten ist noch vor Ort, aber Ermittlungsbereichsleiter Puderer selbst kommt nur

---

[39] Grammeln: Grieben; für traditionellen Brotaufstrich verwendet.

noch selten. Er versucht, sein Studium in kürzester Zeit abzuschließen, um als neuer Polizeichef der Steiermark zur Verfügung zu stehen, sobald die Zeit gekommen ist. Sein Assistent Huber recherchiert vor Ort und versucht aufzuklären, was zu klären ist. Irgendwann werden sich die beiden Morde von selbst aufklären, wie Geschwüre, wenn sie reif sind, aufbrechen und dann wird der Eiter herausfließen, damit die Wunden abheilen können, das wissen die Kriminalisten aus Graz.

Hauptsache, das Geschäft läuft wieder. Darüber ist der doppelte Obmann froh und seine Buschenschänkler stehen hinter ihm, solange das so ist, das weiß er. Da kann die Tourismuslandestussi, wie Kurzmann seine Chefin nach dem letzten Vorfall nennt, im Kreis hüpfen.

Und was ist mit Julia, der Geliebten des ersten Mordopfers? Josef macht sich doch Gedanken, er hat Julia versprochen, den Mörder ihres Verlobten zu finden, und das Versprechen will er halten. Irgendwann, das weiß er, irgendwann wird sich der Mörder finden. Und Gesetz und Gerechtigkeit? Gerechtigkeit gibt es nicht, »und das Gesetz«, sagt Ermittlungsbereichsleiter Puderer bei seinem letzten Besuch in St. Vinzenz, »das Gesetz bin ich.«

Polizei aus beiden Bezirken patrouilliert ab nun abwechselnd in der Gegend, aber es ist ruhig, zu ruhig. Vielleicht die Ruhe vor einem neuen Sturm, wie alte Einheimische meinen.

In St. Vinzenz ist mittlerweile allen klar, dass Karin und Josef ein Paar sind. Frau Klug genießt die Jugend am Hof, wie sie jedem, der es auch nicht wissen will, freudig erzählt.

Katze Lena ist älter geworden, sie hat Zähne verloren und ein Äuglein ist trüb. Frau Klug weiß nicht, wie alt Lena ist, aber sie muss schon eine betagte Katzendame sein, denn immer öfter muss sie sie hinter dem Sparherd hervorstöbern, damit sie maunzend für einige Zeit das Haus verlässt. Wenn Frau Klug ihr etwas hinhält, dann beißt sie manches Mal daneben.

Josef hat sich einen lang gehegten Wunsch erfüllt und einen Hund angeschafft, aus dem Tierheim in Graz – den Kurzhaarterrier Fritz. Der Kleine ist schon ein betagter Herr und trotzdem ein noch sehr aufgewecktes Tierchen, das seinem Herrchen viele Spaziergänge abverlangt.

Fritzl, wie Josef ihn liebevoll nennt, macht ihm viel Freude. Alle mögen ihn, nur Lena stellt jedes Mal die Rückenhaare auf und faucht, wenn er in ihre Nähe kommt. Sie fürchtet wohl um die Vorherrschaft beim Futter im Haus. Aber Fritzl lässt sie mit ihrer Wichtigtuerei links liegen und freut sich sichtlich, dass er es mit seinem neuen Zuhause so gut getroffen hat.

26

Der Herbst beschert Josef in seiner neuen Heimat viel für ihn Exotisches: prächtige Steinpilze, Parasole, Täublinge und Eierschwammerl aus den Wäldern um St. Vinzenz, frisches Wild, von Frau Klug geschossen, Wein, Gemüse, Obst, Kastanien. Josef hat alles in seiner Nähe und frisch, in bester Qualität – der reine Lebensüberfluss.

Frau Klug bereitet ihm und seiner Karin diese besonderen Dinge herrlich und mit großer Freude zu. Karin notiert die Rezepte und lernt. Gebratene oder gebackene Steinpilze, Pilzsoße mit Knödel, eingelegte saure oder frisch geröstete Eierschwammerl mit Ei, wie Schnitzel panierte Parasole und Riesenboviste in Schweineschmalz herausgebacken, goldgelb und knusprig mit Sauce Tartare. Oder wenn sie die seltenen jungen Grüntäublinge auf der Herdplatte brät und Josef dann mit einem kleinen Löffel den würzigen Saft probieren lässt. Halbierte Birkenpilzkappen, kurz angebraten, dazu dünn geschnittene Rinderhüftsteaks gegrillt und in der Pfanne mit in Butter zu Chips gerösteten Salbeiblättern serviert, etwas Parmesan darübergerieben. – Die Schatten der vergangenen Zeit scheinen vor dem Glück, das die alte Frau mit den jungen Leuten hat, gewichen.

Zu allem passt Frau Klugs Schilcher vortrefflich. Sie wird beim Kochen jünger und jünger und Josef isst und genießt mit Karin. Sie arbeitet immer noch im Bauamt beim Bürgermeister. Ihre Gefühle zu Josef haben sie noch freier gemacht. Niemand versucht mehr sein Glück bei ihr und auch der Bürgermeister hat mittlerweile wieder ein leidlich sexuelles Auskommen mit seiner Frau gefunden. Es spielt wohl wieder Granada. Aber Granada interessiert Josef und Karin nicht, sie fordert seine Zärtlichkeit, das Streichen seiner Hände über ihre Wangen, ihren Körper, das An-sich-Schmiegen, ohne etwas zu wollen und müssen. Das Spüren und Zulassen tiefer ehrlicher Blicke. Sein Zuhören, sein Schweigen.

Vieles passiert in St. Vinzenz nach vorne, in die Zukunft gerichtet. Die Nachfragen über die Morde haben abgenommen. Es braucht scheinbar etwas Neues für das Weingeschäft, einen Kick, es braucht Ideennachschub.

Die Zeit schreitet mit Siebenmeilenstiefeln voran. Der Winter steht bevor. Das gemeinsame Geschäft hat Franz und Veverl etwas näher zusammengebracht. Aber nun ist Franz schon wieder zu viel mit seinem Rad unterwegs. Der rechte Landesparteichef hat ihm bei Florians Begräbnis vor allen die Hand gereicht. Das war ein Zeichen! Er braucht nun die Aufmerksamkeit der Öffentlichkeit mehr denn je und kreuzt wieder an Plätzen auf, an die man ihn nicht gerufen hat.

»Einen Mord«, sagt Franz im Tschecherl, »wir brauchen einen neuen Mord, das wäre es!«

Mittlerweile wirbt er offen für die national-traditionelle Partei WIR SIND DAS SCHILCHERLAND. Doch auch er ist älter geworden und seine Kurzsichtigkeit macht ihm Sorgen. Vor allem, wenn er die Kurven von seinem Hof Richtung St. Vinzenz im höllischen Tempo herunterradelt. Knapp entgeht er manches Mal einem Sturz, aber er kann es nicht lassen. Und Veverl, wieder zunehmend alleingelassen, sucht erfolgreich den Kontakt zu ihrer Tochter in Graz. Franz merkt nicht einmal, dass Veverl immer öfter nach Graz unterwegs ist und auch über Nacht bleibt.

Slavko hat seinen Buschenschank neu eingerichtet und an seinen Sohn Milan übergeben. Die wichtigsten St. Vinzenzer sind zur Eröffnung geladen.

»Sicha is sicha, habe ich mir Nutznieß gehalten, weiß man nix, wie Zukunft is mit Bub«, erklärt Slavko und zwinkert dem doppelten Obmann zu, der ihm dazu geraten hat. Getrunken wird viel und der eingeschränkte Heinzi gibt mit seiner Steirischen Harmonika sein Bestes. Slavko und Mariza lassen es sich nicht nehmen, das eine oder andere slowenische Lied zum Besten zu geben. Mariza geht es inzwischen wieder besser, man merkt es an Slavko, der mit ihr ungewohnt liebevoll umgeht und auch wieder einiges abgenommen hat.

Josef liebt mittlerweile das Schwammerlsuchen mit Fritzl, es erinnert ihn ein wenig an seinen Dienst bei der Gendarmerie. Bald hat er mit Hilfe von Frau Klug auch die besten Pilzplätze in der Umgebung für sich entdeckt. Und die herrlichen Kastanien nun im Herbst, die am besten schmecken, wenn man sie der Tradition nach stiehlt. Gleich bei Sonnenaufgang, wenn die Besitzer der Bäume noch schlafen. So macht es auch Josef. »Wenn Sie erwischt werden, gibt's Schläge«, warnt Frau Klug, »außer man ist stärker oder schneller als der Besitzer.«

Mittlerweile schlagen Touristen die Früchte aber frech vor aller Augen von den Bäumen, klauben sie zusammen, und es muss die Polizei gerufen werden. Lustig ist das alles nicht mehr für die Bauern.

Neben der herrlichen Herbstlandschaft in Wald und Flur, den fruchtbaren Weingärten und Wäldern, einer üppigen Fauna ist der frische Schilchersturm die Spezialität der Weststeiermark im Herbst. Dieses tiefrote, quallenartige Getränk ist ein Produkt der Gärung auf dem Weg zum Wein. Er schmeckt kellerkalt und frisch zu gebratenen Kastanien ganz wunderbar. Verführerisch säuerlich, süß und doch sehr stark. Er ist gefährlich und kann beim Zuviel heftigen Durchfall bewirken. »Dann muss man schnell sein, sonst kracht's in der Hose«, warnt Frau Klug.

Josef passiert es gleich beim ersten Mal, als Slavko mit ihm Frau Klugs frischen Schilchersturm gustiert. Slavko schreit vor Lachen: »Hat brrrr gemacht, brrrr, brrrr, und bumm, hahaha, und jetzt … stinkta!«

Bei Schilchersturm verraten Geschmack und Farbe schon in etwa den Charakter des Weinbauern. Beim fertigen Schilcher kann man dies noch besser beurteilen. Bei gesetzten, ruhigen Weinbauern ist er etwas dunkler und lieblicher. Heller, spritziger, säurebetonter ist er bei aufbrausenden Charakteren. Dazwischen gibt es kaum etwas. »Klug Mames frühroter Schilcher, er ist Besonderheit, hell, sperrig, sairebetont, sprizzig, jung, wie Klug Mame«, sagt Slavko bewundernd. »Ist unberechenbar wie Jungfrau … hahaha … wie Klug Mame, hahaha.«

»Jo, jo. Gleich ist Schilcher aber nie und nirgends«, beschreibt Frau Klug ihr Lieblingsgetränk abschließend.

»Rabiatperle.« Das kommt aus der Zeit, als der Schilcher noch als einziger Wein der Gegend getrunken wurde. Da hat's so manchen Schilchertrinkern die Sicherung rausgehauen. Aggressiv und rabiat wurden sie. Und wenn mehrere gesoffen haben, hat es Streit gegeben und bald einmal eine Schlägerei. »Wennst nicht aufpasst, setzt die Kraft vom Schilcher das Tiefste in uns frei, bringt das Unterste nach oben, wie bei die Viecher …« Frau Klug blickt in den Himmel, als sei ihr etwas über die Lippen gekommen, das sie so nicht wollte.

Was habe ich doch für ein Glück, denkt sich Josef, wenn er in der Liege warm eingepackt mit einem Glas Schilcher vor sich hin sinniert und am Himmel dem Wolkentreiben zusieht. Die Wiese duftet noch von der letzten, der dritten Mahd, dem Ingli. Die Zwetschken, Kriecherl und die Vogelbeeren – alles ist auf einmal reif. Viel Arbeit liegt vor den Bauern. Auch die Hauptweinlese ist angegangen. Der frührote Schilcher macht sich auf den Weg zum Wein, in die Trubphase, der spätrote macht sich auf dem Weg zum Schilchersturm. Vögel kämpfen um die besten Früchte und zwitschern aufgebracht. Wespen und Hornissen und andere Insekten rittern ebenfalls um herabgefallene Früchte. Lena trotzt Fritzl und ihrer Altersmüdigkeit. Sie springt Josef noch manches Mal übermütig auf den Schoß und schnurrt friedlich.

Jetzt muss alles und jedes satt werden, denn der Winter in der Weststeiermark kann hart und lang sein.

27

Um beim Schwammerlsuchen erfolgreich zu sein, muss man mit den ersten Sonnenstrahlen schon im Wald sein. Sonst hat man das Nachsehen. Josef ist das egal, er hat ja genug Zeit, und wenn nicht heute, dann eben morgen. Er schläft in letzter Zeit sehr gut, vor allem länger, und genießt das. Den letzten Traum von den Eltern und seiner geschiedenen Frau hat er längst und hoffentlich endgültig hinter sich.

Er stellt Kaffee auf, Frau Klug macht ihm Frühstück mit Ei und Speck, wovon Fritzl, aber auch Lena ihren Teil abbekommen. Die beiden, vor allem Lena, haben sich mittlerweile aneinander gewöhnt. Nachdem er die Zehn-Uhr-Nachrichten gehört hat, macht sich Josef mit Fritzl auf seinen Morgenspaziergang in Richtung der Pilzplätze im Höllgraben. Fritzl an Josefs Seite ist folgsam, keinen Meter zu weit vor oder weg von seinem Herrchen – ein guter Jagdhund eben. Es gibt da einen speziellen Platz, wo eigentlich den ganzen Herbst über Parasole wachsen. Darauf steuern sie zu. Josef hat seine Pistole zu Hause gelassen. Der vermeintliche Herr Münster, das weiß er, ist abgehauen, bevor er ihn noch einmal aufsuchen konnte.

Plötzlich hebt Fritzl die Nase und schnuppert. Er knurrt leise, schlägt an. Josef weiß, jetzt muss er aufpassen auf seinen Freund, damit er nicht einem Reh oder einem Hasen hinterherjagt. Sollte dies ein Jäger mitbekommen, ist der Hund tot. Und kaum gedacht, ist Fritzl, noch bevor Josef die Leine aus der Tasche holen kann, auch schon in ein dichtes Gestrüpp vorgestoßen, tief in die unwegsame Seite des Höllgrabens in den Wasserspüal hinein. Alles Rufen und Pfeifen Josefs hilft nichts. Er muss wohl oder übel Fritzl nach, um ihn zu stellen und Schlimmeres abzuwehren. Plötzlich hört er seinen Freund bellen. Er meldet, wie ein braver Jagdhund es eben tut. Josef hat Fritzl nichts beibringen müssen, er kann alles und ist froh, sein Herrchen damit zu beglücken.

Als Josef, zerkratzt von Dornen und Ästen, endlich durch die Enge der Fichtenjugend zum wie verrückt grabenden Fritzl vorstößt, sieht er, dass etwas Längliches, Bleiches aus dem Boden steht. Josef nähert sich und erkennt sofort, dass dies ein Knochen, ein menschlicher Knochen ist.

Er schiebt den eifrigen Fritzl mühsam zur Seite und versucht mit einem Ast, in Laub, Gestrüpp und sumpfigem Erdreich weiter zu stochern. Da kommt zur Elle auch noch eine Speiche dazu, und Fingerknochen! Josef nimmt Fritzl an die Leine, holt sein Handy aus der Hosentasche, unterdrückt seine Nummer und wählt die Nummer des provisorischen Polizeipostens im Schilcherland-Saal von St. Vinzenz.

An diesem Tag hat Josef die Lust am Schwammerlsuchen verloren, dafür ist ihm seine Profession erneut eingeschossen wie nach dem Winter der Saft in die Weinstöcke. Das schaut nach einem weiteren Mord aus. Der besondere Fund wird die abgekühlte Situation von Frühjahr und Sommer in St. Vinzenz neu befeuern. Josef wartet nicht, bis die Polizei eintrifft, das kann dauern, weiß er. Er geht nach Hause, um später mit seinem VW auf den Hauptplatz zu fahren. Fritzl darf, wie immer, wenn sie allein unterwegs sind, vorne neben ihm sitzen.

28

Am darauffolgenden Tag ist in St. Vinzenz die Hölle los. Und diesmal sind es nicht nur steirische, sondern Medien aus ganz Österreich. Ja, auch aus den USA ist zufällig ein Übertragungswagen vorbeigekommen, um über den neuerlichen Fund zu berichten. Eigentlich waren sie nur in der Gegend um der schönen Südweststeiermark und ihres Reichtums willen.

»Das Gute und das Schlechte geben sich bei uns eben die Hand«, sagt Frau Klug, »wie oben und unten, das war schon immer so.«

Der Bürgermeister gibt in hanebüchenem Englisch ein Interview und füllt im Büro das Zwetschkenschnapslager auf. Es ist ihm egal, was passiert, er will für sich so viel Öffentlichkeit wie möglich, um berühmt zu werden. »Der Landeshauptmann schaut nur auf seinen Erfolg. Er interessiert sich nicht wirklich für St. Vinzenz und unsere Probleme. Es geht ihm nur um die Wahl. Das könnte gleichzeitig seine erste und letzte Legislaturperiode sein und wenn er nicht gewinnt, warten sicher schon Vorstands- und Aufsichtsratsposten auf ihn. Und du? Du hast wieder eine Leiche zu entsorgen, den Druck vom Kurzmann und seine Gfraster[40] und vielleicht sogar einen national-traditionellen Arsch im Gemeinderat. Nimm du dir auch, was für dich da ist, und verlass dich nicht auf diese Idioten«, redet er laut auf sich selber ein.

---

40 Gfraster: Schimpfwort für ungehobelte, unangenehme Menschen.

Der Tourismus- und Weinbauvereinsobmann begrüßt die Medien aus den USA im üblichen Outfit. Er hat Kostproben südweststeirischer Schmankerln dabei, präsentiert von zwei feschen Styrian virgins, wie er auf Englisch scherzt. Jeder Ami bekommt ein Glaserl Schilcher: »*Because St. Vinzenz in Southweststyria is the home of Schilcher. A special kind of rose wine. Erzherzog Johann, the brother of the Emperor, do you know him, Franz the first?*«, sagt Kurzmann. Er hat seinen Schwarzenegger studiert und irgendwie mögen das die amerikanischen Journalisten ja auch. »*Johann the Archduke of Austria was like a father of Southwest-Styria and specially of St. Vinzenz.*«

Die einheimischen Medien werden zwar auch mit Schmankerln und Wortspenden bedacht, aber die Favoriten sind die Amerikaner. Dass sich ihm Max mit einem großen Plakat WIR SIND DAS SCHILCHERLAND in den Weg stellt und stört, ja, das ärgert den doppelten Obmann. Aber er ist Profi genug, um damit umzugehen. Er bezieht ihn einfach nicht mit ein und so steht Max mit Franz und einem Transparent zwar mittendrin, aber niemand kümmert sich um ihn. Der amerikanische Reporter fragt Kurzmann, wer denn die mit dem Transparent sind.

»*These are Styrian communists*«, flüstert Kurzmann ihm zu und macht eine wegwerfende Handbewegung.

»*Oh*«, sagt der Reporter, »*communists*« und dreht sich ostentativ weg.

»Es geht um Höheres«, zischt der doppelte Obmann Bürgermeister Loch zu, »Wichtigeres, um das Erscheinungsbild der Südweststeiermark in der Welt, ob mit Leichen oder nicht, das interessiert in Wirklichkeit doch keine Sau. Kulturstrategie hin und Managementplan her, es geht um Geschäfte und Geld. Egal wer, beim Geld sagt niemand

Nein. Die Arschgeigen vom Land haben ja keine Ahnung, wie so etwas wirklich funktioniert. Aber sie werden schon noch sehen. Am Wahltag! *Catch the cat if you can catch it, because money makes St. Vinzenz go round!*«

Spät, aber doch treffen Ermittlungsbereichsleiter Puderer und sein neuer Stellvertreter Huber mit einer Truppe Polizisten in Zivil ein. Gerichtsmediziner, Spurensicherer und Fotografen sind schon am Tatort. Durch den ganzen Medientrubel übersieht man die Polizeitruppe, so kann sie wenigstens in Ruhe arbeiten.

Nach Puderers Gesichtsausdruck zu schließen, ist er über den Rummel nicht froh. Sein Diplom der Promenadologie macht ihm als Legastheniker doch größere Schwierigkeiten als gedacht. Ob ihn der Landeshauptmann zum Landespolizeidirektor macht, ist auch noch nicht sicher.

Ein slowenisches Volkslied trällernd, kommen Slavko und Mariza in slowenischer Tracht auf die Medienvertreter zu, speziell auf die Amerikaner. Er trägt eine große Flasche klaren selbstgebrannten Zwetschkenschnaps auf der Schulter und drei Schritte hinter ihm folgt, ebenfalls singend, Mariza mit einem Tablett voll Stamperln und einem Aufschnitt mit Mangalitza[41]-Schinkenspeck, Käse sowie selbst eingelegten Peperoni, extrascharf, »*made like Štajerska*«.

Pfarrer Schwintzerl schleicht mit seiner Pfarrersköchin durch den Menschenauflauf und schüttelt den Kopf. »Das werden wir nicht mehr los, nie mehr, nie mehr«, flüstert er der Köchin zu. »St. Vinzenz hat es sich mit dem Herrgott verschissen«, wobei seine Köchin sich bekreuzigt. »Aber Bertl, so spricht man nicht über Gott!«

---

41 Mangalitza: ungarische Schweinerasse.

Im Höllgraben hat man inzwischen das Gestrüpp fachgerecht weggeschlagen, um zum Platz mit der Leiche vorzudringen. Es wird dauern, bis alles sichergestellt ist. Der Gerichtsmediziner und sein Assistent versuchen, die Knochen zu bergen und alle Spuren zu sichern. Einige Teile liegen doch noch tiefer. Vielleicht hat ein Fuchs, Dachs oder Hund schon vorher herumgebuddelt und etwas gefressen oder weggetragen? Aber letztlich stellt sich immer mehr heraus, dass es doch ein vollständiges menschliches Skelett geben wird.

Die erste Einschätzung des Gerichtsmediziners ist, dass dieser Mensch schon mehr als ein Jahrzehnt tot sein muss, es handelt sich dabei wahrscheinlich um eine junge Frau. Vielleicht ein Genickbruch? Als die beiden Bestatter die Überreste in den Blechsarg heben, kommt ein weißes Spitzentüchlein aus Nylon, etwas Schleierähnliches hervor und daneben liegt ein kleines gebundenes Sträußchen Maiglöckchen aus Plastik, wie es eine Braut traditionell zur Hochzeit in St. Vinzenz trägt.

Der Ermittlungsbereichsleiter bespricht sich mit seinem Stellvertreter und den anderen Polizisten, dem Spurensicherer und dem Gerichtsmediziner.

»Meiner Meinung nach und so wie ich das Landleben und seine Menschen in St. Vinzenz mittlerweile kennengelernt habe, liegen hier noch viele Leichen herum. Denken Sie an den Mythos vom Höllgraben«, sagt Puderer lächelnd. »Das ist für diesen Landstrich und seine Menschen nichts Ungewöhnliches. Wir müssen erst einmal feststellen, wer seit wann wo abgängig ist, ob jemand etwas weiß, Gerüchte et cetera, das Übliche …«

Er wird vom Medientross mit Fragen bestürmt.

»Ich habe leider nicht mehr zu sagen«, murmelt er mürrisch. »Wenden Sie sich bitte an die Pressestelle der Landespolizeidirektion. Danke, meine Herrschaften, für Ihr Interesse.«

Puderer hat komischerweise keine Lust auf die Amis. Etwas abseits steht Josef und die beiden schauen sich für kurze Zeit an. Josef nickt und lächelt, Puderer nickt auch, aber lächelt nicht. Er steigt in seinen Dienstwagen und weg ist der Ermittlungsbereichsleiter.

Nachdem alle wichtigen Menschen aus St. Vinzenz von den Amerikanern über das *St. Vinzenz Hell Valley Murder Mystery* interviewt worden waren, stehen die Amis etwas verlassen herum. Weinbau- und Tourismusobmann Kurzmann ergreift geistesgegenwärtig die Gelegenheit und lädt die ganze Crew auf Kosten des Weinbauvereines und Tourismusverbandes in seinen Buschenschank ein. Max und sein Grüppchen sind damit nicht gemeint. Sie ziehen wütend ab.

»*You will see the best Buschenschank all over Southweststyria. You know Arnold Schwarzenegger? He was also a good guest of my Buschenschank many years ago.*«

Am Abend sitzen der Bürgermeister, seine Frau und ihr eingeschränkter Heinzi doch als zufriedene Familie zu Hause.

»Daddi ist in Amerika im Fernsehen, Daddi ist ein Held«, sagt Maria stolz in Richtung ihres Sohnes, der nicht weiß, worum es geht, aber er lacht. Es freut ihn.

Plötzlich klingelt das Telefon, der Landeshauptmann ist dran. »Was zum Teufel ist da wieder los bei euch?«

»Was schon? Ein Haufen Knochen, die Leiche war schon länger vergraben«, antwortet der Bürgermeister für seine Art sehr ruhig. »Es könnte sich um die Braut handeln, die vor Jahrzehnten aus St. Vinzenz verschwunden ist.«

»So eine Scheiße«, faucht der Landeshauptmann. »Das wird ja immer schlimmer, das kann ich nicht brauchen.

Verstehst du, du musst das in den Griff kriegen, noch vor der Wahl!«

Der Bürgermeister schweigt absichtlich, soll er doch in seinem Saft schmoren. »Natürlich verstehe ich das«, antwortet der Bürgermeister endlich.

»Und was soll ich deiner Meinung nach jetzt machen?«, fragt der Landeshauptmann.

»Was hab ich davon, wenn ich die Scheiße allein hinbekomme?«

»Es ist deine Aufgabe, du bist der Bürgermeister! Was heißt: Was habe ich davon?«

»Ja«, sagt der Bürgermeister, »was habe ich davon, ich frag ja nur?«

»Okay«, sagt der Landeshauptmann nach einer kurzen Pause, »wenn ich die Wahl gewinne, dann wirst du sicher deinen Teil abbekommen, zufrieden?«

»Was für einen Teil?«, nervt ihn der Bürgermeister.

»Ich mache dich zum Landtagsabgeordneten!«

»Gut, ich nehme dich beim Wort.«

Der Landeshauptmann hat aber schon aufgelegt.

Der Bürgermeister lacht: »Dieser Arsch.«

Heinzi hat die ganze Zeit dagesessen und aufmerksam zugehört. Als Daddi zu lachen beginnt und ihm vor Übermut mit den Fingern etwas zu fest in die Wange zwickt, beginnt der Sohn zu weinen. Das Telefon klingelt erneut.

»Was willst du?«

Er glaubt, der Landeshauptmann ist es noch einmal.

»Herr Bürgermeister?«

»Ja, wer ist's?«

»Moser, Leiter der Spurensicherung Höllgraben. Ich habe Ermittlungsbereichsleiter Puderer schon verständigt. Er kommt so schnell er kann zurück und bittet Sie vorerst, das ganze Gebiet Höllgraben zu sperren. Während der Aufarbeitung des letzten Fundes haben wir einen zweiten Schädel und weitere Knochen gefunden, das lässt auf noch mehr Leichen im Höllgraben schließen.«

Der Bürgermeister legt ruhig auf, schaut den schniefenden Heinzi an und gibt ihm den ersten Kuss seines Lebens auf die Stirn. Der Bürgermeister beginnt zu lachen und Heinzi lacht mit.

29

Als Josef nach einem aufregenden Tag mit Karin am Abend bei Frau Klug eintrifft, duftet es nach Schweinsbraten. Fritzl setzt sich auf seinen Platz neben Lena auf der Wolldecke und freut sich über sein spannendes Leben. Er fuchtelt wild mit dem Schwanz, weil natürlich auch er Braten liebt. Lena täuscht Schlaf vor. Es gibt Schweinsbraten mit Stockkraut, das mit dem Fleisch mitgebraten wird, und dazu gebratene Kartoffeln sowie Grazer Krauthäuptelsalat mit den letzten eigenen Paradeisern daruntergemischt. Frau Klug hat vom Tagesgeschehen kaum etwas mitbekommen.

»Ihr habt doch Hunger?«, fragt sie.

»Und wie«, bestätigen Josef und Karin gleichzeitig.

Sie setzen sich an den Tisch, der schon gedeckt ist. Der Krug frischer Schilcher mit Gläsern steht wie immer kellerkalt daneben. Es herrscht eine eigenartige Stimmung. Frau Klug summt leise vor sich hin, während sie den Salat mit Kernöl und Holzapfelessig in der irdenen Schüssel anrührt. Irgendwas bedrückt sie. Fritzl scheint das auch zu spüren, er grummelt leise und Lena macht von Zeit zu Zeit abwechselnd ein Auge auf und zu, wohl eher um die Vorgänge um den Braten zu kontrollieren. Länger fällt kein Wort, bis Josef die Stille bricht.

»Haben Sie von den Funden gehört, Frau Klug? Es wurden Skelette zweier Leichen gefunden, die wahrscheinlich schon vor Jahrzehnten zu verschiedenen Zeiten im Höllgraben verscharrt worden sind. Fritzl hat sie gefunden. Und nun sucht man nach deren Identität. Es handelt sich offensichtlich beim einen um eine junge Frau. Und vom anderen weiß man noch nichts. Sie hatte ein weißes Perlon-Spitzentuch wie einen Schleier um den Kopf und ein Sträußchen Plastikmaiglöckchen war am ...«

Frau Klug lässt augenblicklich die Salatlöffel fallen. Die Kernölmarinade spritzt auf das weiße Plastiktischtuch. Sie hält sich am Tisch fest.

»Mimi«, sagt sie stimmlos. »Mimi ... ich hab es gewusst, Mimi ... *Bog se nas usmili.* – Gott sei uns gnädig!«

»Was ist?«, fragt Josef und Karin ist mit zwei Schritten schnell bei ihr.

»Nichts, nichts, geht schon, ist nur alles etwas viel für einen alten Hadern[42] wie mich. Geht schon wieder, hab nur ... ach, Dummheiten, Dummheiten ...«

Dabei schwankt sie zur Abwasch, um ein Wettex zu holen. Sie wischt damit das Dressing von der Tischdecke und geht zum Ofen, um die Rein mit dem Schweinsbraten, den Kartoffeln und dem Stockkraut aus dem Rohr zu nehmen und auf den Tisch zu stellen. Karin hilft ihr dabei.

»Das Kraut ist hoffentlich mürb«, sagt sie etwas abwesend. »Ich achte den Krautkopf, da kommt das Aroma besser. Gekauftes Kraut schmeckt ja heutzutage

---

42 Alter Hadern: alter Fetzen.

nach gar nix mehr.« Sie schneidet den Braten mit der Kruste in Scheiben. »Bitte bedient euch, ich hoffe, es schmeckt, ich werde heute schon vorausgehen. Das Bett wartet, es geht mir nicht so gut, wahrscheinlich der Wetterumschwung, Kreislauf …«

»Müssen wir uns Sorgen machen, brauchen Sie was?«, fragt Karin.

»Na, danke, gute Nacht.« Damit schlurft sie aus dem Raum in ihr Zimmer. »Bis morgen früh. Sie bleiben hoffentlich über Nacht?«

Karin lächelt, sie blickt zu Josef: »Sehr gerne, wenn ich darf?«

»Schön, dann gute Nacht«, sagt Frau Klug, streicht Karin mit ihrer rechten Hand über die Wange und ist schnell durch die Tür.

Der Braten mit Kraut und Kartoffeln aus dem Holzofen ist einmalig, aber heute schmeckt ihm das Essen nicht wirklich. Josef kaut vor sich hin, langsam, als würde es in seinem Mund immer mehr statt weniger.

Lena ist mittlerweile putzmunter und fordert miauend, am Tischfuß bettelnd, ihren Anteil. Fritzl hat Stil, er bettelt nicht, weiß er doch, dass er auch so seinen Teil bekommt. Josef erinnert sich an seinen Traum mit dem Teufel in Gestalt von Frau Klug.

»Ich denke, es wird nun bald ganz schwer für die alte Frau«, murmelt Josef.

»Warum?«

»Ich bin mir nicht sicher, aber ich ahne, was passiert ist. Nur der Liebesmord und die Skelette passen da nicht dazu.«

»Warum gehst du nicht zur Polizei?«

»Ich halte mich da raus. Die brauchen und wollen mich nicht, sie halten mich für rückständig. Frau Klug tut mir leid, denn wenn es nur annähernd so war, wie ich glaube, dann ist sie da in etwas Schlimmes hineingeraten.«

»In was hineingeraten?«

»Schauen wir mal, dann sehen wir schon«, endet Josef und küsst Karin unvermittelt. »Die junge Dame will heute also bei dem alten Herrn übernachten?«

»Wenn der alte Herr die junge Dame nicht von der Bettkante stößt, werde ich es mir überlegen«, antwortet Karin.

»Das freut den alten Herrn!«

Beide essen noch etwas von dem herrlichen Braten. Fritzl bekommt sein Stück und auch Lena, dann stellen sie den Salat auf die Anrichte und alles andere ins Rohr zurück. Sie schenken sich noch einen kleinen Vorrat an Schilcher für später nach und gehen in sein Zimmer.

»Vertragt euch«, droht Josef in Richtung Lena und Fritzl, bevor er das Licht ausmacht.

Frau Klug kann nicht schlafen, zu viel geht ihr durch den Kopf. Als sie die Liebesgeräusche der beiden aus dem Nebenzimmer hört, werden ihre Augen feucht. Sie muss an Pepi denken, den sie so sehr geliebt hat und immer noch liebt. »Die zwei haben ein schönes Leben vor sich und ich gehe aufs Ende zu«, sagt sie leise. »Aber ich brauche mich nicht zu beklagen, wir hatten es auch schön, Pepi, hm, was meinst du, *moje srce?*«

Das Auftauchen des Skeletts, die verschwundene Braut, das hält sie weiter wach. »Das ist Mimi! Ich weiß es, Pepi. Jetzt kommt endlich alles an den Tag, der ganze Dreck über Jahrzehnte. *Maščevanje je moje, pravi Bog.* – Mein ist die Rache, spricht Gott. Die Polizei ist zu dumm. Josef wird die Wahrheit sicher herausfinden. Ich spüre, dass er drauf und dran ist, den Fall zu lösen. Wahrscheinlich hält ihn nur noch der Respekt vor mir zurück. Was soll ich tun, Pepi, mich stellen, hm? Josef bitten, mich zu schützen? Selbstmord?«

Sie lacht.

»Ihm die Wahrheit erzählen? Was habe ich schon zu verlieren? Das bisschen Zeit, das mir noch bleibt? Dabei ist das Leben gerade so schön, ach … *moje srce,* ich will zu dir.«

Über diesen Gedanken schläft die alte Frau friedlich ein.

30

Am nächsten Morgen ist das Jaulen und Kratzen Fritzls an Josefs Schlafzimmertür nicht zu überhören. Josef kommt schnell heraus und befiehlt ihm, still zu sein. »Du weckst ja das ganze Haus auf!«

Es ist aber schon nach neun, sie haben verschlafen. Kein Kaffee, kein Frühstück, keine Frau Klug weit und breit. Er lässt Fritzl zur Haustür raus, damit er sein Geschäft verrichten kann, Lena folgt ihm. Dann klopft er vorsichtig an Frau Klugs Tür, niemand rührt sich. Vielleicht ist sie schon auf der Pirsch? Doch ihr Jagdzeug hängt im Vorhaus. Erneut klopft er und ruft nach Karin, die verschlafen, aber schon angezogen, aus dem Zimmer kommt.

»Ich muss schnell ins Büro«, sagt Karin. »Die warten sicher schon mit den Bauverhandlungen.«

Frau Klug meldet sich nicht. Josef macht vorsichtig die Tür zu ihrem Zimmer auf. »Frau Klug, sind Sie da?« Er tritt ins Zimmer, das Bett ist zwar benutzt, aber leer.

»Sie hat sich hoffentlich nichts angetan, zuzutrauen wäre es ihr«, sagt Josef.

»Ich muss los, melde dich, wenn du sie gefunden hast«, sagt Karin und drückt ihm einen Kuss auf den Mund. »Und danke für die schöne Nacht.«

Frau Klug ist doch immer so pünktlich mit dem Frühstück. Josef hört plötzlich ein Geräusch am Dachboden und eine schlimme Befürchtung steigt in ihm auf. Er stürzt zur Treppe, hechtet sie hoch und glaubt, die alte Frau dort am Strick zu finden. Gott sei Dank, da sitzt sie, ganz vorne am Dachboden vor einem offenen Kasten und blättert in einer dünnen Mappe.

»Da schauen Sie her, das war mein Pepi«, sagt sie, ohne Josef anzusehen. Sie zeigt ihm das Foto eines sehr jungen, feschen Mannes in einer Uniform. Frau Klug beginnt zu weinen.

»Osvobodilna Fronta, so haben die Partisanen, bei denen Pepi war, geheißen. Er in der Uniform der Partisanen. Er war aus der Štajerska, aus Ptuj, sein Vater war Schuster. Im SS-Lager Schloss Katzenstein in Begunje haben ihn die Nazis eingesperrt. Da, da steht alles schwarz auf weiß.«

Sie schließt die Mappe und reicht sie Josef. »Aber wem erzähl ich das, Sie wissen das sicher alles viel besser.«

Josef schweigt.

»Pepi war als Partisan im Bunker von Schloss Katzenstein gefangen. Wegen einer slowenischen Bäuerin, die Erdäpfel ins Lager gebracht hat, hat er fliehen können. Über Kärnten, über die Soboth in die Steiermark, nach Vinzi. Er suchte Arbeit, hat gut Deutsch geredet und auf der Flucht Schuhe repariert. Mein Vater hat mir zur Feier, dass der Krieg aus war, bei Pepi mein erstes Paar Halbschuhe machen lassen. Statt Lohn hat's Verpflegung und Quartier gegeben. So haben wir uns kennengelernt …und gernhaben auch, jo.«

Sie lächelt.

»Pepi war sehr fesch und älter als ich. Ich hab ja später den Hof geerbt und er war ein fleißiger Schuster. Nach dem Tod meiner Eltern haben wir angefangen, uns was aufzubauen. Wir haben gern gearbeitet, waren am Leben, frei und glücklich. Mein Gott, war das schön. Bis zur Entnazifizierung. Wie unser Nachbar, der Florian, heimgekommen ist vom Krieg, da ist es dann losgegangen mit den Gemeinheiten. Tschuschenhur, Partisanensau, Kriegsverbrecher, Dreckskrawod[43] ... ich weiß nicht, was er uns noch alles geheißen hat. Geholfen hat uns keiner, im Gegenteil, wenn wir was gebraucht hätten, hat man es uns verwehrt, und statt zu helfen haben alle mitgelacht.«

Frau Klug nickt.

»Ich werd dich schon noch erwischen, du Partisanensau, du Mörder, dann bist dran, hat der Florian oben am Koglspitz geschrien. Die Leut haben halt auch alle ihre Probleme gehabt. Viele Väter und Ehemänner, Geliebte sind im Krieg geblieben, viele Nazi-Mitläufer sind von den Partisanen umgebracht worden, und wir beide waren glücklich. Aber mir hat das schon alles sehr wehgetan und meinen Eltern auch. Ich weiß nicht, ob Pepi etwas verbrochen hat im Krieg, wir haben nie darüber geredet ... aber ich kann es mir nicht vorstellen. Ich hab Pepi das Versprechen abgenommen, die Leut in Ruhe zu lassen, weil es eh nichts geholfen hätt. Und wie dann die Russen kommen sind, na, das war erst was. Ich mag gar net drüber reden. Wir haben einfach weitergemacht. Die Eltern sind gestorben und über die Jahre hat sich alles etwas beruhigt, aber weg war es nie. Wir waren die Tschuschen, die Partisanen. Wie die Russen abgezogen sind, ist es weiter so geblieben. Pepi wär gern

---

43 Krawod, auch Krowod: umgangssprachlich für Kroate.

zum Kameradschaftsbund gegangen, aber der damalige Kommandant hat gesagt: Nur über meine Leich. Irgendwer hat gar einmal auf Pepi geschossen, beim Heumachen.«

Müde fährt sie sich mit der Hand über das Gesicht.

»Und trotzdem haben wir ein schönes Leben gehabt. Nur keine Kinder halt. So mancher St. Vinzenzer ist heimlich zu Pepi gekommen mit seinen hinigen[44] Schuhen. Pepis Eltern sind zu Besuch gekommen und da hab ich dann zu Hause aufgekocht. Irgendwo hingehen war unmöglich. Wir haben aufpassen müssen wie die Haftelmacher[45]. Und dazwischen viel Arbeit und das Leben rinnt einem dabei durch die Finger. Bis Pepi halt krank worden ist, ich glaub, er hat es nicht ausgehalten, dass ich das alles wegen ihm erleben muss. Bauchspeicheldrüsenkrebs ... Er hat keinen leichten Tod g'habt.«

Sie beginnt zu weinen.

»Tja, so ist es, die Guten enden schlecht und die Schlechten kommen durch, oder umgekehrt«, damit schließt Frau Klug ihre Erzählung: »Jetzt wissen Sie alles.«

Josef gibt ihr ein Taschentuch. Das Weinen eines alten Menschen hat ihn immer schon tief berührt.

»Eine verrückte, eigentlich auch schöne Geschichte«, murmelt er. »Und wer ist Mimi?«

»Hm.« Frau Klug wischt sich die Augen und schnäuzt sich. »Der Florian hat einen Sohn gehabt, den Ferdl, einen lieben, aber scheuen Buben. Florian hat ihn von Anfang an an die Kandare genommen. Nachdem er von Krieg heimkommen ist, wollt er seinen Buben in ›eine brauchbare

---

44 Hinig: kaputt.

45 Haftlmacher (machten früher die Häkchen für die Kleidung), also ganz besonders gut aufpassen.

Form‹ bringen, wie er gesagt hat. Durch Schläge, Arbeit und kein Geld. Die Mutter hatte sowieso nichts zu reden, nur zu arbeiten, bis sie viel zu früh gestorben ist. Wir haben das als Nachbarn ja alles mitgekriegt. Ferdl hat dann irgendwann auf einem Feuerwehrfest die Mimi kennengelernt. Ein fesches, aufgewecktes junges Dirndl. Die beiden haben sich verliebt, sie war aus dem Nachbardorf. Kleinkeuschler wie wir. Irgendwann ist die Mimi zum Ferdl auf den Hof und hat fleißig mitgearbeitet. Jeder hat sie gerngehabt. Die zwei sind oft zu uns gekommen. Das hat dem Florian nicht gepasst und er hat seinen Buben zur Rede gestellt oder oft gleich zug'haut. Auch der Florian hat die Mimi gerngehabt, aber auf seine Art.«

Frau Klug lacht bitter.

»Auf seine Art, ja, man erzählte sich, dass Florian sich an Mimi herangemacht hat. Ferdl hat das gemerkt, aber sein Vater war stärker … Mein Gott, wie oft war der Bub beim Pepi und hat ihm davon erzählt. Aber machen … was hätten wir machen können? Irgendwann ist der Pepi doch zum Florian und hat ihn zur Rede gestellt. Er hat Pepi rausgeschmissen. Als die jungen Leut heiraten wollten, ist die Mimi verschwunden, am Tag der Hochzeit, einfach so, auf Nimmerwiedersehen, im Brautkleid.«

Frau Klug beginnt wieder zu lachen.

»So erzählt man es sich, wer's glaubt, wird selig. Eigentlich hat es jeder gewusst, der es wissen wollte, dass Florian ihr etwas angetan hat, wir auch!«

Josef legt ihr die Hand auf die Schulter. Frau Klug haut sich mit der rechten Faust ganz fest auf die Herzseite ihrer Brust.

»Auch ich«, wiederholt sie ganz laut. »Auch ich! Als Mimi nicht mehr auftaucht, verzweifelt der Ferdl an der

Geschichte und hängt sich auf. Jeder in Vinzi kennt die Geschichte, ein jeder, aber keiner hat den Mund aufgemacht aus Angst vor dem Florian. Wir auch nicht … ich auch nicht. Das kann jeder wissen.«

Die Tränen rinnen ihr übers Gesicht.

»Aber jetzt kommt endlich alles an den Tag, endlich Monatsende, der Letzte, die Abrechnung. Endlich. Jetzt … *Bog je pavičen*«, sie muss lachen, »jetzt auf einmal … ganz zufällig … *Bog je pavičen*. – Gott ist gerecht. Ganz früh nach dem Feuerwehrfest bin ich in der Morgendämmerung, weil ich nicht mehr schlafen konnte, in den Höllgraben auf die Pirsch, um meinen Bock anzusprechen. Und ich wollte noch aus der Fichtenjugend die Dornen aushacken mit dem Spitzmesser, das ich unter einer kleinen Fichte versteckt hatte. Da hörte ich ein Röcheln, ein Jammern im Wasserspüal. Und da liegt der Florian im Dreck, blutig in seiner Uniform. Blut aus Nase und Mund. Und sein Gesicht war geschwollen und den Haxen hat er sich verdreht. Ich schau ihn an, er streckt sein rechten Arm nach mir aus. ›Hilf mir auf‹, er hat nicht gebeten, er hat befohlen!«

Sie macht eine kurze Pause.

»Ich hab mein Spitzmesser in der Hand. Florian sieht's und lacht. ›Willst mich erschlagen? Glaubst, ich hab Angst vor dir? Hilf mir hoch, du Tschuschenhur, oder …‹, und wieder keine Bitte, nur Befehl. ›Oder?‹, frag ich, ›was willst sonst machen?‹ Er wollt allein hochkommen und lacht immer noch. ›Komm her, greif an!‹ Er streckt mir wieder seinen Arm entgegen. – Ich wollt ihm helfen, ehrlich, aber irgendwie hab ich nur sein Schimpfen von früher im Jetzt gehört. Ich seh Pepi vor mir, wie er unter dem Ganzen gelitten hat, den Ferdl, die Mimi … ›Jetzt greif scho an, du alter Tschuschentrampel‹, hat er geschrien, ›greif an!‹

Wie ein Viech hat er geschrien. Ich schau ihn an, wie er hilflos im Dreck steckt. – ›Wie war das mit der Mimi und dem Ferdl?‹, frag ich. – ›Das geht dich nix an! Greif her ... oder ...‹ – ›Oder was? Traust dich eh nur auf Wehrlose losgehen. Du alter Hurnsbock, du, du Mörder, du Nazi‹, hab ich ihn angeschrien, so laut ich können hab. – ›Was willst, das Mädl hat endlich an Mann braucht, nicht so einen Versager wie mein Buben!‹ – ›Und du hast es ihr gezeigt?‹ – Florian lachte, und wie! ›Und hast sie gleich umgebracht?‹ – ›Gezeigt hab ich es ihr, ja, aber umgebracht hab ich sie nicht. Die dumme Kuh ist wie verrückt in den Höllgraben gerannt und hat sich das Genick gebrochen. Ich hab sie in den Sumpf gezogen und da eingegraben. Willst noch was wissen? Und jetzt hilf mir.‹«

Sie erzählt mit großer Klarheit weiter.

»Er hat mich angegrinst, als wäre alles nix ... das war so erniedrigend. Da hab ich ihm mit dem Spitzmesser auf den Kopf gehauen und noch einmal, bis er sich nicht mehr bewegt hat. Ich wollte das nicht, aber ... Pepi hätt es sicher auch nicht gewollt ... *Bog je pravičen ... To je za Pepi.* – Das war für Pepi. Sonntag Früh hab ich dann das Messer geholt. Und alles andere kennen Sie.«

Josef überlegt.

»Sie haben sich das Spitzmesser angeschaut, während Sie dachten, dass ich schlaf. Ich hab Sie beobachtet, Josef. Machen Sie jetzt mit mir, was Sie wollen und müssen, ich freue mich, dass alles an den Tag kommt, mir ist alles egal, jetzt ist mir leichter, ich kann wieder in den Spiegel schauen.«

Josef überlegt etwas: »Warum haben Sie sich nicht gleich gestellt? Was wär Ihnen schon passiert in Ihrem Alter und mit dieser Geschichte? Ich glaube, gar nichts wäre passiert, aber es wäre wirklich ein für alle Mal geklärt und ich hätte

Ihnen sicher helfen können. Aber so ...« Josef wollte »... so sind Sie eine Mörderin« nicht aussprechen.

»Ich weiß nicht«, sagt Frau Klug, »ich weiß es nicht. Wie ich danach aus dem Höllgraben gekommen bin, weiß ich nimmer, aber als ich wieder bei mir war, war mir leichter. Nur umbringen wollt ich ihn nicht, das müssen Sie mir glauben.«

»Kommen Sie«, sagt Josef ruhig. Er reicht ihr seine Hand, um ihr hochzuhelfen. »Haben Sie heute schon Kaffee getrunken?«

»Na«, antwortet Frau Klug.

»Das trifft sich gut. Ich auch nicht.«

»Dann mache ich welchen«, sagt Frau Klug.

Josef wählt am Handy Karins Nummer: »Ich habe sie gefunden, ja, alles in Ordnung, bis später, ich schicke dir einen Kuss.«

31

Wie der Noch-Ermittlungsbereichsleiter Puderer auf seiner letzten Pressekonferenz in St. Vinzenz doch weissagend recht hatte: In St. Vinzenz werden noch genug Leichen gefunden werden! So geschah es nun auch.

Wer und was, aus welcher Zeit und ob nicht doch der Teufel im Spiel war, weiß man nicht, noch nicht. Im gerichtsmedizinischen Institut wird vorerst das erste Skelett, das der Frau, forensisch untersucht und einer gentechnischen Analyse unterzogen. Der Todeszeitpunkt liegt in etwa vierzig Jahre zurück. Als Todesursache wird Genickbruch festgestellt. Ob Gewalteinwirkung oder nicht, weiß man noch nicht. Auch ein Zahnabdruck wird gemacht. Beides soll in den nächsten Tagen mit der forensischen Datenbank in Wien abgeglichen werden. Man hofft, so auf die Identität der Frau zu stoßen. Alter und Geschlecht sind geklärt.

Sein Noch-Chef Puderer hat dem designierten Ermittlungsbereichsleiter Huber die neue Aufgabe zugeteilt, denn Puderer wird doch schneller als erwartet zum neuen Landespolizeidirektor der Steiermark ernannt werden.

Der Landeshauptmann, auf die neuen Funde in St. Vinzenz angesprochen, bedankt sich auf einer Pressekonferenz bei der Polizei: »Das, was ich höre, erschreckt mich. Wäre ich momentan nicht Vorsitzender der Landeshauptleutekonferenz, wäre ich schon längst in St. Vinzenz und würde den Menschen beistehen. Aber es steht einfach zu viel für die steirische Wirtschaft auf dem Spiel und der Tag hat nur vierundzwanzig Stunden. Doch es wird bald wieder Ruhe einkehren in meiner geliebten Südweststeiermark. Meine Damen und Herren, ich werde alles Menschenmögliche tun, damit diese Ungeheuerlichkeiten aufgeklärt werden, das können Sie mir glauben. Ich bin der Landeshauptmann und die Sicherheit unseres Landes hat für mich oberste Priorität. Es hat sich gezeigt, dass mit der auch von mir mitgetragenen Polizeireform eine effiziente, schlagkräftige Exekutive für die steirische Verbrechensbekämpfung geschaffen wurde, und besonders bedanke ich mich bei unserem Ermittlungsbereichsleiter, Herrn Puderer, der, so viel kann ich schon verraten, Ihnen sehr bald in einer neuen, wichtigen Funktion für eine sichere Steiermark begegnen wird.«

Es wird im ORF und in allen Medien bundesweit über die Skelettfunde berichtet. Die Menschen in St. Vinzenz sind beunruhigt. Kein Wunder bei den Mutmaßungen, die zu lesen, zu hören und zu sehen sind. Sind Mörder unter uns? Und wer schützt uns in Zukunft?

Nicht nur in der Weststeiermark, im ganzen Land herrschen Aufregung und Angst. Der Waffenhandel, legal oder illegal, floriert, gar Stahlhelme und schusssichere Westen sowie Lebensmittel, vor allem Toilettenpapier und Gulaschsuppe in Dosen, werden gehortet. Keller werden zu Schutzräumen umfunktioniert. So viele Leichen in diesem kleinen Graben in diesem so schönen Landstrich St. Vinzenz!

Dem Landeshauptmann bereitet diese unsichere Stimmung seiner Steirer große Sorgen, denn dagegen haben seine Spindoktoren noch kein Mittel. Jedoch in Absprache mit seiner Stellvertreterin, der Tourismuslandesrätin, finden sie auch Gutes an dieser Situation: Der Widerstand gegen die Zusammenlegung von West und Süd wird weniger.

Der doppelte Obmann Kurzmann und seine Buschenschänkler überlegen krampfhaft, was sie aus dieser eigenartigen Situation an finanziellem Profit ziehen könnten.

»So wie ich das sehe, fällt das bald auf unser Geschäft zurück. Wer will denn noch hierherkommen, wenn überall Skelette wie Kraut und Rüben herumliegen? Ein Mord ja, meinetwegen, aber gleich ein ganzer Haufen? Soviel man weiß, war in St. Vinzenz in der Nazizeit und im Krieg einiges los. Da hat es schon einige regionale Groß-Nazis gegeben, an die man sich heute ungern erinnert. Volksschuldirektor, Arzt, Bürgermeister, Lehrer, Bauern, Weinbauern und und und, alles Nazis, NSDAP-Mitglieder und sogar SS-Männer. Das ganze Nazi-Gesindel«, wie Bürgermeister Loch es frei heraus sagt. »Das haben wir grad noch gebraucht! Und wenn nun durch diese Funde unsere Ortsgeschichte öffentlich umgegraben wird«, meint er zum doppelten Obmann, »na dann gute Nacht, St. Vinzenz!«

Vorschläge der Buschenschank- und Weinbaukollegen, dem Ganzen durch eine Werbeaktion zuvorzukommen, sind rar und dumm. Von »Die Höllgräber von St. Vinzenz«, einer möglichen ORF-Dokumentation, bis zu einer historischen Schilcher-Mörder-Mystery-Erlebniswanderung in St. Vinzenz gibt es vieles, was den Stand der Intelligenz mancher Buschenschänkler widerspiegelt. Aber nichts, das dem doppelten Obmann als wirksame Maßnahme sinnvoll erscheint. »Erst einmal, glaube ich, sollten wir versuchen, das Ganze herunterzuspielen, dem Ganzen den Wind aus den Segeln zu nehmen. Was weiß man schon, was und wer da alles im Krieg als Nazi in St. Vinzenz und im Höllgraben herumgefuhrwerkt hat. Die meisten St. Vinzenzer Zeitzeugen sind sowieso zu alt oder schon tot. Zuerst müssen wir die Medien auf unsere Seite bringen.«

Der doppelte Obmann schlägt ein Pressefrühstück in seinem Buschenschank vor. »Ohne Bürgermeister, ohne Politik, einzig wir und die Presse allein. Kurz und schmerzlos. Auch das Land und die Tourismustussi lassen wir draußen. Die sind sowieso froh, wenn alles ohne sie erledigt wird. Die haben eh mit den scheiß Wahlen genug zu tun. Den ORF brauchen wir aber. Ich weiß schon, wie wir das Ganze angehen«, lacht der doppelte Obmann.

Seine Kollegen vom Tourismus- und Weinbauverein danken es ihm mit tosendem Applaus. »Ja, genau, deshalb ist er unser Obmann, der spürt es im Urin«, loben ihn die Buschenschänkler und Weinbauern. Dass ihnen sein selbstherrliches Treiben immer mehr gegen den Strich geht, können sie noch zurückhalten. Denn der Umsatz stimmt, warum also schlafende Hunde wecken?

Aber auch die national-traditionelle Partei WIR SIND DAS SCHILCHERLAND unter Max spürt eine einmalige Chance für ihre politischen An- und Absichten, an dem Kuchen mitzunaschen. Zwar haben sie in letzter Zeit Widerstand von einigen jungen Weinbauern, die mit der Art, wie Max den Verein führt, nicht zufrieden sind, aber: »Die Rotzlöffel[46] hab ich im Griff«, sagt Max.

»Der Tote kann ein slowenischer Partisan gewesen sein«, meint Max im Tankstellen-Tschecherl, »der mit seinem Tschuschengesindel unser St. Vinzenz nach dem Krieg in die Štajerska einkassieren wollte. Oder Russen, die sich an Menschen in St. Vinzenz vergangen haben.« Er beschließt ein geheimes Treffen mit Obmann Kurzmann: »Vielleicht können wir das Problem für uns zwei nutzen …«

Bürgermeister Loch macht diesmal etwas sehr Richtiges, er lässt dem Ganzen aus der Ferne seinen Lauf und mischt sich erst einmal nicht ein. Was hätte er auch ändern können? In Interviews gibt er sich betroffen und pocht auf schnelle Aufklärung der Fälle, um Ruhe und Verständnis in der Bevölkerung.

Als er einmal auf den Landeshauptmann hinweist, der ja für die Landessicherheit zuständig ist, bekommt er von der Tourismuslandesrätin und Landeshauptmannstellvertreterin einen telefonischen Rüffel: »Halt uns ja aus deinem ganzen Ballawatsch raus. Das können wir jetzt im Wahljahr nicht brauchen.«

Ermutigt von seiner Frau Maria verweist der Bürgermeister aber immer wieder direkt oder indirekt auf den Landeshauptmann, den zukünftigen Landespolizeidirektor sowie auch auf die Landesrätin für Tourismus.

»Ich bin ja nur ein kleines Rädchen«, sagt Bürgermeister Loch bei Interviewanfragen. »Die Landesregierung oder die

---

46 Rotzlöffel: abwertend für junge überschwängliche Frechdachse.

Landespolizeidirektion kann Ihnen sicher genauere Auskunft geben.«

Rote, Grüne, Pinke und Kommunisten sind in St. Vinzenz zu machtlos, als dass sie mitmischen könnten, obwohl Einzelne gerne wollten. Und natürlich hat Bürgermeister Loch von dem Pressefrühstück erfahren, zu dem er nicht geladen ist. Im Grunde ist es ihm egal ... aber warum nicht reingrätschen? Und wenn nur aus Spaß an der Freud?

Von Kurzmann eingeladen, gibt ein Hobbyhistoriker aus Graz Auskunft über die Situation von St. Vinzenz in der NS-Zeit. Er erklärt, dass die St. Vinzenzer Nazis, wenn es sie überhaupt gegeben hat, kaum Einfluss und keine wie auch immer geartete Möglichkeit hatten, in St. Vinzenz und der Region etwas anzurichten. »Dazu wären sie zu kleine Lichter gewesen«, erklärt der Hobbyhistoriker in seinem Vortrag lächelnd. Es war seiner Kenntnis nach eher umgekehrt. Die meisten St. Vinzenzer waren tapfer gegen die Nazis, brave Bürger, die nur ihre Pflicht taten. Schon eher waren slowenische Partisanen oder russische Besatzer zu Gräueltaten an der Bevölkerung fähig. Da würde man sicher fündig.

Kurzmann und auch Max und das Publikum sind mit dieser Erklärung zufrieden. Besonders Max: »Irgendwann muss ja Schluss sein mit dieser ganzen Nazi-Scheiße«, murmelt er. »Schwamm drüber, damals war damals und heute ist heute, punktum.«

Ein allen unbekanntes Pärchen lauscht den Ausführungen, während man sich Schilcher und eine Brettljause gönnt.

»Entschuldigen Sie«, meldet sich der Mann plötzlich vorsichtig und bedacht zu Wort, »meine Frau und ich sind rein zufällig heute hier vorbeigekommen, um einige

Schmankerln und die herrliche Region zu genießen. Aber was ich da höre, betrifft mein Spezialgebiet. Und wenn Sie erlauben, könnte ich etwas zur Klärung beitragen, aber nur, wenn es Ihnen recht wäre?«

Der doppelte Obmann und Max schauen sich an und nicken sich zu.

»Sehr gut«, sagt Justus Kurzmann etwas genervt, »wenn es der Wahrheitsfindung dient.«

»Mein Name ist Doktor August Kerner, ich bin Historiker und Leiter des Grazer Ludwig-Boltzmann-Instituts für Kriegsfolgenforschung.«

Es gehen Ahs und Ohs durch die Reihen der Anwesenden. Max und der doppelte Obmann schauen sich an und ahnen nichts Gutes. Professor Kerner ist für die Presse kein Unbekannter. Er behauptet prompt das Gegenteil des vorher Gehörten und legt seinem Hobbykollegen sogar Originalfotos und Schriftverkehr von einigen durchaus regionalen, machtvollen Nazis aus St. Vinzenz vor: einem Arzt, einem Volksschuldirektor, Lehrer, von SS-Männern und regionalen Kriegsgewinnlern. Und er erzählt auch von Gerüchten über einen Mord an einem russischen Besatzungssoldaten nach dem Krieg in St. Vinzenz.

Kurzmann und Max wie auch die Zuhörer sind darüber erstaunt, warum der Mann gerade heute hier ist und auch gleich Beweise mithat? Hin- und hergerissen von Nazis ja, Nazis nein, Hobby- oder Fachhistoriker, wissen die Journalisten nicht, wie sie berichten sollen. Und so halten sie sich sicherheitshalber an die Unterlagen, die der Boltzmann-Historiker für sie mitgebracht hatte. Und die sind beachtlich.

Die vierte Gewalt im Land hat in letzter Zeit genug Prügel für geschönte oder vertuschte Nazigeschichten der

Vergangenheit bezogen. Tatsachen waren: ein erschossener Tourist, ein erschlagener Einheimischer, eine wahrscheinlich tödlich verunglückte Einheimische. Zusätzlich gab es noch ein Skelett, das noch nicht identifiziert und zuordenbar war. Dass der doppelte Obmann Kurzmann wie so oft versucht, sowohl den Wissenschaftler als auch die Journalisten mit Weingeschenken zu bestechen, klappt diesmal nicht.

Josef hat das Ganze vom Eingang, von einem Stehtisch aus, mit Bürgermeister Loch, der etwas zu spät kam, beobachtet. Der Wissenschaftler bedankt und entschuldigt sich, sich eingemischt zu haben. »Aber wenn es um mein Spezialgebiet geht, kann ich leider nicht anders.«

Er bricht mit seiner Frau auf.

»Übrigens«, sagt der Wissenschaftler Richtung doppelten Obmann, »übrigens gratuliere ich Ihnen zum Wein, zum Essen und vor allem zu dieser so wunderbaren Landschaft.« Er begrüßt Bürgermeister Loch zum Abschied noch. Sie reichen sich die Hände.

Zu gefährlich ist das Thema für die Medien, immerhin geht es um Mord, wenn nicht um Massenmord, sollten noch andere Skelette gefunden werden. Die Medienhäuser schreiben große Verluste, da sollte man vorsichtig sein und nach einer wilden Zeit der Fake News wieder zur Wahrheit zurückkehren, um keine Leser zu vergraulen.

Der doppelte Obmann macht gute Miene zum bösen Spiel und Max zieht sich, ohne Auf Wiedersehen zu sagen, zurück.

Fritzl, der vor dem Buschenschank angebunden ist, ist schon ganz wild aufs Schwammerlsuchen, als Josef herauskommt. Josef will aber erst nach Frau Klug schauen. Sie sitzt im Garten mit einem Glas Schilcher und starrt vor sich hin. Lena rekelt sich neben ihr am Boden, der alten Katzendame tun die Herbstsonnenstrahlen gut.

»Geben Sie mir das Spitzmesser und das Tuch«, sagt Josef.

Sie steht, ohne etwas zu sagen, auf und bringt es ihm in einem Plastiksack. »Was passiert jetzt mit mir?«, fragt sie, während er die Tatwaffe untersucht.

»Einstweilen gar nichts. Sie und ich, wir beide wissen Bescheid und sonst niemand.«

Sie schaut ihn ungläubig an. »Und dann?«

»Sehen wir dann, wenn es so weit ist«, sagt Josef.

»Ich bin vorbereitet, alles anzunehmen«, sagt Frau Klug.

»Egal, wer auch immer fragt, Sie sagen kein Wort«, beschwört Josef sie eindringlich. »Versprochen?«

»Ja«, sagt Frau Klug nach einer Pause, »aber Sie müssen sich nicht für mich in Gefahr bringen.«

»Fritzl und ich gehen jetzt in den Wald, um Pilze zu finden. Und ich hoffe, Sie bereiten sie mir dann zu?«

»Ja, sehr gerne«, sagt sie und lächelt.

»Aber vorher bitte noch ein kleines Glas Schilcher.«

Fritzl bellt ungeduldig, er spürt, dass es nun endlich in den Wald geht. Frau Klug schenkt ein, Josef trinkt und schüttet in seine Hand etwas Schilcher, den Fritzl mit Genuss ausschlabbert. Spitzmesser und Tuch nimmt Josef mit sich.

32

Nachdem man alle Datenbanken durchgesehen hat, weiß man, dass es sich bei der Toten wahrscheinlich um die vor vierzig Jahren verschwundene Maria Holzinger, genannt Mimi, handelt. Viele ältere St. Vinzenzer erinnern sich nun plötzlich doch an die Gerüchte, dass Florian Maria zum Sex gezwungen hat und dass er sie vielleicht ja doch umgebracht hat. Sein Sohn Ferdl hätte alles gewusst und sich aus Scham erhängt. Aber niemand konnte und kann es beweisen. Und nun hat jemand Mimi und Ferdl gerächt und den alten Florian umgebracht. Aber wer und warum erst jetzt?

Jeder alte Mensch in St. Vinzenz trägt die schwere Last, Mitwisser zu sein. Der neue Ermittlungsbereichsleiter Huber gibt seine erste Pressekonferenz im Schilcherland-Saal. »Wir haben alles versucht, Spuren einer Tat zu finden«, sagt er entgeistert. »Es könnte ja auch ein Unfall gewesen sein. Der Höllgraben ist an der tiefsten Stelle im Wasserspüal breit und sumpfig und wenn man stürzt, kann man sich leicht das Genick brechen. Aber die Frage ist: Warum war sie im Brautkleid und wer hat sie vergraben? Wir werden dem Fall Maria Holzinger sowie den beiden anderen mit allen Möglichkeiten, die wir haben, nachgehen und hoffen, bald Positiveres zu verkünden. Was den neuen Skelettfund betrifft, sind wir auf einer interessanten Spur. Ich kann nur so viel sagen, dass da offensichtlich ein Mann mit eingeschlagenem Schädel vergraben worden ist. Herkunft und Alter lassen sich noch nicht festlegen, aber zeitlich war es um einiges früher als bei Maria Holzinger. Wenn Klarheit herrscht, werden wir Sie sofort informieren. Wenn Sie zweckdienliche Hinweise haben, bitte melden Sie sich im Schilcherland-Saal in St. Vinzenz oder in der Landespolizeidirektion Graz. Ach ja«, Huber greift noch einmal zum Mikro, »mittlerweile wissen wir, dass die Tatwaffe für den Liebesmord aus Wien stammt, von einem Überfall auf eine Polizeidienststelle. Ich danke.«

Wie sollte da in St. Vinzenz Ruhe, Ordnung und Gelassenheit einkehren? Viele Weinbauern haben mittlerweile schon die Schnapsbrennkessel angeheizt. Es geht auch im St. Vinzenzer Ortsleben brennheiß zur Sache. Jeder verdächtigt jeden. Gerüchte schwirren herum. Man beschuldigt sich, zeigt sich wegen Kleinigkeiten gegenseitig an und manch einer droht gar mit einer Waffe im falschen Moment. Aber das wundert niemanden, wie Frau Klug sagt: »Der Vinzenzer ist unberechenbar wie sein Schilcher.«

Da die Buschenschänken langsam in den Wintermodus wechseln, sind es Rechtsanwälte, die nun in St. Vinzenz am besten verdienen. Im Vergleich zu der Zeit nach den ersten zwei Morden hat nun auch der Fremdenverkehr nachgelassen.

Franz und Veverl lösen den Mietvertrag mit der alten Trafik und arbeiten wieder gemeinsam auf ihrem kleinen Hof. Sein Rennrad wird eingeölt und auf dem Dachboden eingewintert. Endlich sucht er einen Augenarzt auf, der ihm eine stärkere Brille verschreibt. Der Kontaktaufnahme mit ihrer Tochter spielt der Umstand, dass sie ohne fixen Partner schwanger ist, in die Hand. Trotz dieses für sie widrigen Umstandes freuen sich die Eltern, dass ihre Tochter wieder zu Hause ist und sie bald zu viert sein werden. Ihr Studium hat Zeit.

Slavkos und Marizas einziger Sohn Milan führt den Buschenschank seiner Eltern mit seiner jungen Frau – und das, durch Slavkos Geld abgesichert, großzügig und gut. Slavko keltert wie gewohnt Klug Mames Schilcher und Josef hilft ihm dabei. Frau Klug hat wieder Dumme für die Ernte der kleinen Vogelbeeren und Holzäpfel gefunden. Josef und Karin sammeln die Kriecherl und Zwetschken, um sie zu maischen.

Alle Obst- und Weinarbeiten sind auf der Sommerhansl-Keusche erledigt. Alle könnten sich nach einem verrückten Jahreslauf zurückziehen und sich zu Recht oder Unrecht auf einen ruhigen Winter freuen.

Doch es ist anders.

Unruhe, Unlust, Misstrauen, Unmut, überall Stillstand. Nur Slavko bereitet sich auf sein Hobby, die Wurst- und Schinkenexperimente, vor. Traditionell findet um diese Zeit das erste Treffen der Theaterrunde St. Vinzenz im Schilcherland-Saal statt. Gegeben werden soll wie immer ein ländlicher Schwank. Lustig, etwas frauenfeindlich und natürlich mit viel Sex. Vor einigen Jahren schon hatte der Landesspielleiter sein Glück versucht, etwas anspruchsvollere Stücke zu etablieren, aber er hat es bald aufgegeben. Die Runde liebt ihre Schwänke und das St. Vinzenzer Publikum dankt es ihr mit großem Zulauf.

Für dieses Jahr hat man den Schwank »Da Jaga Franzl und sein spätes Glück« ins Auge gefasst. Ein Stück über Jäger, Wilderer und schmachtende Dirndln, die erobert werden wollen wie eine Gams oder das Edelweiß.

Pfarrer Schwintzerl wird heuer neuerdings die Regie übernehmen. Es war ihm schon lange ein Bedürfnis, etwas künstlerisch zu arbeiten, und Theater hat ihn aufgrund des theatralischen Ursprungs der Riten in der heiligen Messe immer schon interessiert.

Um die männliche Hauptrolle stritten sich Slavko und Franz. Schwintzerl sollte entscheiden. Und für die weibliche Hauptrolle hatten alle Valentina im Auge. »Die ist richtig, die passt genau«, das unterstützte jeder. Sie freute sich darüber, denn endlich stand auch sie einmal gebührend im Mittelpunkt. Pfarrer Schwintzerl konnte die Runde leider nicht davon überzeugen, die Situation, in der sich St. Vinzenz befand, in das Stück einzubauen. So musste er in den sauren Apfel beißen. Er entschied sich, nach vielen Interventionen von Franz, für Franz als den Jaga Franzl. Slavko war Schwintzerl nicht nur sprachlich zu unberechenbar. Seine Lieblingsbesetzung wäre Bürgermeister Loch gewesen, aber der lehnte dankend ab.

Reserl, die Pfarrersköchin, war etwas unglücklich über die Entwicklung der ganzen Geschichte. »Wie lässt sich der Blödsinn mit der Lehre Christi vereinen?«, fragte sie besorgt. Die sexuellen Anspielungen konnte sie ja noch hinnehmen, aber Frauenfeindlichkeit? »Nein«, redete sie weiter, »das darfst du als Mann Gottes nicht unterstützen!«

»Reserl«, begann Pfarrer Schwintzerl ruhig zu seiner Köchin zu sprechen, »du hast recht, aber es ist ein Ventil für die Unbelehrbaren, ebenso wie die sexuellen Anspielungen. Sie lachen über Dinge, die in ihnen stecken und die sie sonst nie loswerden können. Dabei kann ich ihnen helfen und überdies ist das allemal noch besser als Krieg. Schau, Reserl«, er streicht ihr dabei mit seiner Hand über die Wange, »schau, wir haben doch alle unsere Achillesfersen, der Unterschied zwischen ihnen und uns ist, dass wir mit Gott darüber reden können. Lass ihnen doch ihre Möglichkeit. Außerdem macht es mir Spaß und ich werde sehr aufpassen, dass es nicht ausufert ... und zur Not habe ich ja dich.«

33

Das Schlachten eines Schweines, der sogenannte Sautanz, findet am besten im Winter statt, wegen der natürlichen Kälte. Er beginnt morgens noch in der Dunkelheit gegen vier Uhr. Das Mangalitza-Schwein, das Slavko schon einige Tage vorher aus der Štajerska geholt hat, bekommt am Vorabend der Schlachtung noch gutes Fressen.

»Mangalitza-Sau von Janko aus Ptuj ist beste Sau von Welt«, sagt Slavko, »hat viele dicke Speck, gesunde Speck! Ist die einzige Speck mit viel gesättigte Fettseiren und Fleisch hat beste Geschmack, mmmh, prima.«

Gegen vier Uhr morgens wird in der Saukuchl im Schweinestall der Heißwasserdämpfer angefeuert. Das ist Marizas Arbeit. Der Haartrog, in dem die Sau für das Enthaaren in heißes Wasser getaucht wird, wird Tage vorher schon von den Männern mit Wasser vollgelassen, damit sich die Spalten der Holzbretter schließen und er das Wasser hält. Den Sauschragen, auf dem die Sau schließlich aufgearbeitet wird, holen sie vom Heuboden, entstauben ihn im Hof von Slavkos Buschenschank und stellen ihn auf.

Routiniert wird das Schwein ohne Schläge und Aggression von Slavko, Franz, Max und Josef aus dem Stall getrieben. Slavko singt dabei ein slowenisches Liebeslied. Max setzt den Schussapparat dem Tier fachgerecht auf die Stirn. Dabei murmelt er leise etwas von »brav« und »gleich ist es vorbei« und »wutscherl wutscherl wutscherl« und *Peng* – hat er abgedrückt und die Sau fällt. Nun muss alles sehr schnell gehen. Slavko nimmt Max den Schussapparat aus der Hand und gibt ihm das Stechmesser. Dann kniet sich Max hinter das linke Schulterblatt der Sau und trifft dem noch zappelnden Tier mit dem Hals-Brust-Stich ins Herz. Mariza kommt mit einer Schüssel hinzu und fängt das spritzende Blut auf, so lange, bis die Sau ausgeblutet hat. Einzelne Nerven verursachen noch Körperzuckungen und Mariza muss aufpassen, dass ihr die Schüssel dadurch nicht aus den Händen geschlagen wird. Sie rührt dazwischen mit dem Schneebesen das Blut, damit es nicht stockt, bis es ausgekühlt ist, und mancher Blutspritzer landet zur Gaudi aller dabei auf ihrem Gesicht. Das Schwein, um die zweihundert Kilo schwer, wird von allen gemeinsam in den Haartrog gerollt und mit brühend heißem Wasser aus dem Kessel übergossen. Bevor sie den Kadaver mit Kolophonium, Baumharzmehl, bestauben, stoßen sie noch mit einer Runde Zwetschkenschnaps auf die brave Sau an: »Danke an das Tier für sein Opfer!«

Dann beginnen die vier Männer, mit alten geschärften Suppenlöffeln die Schicht Sauborsten, die bei Mangalitza-Schweinen um einiges dichter ist, von der Schwarte zu kratzen. Slavko denkt auch dabei an Klug Mame und nimmt ein kleines Büschel Sauborsten vom Rücken, um diese für sie zu trocknen. Dort, wo das Entborsten mit den Löffeln nicht funktioniert, wird mit einem scharfen Messer nachgebessert. Franz und Josef stellen den Sauschragen neben den Sautrog und wälzen den schweren Kadaver auf »eins, zwei, drei« vom Trog auf den Schragen. Nachdem Slavko der Sau aus Dank mit dem Messer auf dem Bauch ein Kreuzzeichen eingeritzt hat und die Sau damit traditionell segnet, weist er Max an, wie das Schwein aufgeteilt werden soll. Inzwischen bereitet Mariza in der Küche den Bluattommerl vor. Dieser Blutkuchen ist die erste Jause für alle, die am Sautanz beteiligt sind. Nach zirka zwanzig Minuten, wenn Slavko, Josef und die zwei Helfer um den Tisch sitzen, kommt der heiße, außen knusprige, innen wie ein Soufflé weich aufgegangene Tommerl auf den Tisch und jeder sticht sich löffelweise etwas davon heraus. Dazu gibt es Schwarzbrot, aber diesmal keinen Schilcher, sondern Schnapstee. Traditionell ein Häferl mit heißem doppeltgebranntem Schnaps, dazu etwas dampfenden, konzentrierten Schwarztee mit viel Zucker. Das stärkt die Männer für die weiteren Arbeiten an der Sau.

Das übrige Blut wird zu Breinwürsten verarbeitet. Es müssen Därme gewaschen und die Schwarten vom Speck abgezogen werden. Traditionell schneidet Max vom noch lebenswarmen dicken Rückenspeck eine Schnitte ganz dünn herunter, teilt sie zum Staunen der anderen mit Slavko, um sie roh zu essen.

»Is a guta, frischa Mangalitza-Speck.«

Die einzelnen Fleischstücke werden im Faszienverlauf getrennt und der Speck von Mariza inzwischen gemahlen, um Grammeln zu bekommen und weißes Schmalz. Viel Arbeit für alle, aber für Wurst- und Schinkenspezialitäten ist Slavko die eigenhändige Verarbeitung wichtig.

»Is ganz Bio, slowenische Mangalitza-Bio-Sau, wie von Urgroßvata in Brda Karst«, sagt Slavko stolz.

Die gröbsten und wichtigsten Arbeiten sind getan und bald macht die Schnapsflasche zur Feier des Tages wieder die Runde. Mariza hat inzwischen kleine Stücke Schnörkelfleisch, das beim Zerlegen abgefallen ist, mit viel Knoblauch und Kümmel in der Rein angebraten, für das späte Mittagessen. Dazu gibt es Schwarzbrot und Endiviensalat mit Mostessig und Kernöl.

Wenn letztendlich alles unter Dach und Fach ist, holen die Männer die Spielkarten hervor und beginnen mit dem Bauernschnapsen bis spät in die Nacht hinein. Der Schnapstee tut ein Übriges. Nur Mariza hat, wie es Hausfrauen beim Sautanz zusteht, noch einiges mit Putzen und Verstauen zu tun. Und als die Männer später am Abend Hunger bekommen, röstet sie ihnen noch schnell etwas frische Leber.

34

Irgendwie hat sich nach der Beichte von Frau Klug die Stimmung zwischen Josef und ihr etwas verändert. Die Leichtigkeit ist weg. Nach wie vor macht sie Josefs Wäsche, räumt auf, putzt und kocht. Das vertraute Verhältnis zwischen Josef und der alten Frau scheint aber in Gefahr.

Hat sie mir wirklich die Wahrheit erzählt, denkt Josef. In manchen Momenten sieht Frau Klug nicht ein, dass sie wegen des Mordes an diesem Verbrecher ihr restliches Leben ein schlechtes Gewissen und Schuldgefühle haben soll. Nur Karin, die das Geheimnis nicht kennt, ist unbedarft. Sie haben ihre Freude aneinander.

»Ich will Ihnen, euch, schon lange das Du-Wort anbieten, wenn es euch recht ist.«

Josef freut sich und Karin nickt.

»Sehr gerne. Karin, Josef und Franziska, Prost!«

»Prost!«

»Prost!«

Franziska bringt Karin das Sauerkraut-Einschaben bei und während sie das Kraut zerkleinern, kommen sie ins Reden. Sie sieht in Karin eine Tochter.

»Mein Pepi hätt dich sicher auch sehr gerngehabt. Leider haben wir keine Kinder. Nach dem Krieg haben wir gearbeitet, und dann, ich weiß auch nicht, waren wir irgendwie zu alt, gelt, *moje srce?*« Franziska schaut in den Himmel.

Karin nimmt die alte Frau in die Arme und Franziska weint. »Ich weiß auch nicht, was mit mir los ist«, sagt sie.

»Ich bin in letzter Zeit so nah am Wasser gebaut, dann bin ich auf einmal wieder zornig und dann sitz ich da und mein Kopf ist leer, ist das nicht kindisch?«

Karin beruhigt sie. »Weinen ist gut, Tränen waschen alles heraus, was raus muss, glaub es mir, und du hast ja einiges erlebt?«

»O ja«, sagt Franziska schon wieder lächelnd. »Hat dir Josef erzählt?«

»Nein«, sagt Karin, »da lässt er mich dumm sterben.«

»Ich hab dich von Anfang an bewundert, Karin, mit was für einem Mut und einer Kraft du euer Schicksal ertragen und gemeistert hast. Glaub mir, ich weiß, wie das ist, mein Pepi hat Bauchspeicheldrüsenkrebs gehabt.«

Fritzl, der bis dahin neben dem Kachelofen gelegen hat, springt erregt hoch und bellt, als die Tür aufgeht und Josef in die Stube kommt. Er umarmt Karin und küsst sie. Fritzl holt sich eine Streicheleinheit zwischen den Ohren.

»Was macht ihr da Schönes?«

»Wir bereiten jetzt nur noch das Dampfl zum Brotbacken, den Sauerteig hab ich bisher noch nie gemacht«, sagt Karin. Sie spürt, das Josef mit seinen Gedanken nicht da und schon gar nicht bei ihr ist.

»Kommt«, sagt Josef und nimmt die beiden mit hinaus. Auch Fritzl ist mit von der Partie. Lena ist an all dem nicht interessiert, sie hat schon gefressen. Vor dem Haus steht sein VW mit eingeschlagenen Scheinwerfern, die Rückscheibe ist blind geschlagen. Dellen in der Karosserie hinten und vorne.

»Um Gottes willen«, sagt Franziska, »wer hat das gemacht?«

»Ich weiß es nicht«, sagt Josef. »Es ist passiert, während ich im Tankstellen-Tschecherl war.«

35

Ganz früh am Morgen, Karin und Franziska schlafen noch, steckt sich Josef seine Pistole ein und zeigt Fritzl mit dem Zeigefinger am Mund, dass er ruhig sein soll. Sie verlassen das Haus, gerade wird es hell. Sie gehen eilig Richtung Höllgraben.

»Such, Fritzl, such«, spornt Josef seinen Hund an, und dieser lässt sich das nicht zweimal sagen, als würde er wissen, wonach Josef sucht. Sie kommen am Tatort des Liebesmordes vorbei, am Tatort Höllgraben, an dem Florian sein Leben gelassen hat. Sie schlüpfen im Wasserspüal ins Unterholz, wo Fritzl die Knochen von Mimi aufgespürt hat. Das Gebiet ist wegen des neuen Skelettfundes abgeriegelt. Das große Zelt darüber ist versperrt und auch sonst gibt es nichts zu sehen.

Fritzl verfolgt viele Spuren, manche führen zu nichts, oder er stöbert ein Reh oder einen Hasen auf, bis er einer Spur folgt, die vielversprechend zu sein scheint. Sie führt vorbei am Platz hinter dem verschiebbaren Zelt auf die gegenüberliegende Seite des Höllgrabens, weg von Josefs Hubenwald zur Fichtenjugend des Nachbarwaldes.

Plötzlich relativ frisch geschnittene Fichtenäste, dicht angehäuft. Fritzl meldet, als hätte er einen kapitalen Hirsch gestellt. Es ist kein Hirsch, aber kapital ist sein Fund allemal. Josef zieht die Äste zur Seite. Zum Vorschein kommt der erweiterte Dachsbau des Söldners.

Hier hat sich der Mann also versteckt! Josef ärgert sich, dass er nicht früher Nachschau gehalten hat. Denn natürlich ist er längst verschwunden und alle Spuren sind mehr oder weniger zerstört. Zentimeter für Zentimeter durchstöbert er das ansehnliche Erdloch, das einem Mann ausreichend Platz bietet. Aber der Mann hat nichts hinterlassen, hat alles fein säuberlich entsorgt.

»Komm, Fritzl, wir gehen.«

Doch Fritzl ist tiefer in der dichten Fichtenjugend verschwunden und bellt wieder wie wild. Josef ruft ihn, aber Fritzl kommt nicht, also rein in das Gestrüpp. Josef folgt Fritzl ins kratzende Unterholz. Nun ist er wirklich stolz auf seinen Hund, hat dieser doch ein kleines Häufchen Asche entdeckt. Der Mann hat hier wahrscheinlich Wichtiges verbrannt. Hätte es inzwischen geregnet, wäre alles weg. Er untersucht die Asche und findet tatsächlich unverbrannte Papierschnipsel. Es handelt sich um den Teil der Lasche eines Kuverts. Fritzl bekommt zwei Leckerlis.

Die beiden blicken sich noch etwas im Höllgraben um, ob sie nicht doch noch einige Schneeschwämme finden, denn es hat erst vor Kurzem das erste Mal Frost gegeben und das wäre eigentlich das richtige Klima für die schmackhaften Schwammerl. Die hartnäckige Suche lohnt sich doch noch. Darin ist Josef besser. Fritzl kann sie unter dem frostigen Buchenlaub nur schwer erschnuppern, so sehr er sich auch bemüht. Sie bringen Franziska einige schöne Handvoll mit und sie lässt Josef die Wahl: gebackene Mieslinge – so heißen sie im Volksmund –, Mieslingsuppe oder Mieslinggulasch? Josef entscheidet sich für Suppe.

»Und das will ich jetzt aber lernen«, darauf besteht Josef, und Franziska teilt ihn zum Zwiebel-, Kartoffel- und Knoblauchschälen und -schneiden ein. Sie reinigt die knackigen Pilze, die oben auf der Kappe dunkelblau bis schwarz sind. Auf der Unterseite haben sie grobe Lamellen, die hin zum weißen Strunk leicht gelb gefärbt sind. Franziska stellt einen

Häfen mit einem Löffel Grammelschmalz auf den Herd. Josef hackt die Zwiebel fein und gibt etwas vom gehackten Knoblauch dazu. Er schneidet die geschälten Kartoffeln klein würfelig. Wenn die Zwiebel angeschwitzt ist, gibt Franziska die Kartoffeln rein und lässt alles noch kurz durchschwitzen. Drüber eine Prise Majoran, etwas ganzen Kümmel, Suppenwürze, ein Bouquet[47] frisches Schwammerlkraut: zwei Lorbeerblätter, vier Wacholderbeeren. Das Ganze wird mit Wasser aufgegossen. Besser wäre Hühner- oder Rindsuppe, aber Wasser tut es auch, wenn man einen Schuss Weißwein dazugibt. Und Josef rührt. Wenn die Kartoffeln noch bissfest sind, kommen die grob geschnittenen Schwammerl dazu. Salz, Pfeffer aus der Mühle, etwas Mostessig sowie zum Abschmecken einige Spritzer Obers. Kurz aufwallen, ausschalten und am Herd zugedeckt noch etwas ziehen lassen.

»Nun das Wichtigste«, sagt Franziska. »Du musst die Suppe essfertig abschmecken.«

Josef probiert.

»Na?«

»Ich finde sie so richtig gut.«

Franziska probiert ebenfalls und gibt zu Josefs Verwunderung noch eine Prise Salz hinein.

»Einer muss das letzte Wort haben«, sagt Franziska lachend.

Die Suppenteller sind heiß, Franziska richtet an und streut etwas gehackte Petersilie über die Suppe. Josef isst das erste Mal Mieslingsuppe à la Franziska & Josef.

»Schmeckt's?«

»Ja«, sagt Josef nach dem ersten Löffel mit einem Lächeln, »unsere Suppe ist ein Hit. Danke!«

---

47 Bouquet (Bukett): ein Gewürzsträußerl.

36

Josef und Franziska werden von Karin auf ein Backhendl beim Au-Wirt abgeholt. Josef hat für Samstagmittag reserviert und das Hendl ohne Haut schon vorbestellt. Sein Auto ist in der Werkstatt und es braucht wohl noch einige Zeit, bis die Oldtimer-Ersatzteile seines VWs zur Reparatur geliefert werden. Fritzl darf auch mit, da sie bei dem Wetter sicher im Garten sitzen werden, aber Lena muss zu Hause bleiben. Franziska hat das Gefühl, dass es ihr nur sehr recht ist, weiter neben dem Herd auf ihrem warmen Plätzchen zu schlafen.

Aber für sie ist es Zeit, sich wieder einmal beim Au-Wirt und in der Öffentlichkeit blicken zu lassen. Josef und Franziska setzen sich auf die Rückbank von Karins Golf und Fritzl darf neben Karin vorne sitzen. Karin trägt ein weites, leichtes, blumiges Kleid, darüber eine warme Jacke und duftet nach ihrem frischen Maiglöckchen-Parfüm. Der Wirt hat für sie einen Tisch im Garten reserviert und die herbstliche Mittagssonne macht das Sitzen draußen noch angenehm. Fritzl sucht sich sofort seinen Platz neben dem Herrchen und als der Wirt kommt, bestellt Franziska zur Verwunderung aller keinen Schilcher, sondern eine Flasche Sauvignon Blanc und Wasser sowie ein Schüsselchen für Fritzl.

Jagdpächter Max sitzt am Nebentisch mit Schauspielern der Theatertruppe und einigen Parteimitgliedern. Franz erhebt sich respektvoll, als er Frau Klug erkennt, Valentina, die neben ihm sitzt, bleibt sitzen und starrt Josef an. Pfarrer

Schwintzerl und Köchin Reserl grüßen ebenfalls. Franziska nickt.

»Na, wie geht's mit den Proben?«, fragt Josef.

»Sehr gut«, sagt Valentina etwas gestelzt.

Pfarrer Schwintzerl nickt bedächtig: »Ja, es geht ... doch gut!«

»Grüß dich, Valentina.«

»Grüß dich, Josef.«

»Wird es was zu lachen geben?«, fragt Josef.

»Da könnt ihr euch sicher sein«, antwortet Franz irgendwie humorlos.

»Klug-Bäuerin«, sagt Max, »hast du dir schon etwas angelacht für den heurigen Abschuss im Revier?«

»Na, noch nicht wirklich«, antwortet Franziska. »In meiner Fichtenjugend steht ein starker Bock, wenn's passt, würd ich den gern schießen.«

Max überlegt etwas. »Steht dir zu, Klug-Bäuerin, der gehört dir. Weidmannsheil!«

»Weidmannsdank«, sagt Franziska.

Es entsteht eine lange Pause. Der Wirt bringt die Getränke.

»Und macht es Ihnen wirklich Spaß, Herr Pfarrer, mit den Proben?«, fragt Josef dazwischen und lächelt. »Können sie es?«

»Ja, doch, warum denn nicht? Es sind lauter begabte Leute ...«

»Es ist viel passiert«, unterbricht ihn Max, »seit wir uns das letzte Mal gesehen haben, Klug-Bäuerin. Das mit dem Florian ist eine grausliche Geschichte.«

»Ja«, bestätigt Franziska, »furchtbar.«

»Man kennt den Mörder immer noch nicht«, setzt er nach.

»Soll sein, soll sein«, bestätigt sie.

»Der Florian ist der Polizei ja wurscht«, meint Max lapidar. »Da kann ein rechtschaffener Bürger von St. Vinzenz umgebracht werden und die Polizei … In was für einer Zeit leben wir?«

Seine wenigen Parteikumpane stimmen ihm zu.

»Die Mörder werden gefasst«, sagt Josef. »Das ist nur noch eine Frage der Zeit.«

»Hoffen wir es, hoffen wir es, auf dein, äh, euer Wohl«, erwidert Max.

»Auf deins, auf eures«, entgegnet Franziska und hebt das Glas.

Was will Max eigentlich?, fragt sich Josef.

»Ist die Tote wirklich die Mimi?«, fragt Max weiter.

»Ja, scheint so, die Mimi«, antwortet Franziska.

»Ein undankbares Mensch, dabei hat sie es so gut gehabt beim Florian, alle haben sie es gut gehabt, auch der Ferdl, der Depp.«

»Bist du dir sicher?«, fragt Franziska schnell.

Der Salat kommt und gleich darauf das Backhendl. Sie beginnen zu essen.

»Mahlzeit und zum Wohlsein, nichts für ungut«, sagt Max und die anderen murmeln Ähnliches.

»Mahlzeit«, antworten Josef, Franziska und Karin fast gleichzeitig.

»Sie sind doch ein ehemaliger Kriminäser[48]?«, fragt Max nach einer Pause grinsend in Richtung Josef. »Was ist denn Ihre Meinung zu der ganzen Sache?«

Max' Kumpane lachen verhalten über die verächtliche Anrede. Franz hält sich zurück, sind es doch seine

---

48 Kriminäser: verächtlich für Kriminalbeamter.

Grundnachbarn und man weiß ja nie. Josef legt sein Stück Backhendl auf dem Teller ab, schleckt sich die Finger. Er schluckt hinunter, dann nimmt er sein Glas und prostet seinen Gästen zu.

»Oder interessiert Sie die ganze Geschichte nicht?«, setzt Max nach.

»Erstens«, beginnt Josef sehr freundlich, »ich war Gendarm und bin in Pension. Ich habe und hatte nichts mit der Polizei zu tun. Zweitens sind wir hier Gäste, hm, lassen Sie uns doch einfach in Ruhe essen.«

Für einen Moment ist peinliche Ruhe am Nebentisch. Die drei essen an ihrem Backhendl weiter. Reserl stößt Schwintzerl unter dem Tisch mit dem Fuß, eine Aufforderung zu gehen.

»Schmeckt sehr gut«, sagt Karin.

»Aber sicher nicht so gut wie deines, Franziska«, lacht Josef.

Bevor Franziska mit ihrer Fachmeinung beginnt, steht Pfarrer Schwintzerl mit Reserl auf, um zu gehen. »Herrschaften, wir müssen leider. Ich habe noch einiges für morgen für die Predigt vorzubereiten. Und bitte zur nächsten Probe den Text lernen, Herrschaften, ja? Ohne den geht nichts. Wir wünschen noch einen schönen Samstag. Und sollten die Herrschaften morgen nichts Besseres vorhaben, freue ich mich, sie alle in der heiligen Messe zu begrüßen. Pfüat Gott und gesegnete Mahlzeit!«

Alle murmeln ein Pfüat Gott und weg sind die beiden.

Stille. Man spürte, dass dem heiligen Mann die Gesellschaft doch etwas unangenehm war.

»In Schweineschmalz«, bricht Franziska die Stille, »mit der richtigen Temperatur herausgebacken, schmeckt Backhendl am besten. Der Wirt verwendet Frittierfett, und da werden nicht nur Hendl, sondern auch Fisch und Pommes und was weiß ich noch herausgebacken, und das wochenlang, bis er das Fett wechselt, und das schmeckt man.«

»Auf den Florian«, grätscht Max wie aus dem Nichts unhöflich dazwischen. »Gott lass ihn ruhen, wo auch immer«, und er stößt mit seinen Kumpanen an. »Hat ein spannendes Leben gehabt, schade, dass er so hat sterben müssen. Dein Pepi und er waren scho Freunde, Klug-Bäuerin, oder?«

Franziska geht nicht auf seine Anspielung ein und spricht einfach weiter. »Und wenn das Hendl an den Knochen schwärzlich ist, war's eingefroren, und wer weiß wie lang und woher es kommt.«

Max lacht. »Keine Antwort ist auch eine Antwort.«

Franziska legt das Besteck beiseite. Karin weiß nicht, worum es geht.

»Lass ihn«, sagt Josef ruhig zu Franziska. »Er will nur provozieren.«

»So ist es halt«, sagt Max, »vorbei und vergessen. Die Guten enden schlecht und die Schlechten kommen durch. Aber der liebe Gott ist gerecht, er vergisst nichts, irgendwann fordert er Rechenschaft, Zeit ist ja genug und dann …«

Josef ist aufgestanden und geht zum Tisch von Max. »Was wollen Sie?«

Alle schweigen.

»Also, ich bitte Sie noch einmal, uns in Ruhe zu lassen, haben Sie mich? Nur so nebenbei, mein Auto ist bald wieder repariert, die Rechnung liegt dann in der Werkstatt. Ebenso Fingerabdrücke in der Landespolizeidirektion …«

Josef setzt sich wieder an den Tisch zu seinen Gästen. Die Leute am Nebentisch stecken die Köpfe zusammen und diskutieren angeregt.

Valentina steht auf. »Ich muss jetzt leider gehen. Also noch einen schönen Tag.«

»Wir könnten doch zusammen Text machen«, sagt Franz. »Was meinst du, Valli?«

»Das ist eine sehr gute Idee, Franzi«, sagt Valentina etwas zu laut.

»Ich kann dich ja ein Stück mitnehmen, wenn du magst?« Valentina nickt und schon sind beide weg.

Übrig sind noch Max und einige seiner alten St. Vinzenzer Parteikumpane, die es sich nicht lohnt näher zu beschreiben.

»Ah ja, und wenn wir schon von der Polizei reden«, beginnt Josef, »wo haben Sie denn heute Ihren Saufkumpan Karli aus Wien?«

Max vergeht das Lachen. »Wen meinst?«

»Ihren Freund, mit dem Sie es so lustig gehabt haben am Pfingstsamstag in Slavkos Buschenschank?«

»Bitte, geh'n wir, ich mag nicht mehr«, sagt Franziska. »Mir ist der Appetit vergangen.«

»Wir essen weiter, wir lassen uns von niemandem den Appetit verderben«, sagt Josef. »Prost, also so ein Sauvignon Blanc kann schon auch etwas, ist zwar nichts gegen deinen Schilcher, aber doch gut, was meinst du?«, sagt er laut, dass ihn auch die Gäste am Nebentisch hören.

»Ich möchte bitte gehen, seid nicht bös, aber es geht mir nicht gut«, wiederholt die alte Frau.

Josef ruft den Wirt. »Zahlen bitte, packen Sie das restliche Hendl ein und verkorken Sie die Flasche, wir nehmen sie mit.« Sie trinken ihre Gläser aus, Josef zahlt. Die Gruppe um Max schaut dem Aufbruch etwas belämmert zu.

»Du gehst schon, Klug-Bäuerin? Jetzt wollte ich euch gerade auf etwas einladen, aber vielleicht das nächste Mal, wird ja nicht das letzte Mal gewesen sein, dass wir uns sehen? Und für deinen Bock im Höllgraben, Weidmannsheil, dass du ja nicht danebenhaust ... äh, schießt.«

Die alte Frau schaut Max mit einem selten vernichtenden Blick an. Max hält inne und schaut sie ebenfalls starr an.

Stille.

»Nichts für ungut, Klug-Bäuerin, nichts für ungut. Prost!«

Josef, Franziska, Karin und Fritzl verlassen den Gastgarten. Es herrscht kurz gespannte Ruhe. Bis Max und seine Kumpane lauthals zu lachen beginnen.

Josefs Vermutung war richtig: Die National-Traditionellen steckten hinter dem Überfall auf seinen VW. Natürlich gab es keine Fingerabdrücke. Aber die Rechnung war in den nächsten Tagen bezahlt. Von wem, hat der Mechaniker nicht verraten. Es war nur so ein Gefühl. Aber warum haben sie das gemacht? Was weiß Max über Franziska oder mutmaßt er nur?

Auch Franziska weiß nach Josefs Nachfrage nicht, warum Max so angriffslustig war. Aber sie kennt das von ihm: Er hat so einen Spleen, Menschen zu giwizzen[49].

37

In der Landespolizeidirektion in Graz ist die Hölle los. »Wer sind Sie, zu wem wollen Sie?«, fragt der Portier.

---

49 Giwizzen: auch giwitzen; jemanden aufziehen, reizen.

»Zu Herrn Landespolizeidirektor Puderer, bitte«, sagt Josef.

»Haben Sie einen Termin?«

»Ja, um zehn Uhr.«

»Ihr Name?«

»Josef Sudi aus St. Vinzenz, Kriminalbeamter der Gendarmerie, im Ruhestand.« Josef legt seinen alten Ausweis vor.

Der Portier telefoniert. »Zweiter Stock, Zimmer eins. Leeren Sie Ihre Taschen, legen Sie alles in den Korb und gehen Sie durch den Metalldetektor.«

Josef tut, wie ihm geheißen. Überall laufen Beamte herum und es ist genau so, wie Josef seine ehemalige Abteilung im Kriminalamt in Erinnerung hat. Manch Pykniker[50] tummelt sich in den Gängen. Kaum jemand schaut hoch oder interessiert sich für ihn. Endlich im zweiten Stock, klopft er bei Tür 1 und eine Dame zwitschert: »Herein?« Es ist das Vorzimmer des Landespolizeidirektors. Die junge Vorzimmerdame ist extrem modisch gekleidet, geschminkt und duftet, sie erinnert Josef an seine geschiedene Frau.

»Sie wünschen?«, fragt sie in einem fast singenden Ton.

»Zum Herrn Landespolizeidirektor.«

»Ah ja, Sie haben einen Termin um zehn Uhr? Sudi, nicht wahr, Josef Sudi?«

»So ist es, ehemals …«

»Ja, ja, ja, wissen wir … Der Herr Landespolizeidirektor ist noch in einer Zoomkonferenz mit dem Herrn Landeshauptmann. Wenn Sie bitte etwas warten wollen, dort drüben bitte Platz zu nehmen. Übrigens hat der Herr Lan-

---

50 Pykniker: gedrungener Mensch; umgangssprachlich für jemanden, der sich gerne duckt, bückt.

despolizeidirektor gerade erfolgreich seinen Master in Promenadologie gemacht, nur dass Sie informiert sind.« Bevor Josef etwas sagen kann, speist sie ihn mit einem »Danke« ab und widmet sich wieder ihrer Arbeit.

Josef setzt sich und nimmt ein Automagazin. Früher als erwartet geht die Tür zum Büro des Landespolizeidirektors auf und plötzlich steht der ehemalige Ermittlungsbereichsleiter Puderer als frisch gebackener Landespolizeidirektor und Master der Promenadologie vor Josef.

»Ich grüße Sie«, sagt dieser. »Schön, dass wir uns unter weniger dubiosen Umständen als in St. Vinzenz wiedersehen.«

»Ich staune«, sagt Josef. »Ihre Beförderung ist ja schneller durch als gedacht?«

»Ja, ja«, wiegelt der Landespolizeidirektor ab.

»Übrigens, herzlichen Glückwunsch zu Ihrem Master!«

»Ja, ja, danke, auch das, aber was kann ich für Sie tun? Meine Zeit ist … bemessen.« Er lächelt und weist mit der Hand in Richtung seines Büros. Josef geht voraus. Aus den Augenwinkeln sieht er, dass der Landespolizeidirektor seiner Vorzimmerdame zuzwinkert. Das heißt wohl »bitte bald abbrechen«. Josef kennt dieses Spiel nur zu gut.

»Vielen Dank, dass Sie … Aber wir können als Kollegen doch per Du sein, nicht?«, unterbricht sich der Landespolizeidirektor: »Michael.« Und er reicht ihm die Hand.

»Josef, danke. Noch einmal herzlichen Glückwunsch zur Beförderung und zum Master der …, wie heißt das Studium?«

»Ja, ja, schon gut, danke, das ist nun alles sehr schnell gegangen. Mein Vorgänger ist ja krankheitsbedingt in Frühpension.«

»Ah, ja«, sagt Josef, »gut, denn dafür, dass du mich trotz so vieler Arbeit empfängst, bin ich sehr dankbar.«

»Nun ja, es ist wirklich einiges zu tun, aber für Freunde der ehemaligen Gendarmerie habe ich immer Zeit.« Der Landespolizeidirektor lächelt. »Nimm Platz. Willst du etwas trinken? Wir haben auch kleine Alkoholika für spezielle Freunde, du verstehst?«

»Wenn du hast, ein kleines Bier vielleicht«, sagt Josef und schaut sich in dem großen spartanisch eingerichteten Büro um.

»Dolores, bringen Sie uns bitte zwei kleine Bierchen und etwas Klares zum Einstand.«

»Johooo«, jodelt es aus der Sprechanlage.

Hinter seinem Schreibtisch hängt ein Porträt von Arnold Schwarzenegger mit persönlicher Widmung. Auf dem Schreibtisch liegt ein alter Colt wie aus einem Wildwestfilm. Aber nirgends Pflanzen, wundert sich Josef.

»Bitte, was kann ich für dich tun, Kollege?«

»Nun ja«, beginnt Josef ruhig, »ich würde sehr gerne mit dir über die unaufgeklärten Morde in St. Vinzenz reden.«

»Ich ...« Die Tür geht auf und Dolores jongliert zappelnd mit einem Tablett, auf dem zwei kleine Biere und zwei Schnäpse stehen, herein. »Chef, wenn Sie noch etwas brauchen, immer sehr gerne.« Sie strahlt den Landespolizeidirektor kurz an und weg ist sie.

»Wie steht es mit den Fällen?«

»Prost!«

»Zuerst der Schnaps und dann ... ja, ja ... die Tradition«, sagt Josef. »Prost!« Beide trinken. »Wie ist der Stand der Ermittlungen?«

»Nun ja«, beginnt der oberste steirische Polizist, »es ist halt alles sehr kompliziert. Vieles ist gleichzeitig passiert: drei Morde, das Skelett, das trotz einer Spur gewaltige Rätsel aufgibt. Wir sind dran, was den Mord an dem Liebhaber betrifft. Da haben wir übrigens einen Hinweis auf die Herkunft der Waffe. Beim Axtmord wird es komplizierter, und der mögliche Mord an der Braut vor Jahrzehnten, nun ja ... Wem erzähle ich das? Wir haben so ungemein viel zu tun mit Migranten-Kriminalität, bemühen uns aber. Wir sind halt auch nur Menschen. Ich habe es gerade dem Landeshauptmann geklagt. Wir wissen nicht, wo uns der Kopf steht. Terror, muslimische Extremisten, Rechte, Identitäre, Asylanten, Reichsbürger, Klimaschützer, Flüchtlinge, Konferenzen, Repräsentation und was weiß ich, was in der Steiermark noch alles darauf wartet, von uns bearbeitet zu werden. Wir tun unser Bestes, aber es reicht halt nicht für alles, wir haben zu wenig Personal. Ich sollte dich aus deiner Pension zurückfordern«, sagt der Direktor und beide lachen.

Es entsteht eine Pause, beide wissen, dass dies nicht passieren wird. Beide nehmen nun einen Schluck Bier aus der Flasche. »Soll das heißen, dass ihr die drei Morde gar nicht wirklich verfolgt?«

»Nein, nein«, beeilt sich der Landespolizeidirektor, »ich will damit nur sagen, wie schwierig alles ist.«

Bevor Josef noch weitersprechen kann, fliegt die Tür auf und Dolores zwitschert: »Herr Landespolizeidirektor, es tut mir leid, der ORF wartet!«

»Ach Gott, ja«, er schaut auf die Uhr, »es tut mir leid, ich habe es ja gesagt, siehst du, so ist es tagtäglich, nun wieder ein Interview. Aber ich verspreche dir, wir bleiben dran, ich behalte die Situation von St. Vinzenz besonders im Auge und melde mich bald bei dir, Herr Kollege, grüß dich.« Er reicht ihm im Gehen schlampig die Hand. »Dolores, Sie kümmern sich um unseren Gast, ja?«, und draußen ist er.

»Kann ich etwas für Sie tun?«, fragt Dolores ungeduldig. »Ich müsste sonst ...«

»Nein, nein, alles in Ordnung.« Josef schaut sich noch etwas um und geht. Außer einem historischen Säbel am Eingang und vielen, sehr vielen Fotos an den Wänden, die den Landespolizeidirektor mit Persönlichkeiten des öffentlichen Lebens zeigen, ist nichts Besonderes zu sehen.

38

In St. Vinzenz hat Bürgermeister Loch alles wieder mehr oder weniger gut im Griff. Ein inzwischen besser funktionierendes Familienleben sowie die Aussicht auf den Landtagsabgeordnetensitz haben ihn wieder selbstbewusster gemacht. Vieles und viele in St. Vinzenz haben eine Wandlung durchgemacht. Ob zum Besseren oder Schlechteren wird sich herausstellen. Inzwischen steuert der Wahlkampf auf den baldigen Höhepunkt, den Wahltag, zu. St. Vinzenz ist zugepflastert mit Plakaten verschiedenster Parteien.

»Ich kann diese Gfrieser[51] alle zusammen nicht mehr sehen«, sagt Franziska, und das ist nicht nur ihre Meinung. Die Wahl hat an Interesse verloren, zu lange zieht sich die Werbung schon hin und was wird sich danach verändern? »Gar nichts«, meinen viele, man ist ein zu kleines Licht mit seiner Stimme und die Großkopferten reißen sich alles unter den Nagel. Friss Hund oder stirb!

Es ist kälter geworden und dies nicht nur in der Natur, sondern auch in den Herzen. Kaum einer spricht mehr über die Morde. Spricht sie irgendjemand an, wird er ignoriert, belächelt oder niedergeschimpft. Keiner hat mehr Interesse

---

51 Gfrieser: Schimpfwort für Menschen, deren Gesicht man nicht mag.

daran, weder geschäftlich noch anderweitig. Es war das letzte Jahr Aufregung genug.

Bürgermeister Loch will für sein St. Vinzenz die Ruhe von vorher zurück. Die Suche nach weiteren Skeletten wird von einem Tag auf den anderen abrupt beendet. Das ist im wahrsten Sinne des Wortes Schnee von gestern. Es hat sich aufgrund von Uniformteilen, die gefunden wurden, eindeutig herausgestellt, dass es sich bei dem Skelett, das in der Nähe von Mimis Leiche gefunden wurde, zu 99 Prozent um einen mutmaßlichen russischen Besatzungssoldaten handelt. Erschlagen und verscharrt im Wasserspüal im Höllgraben nach dem Krieg. Von wem und warum? Keiner weiß das, aber auch niemand will es wirklich wissen. Die Vermutung, dass es sich bei den Tätern um Einheimische handelte, liegt zwar nahe. Es gibt laut dem Boltzmann-Institut für Kriegsfolgenforschung dahingehend Vermutungen, aber das sind Vermutungen und keine Beweise. Basta.

Pfarrer Schwintzerl besteht aber trotzdem auf einer feierlichen Bestattung und auf einem Grab am Friedhof sowie einem Gedenkstein für den Soldaten etwas außerhalb des Wasserspüals im Höllgraben. »Jeder Mensch, egal woher und warum, hat das Recht, nach seinem Tod friedlich und respektvoll zu ruhen bis in alle Ewigkeit.«

Mimis Knochen werden auf Florians Sarg gelegt, dazu Schleier und Sträußchen. Florian liegt wiederum auf seinem Sohn, dem Hochzeiter Ferdl. Nun sind sie alle drei wieder zusammen und haben eine Ewigkeit Zeit, sich bis zum Jüngsten Tag zu einigen, sagt Pfarrer Schwintzerl beim klein besetzten Begräbnis von Mimi, ohne Bestattungsessen.

Die Polizei räumt die St. Vinzenzer Einsatzzentrale im Schilcherland-Saal, als wären alle Probleme gelöst.

Josef kann es nicht fassen. Er spricht mit dem neuen Ermittlungsbereichsleiter Huber über alle noch offenen Morde.

»Mord verjährt nicht«, sagt Josef verärgert.

»Woher wollen Sie denn wissen, dass es sich bei dem Russen um Mord handelt«, entgegnet Huber. »Oder bei der Maria Holzinger. Vielleicht waren es doch Unfälle?«

»Oh«, sagt Josef, »dann hat der Russe sich wohl selbst den Schädel eingeschlagen und sich im Höllgraben verscharrt? Und Mimi hat sich den Hals gebrochen und sich neben dem Russen im Brautkleid vergraben?«

»Wir bemühen uns ja. Wer weiß, was die Russen hier in St. Vinzenz als Besatzer alles veranstaltet haben? Aber seien Sie nicht päpstlicher als der Papst. Wollen Sie wirklich die Nachkriegszeit von St. Vinzenz noch einmal aufwühlen? Wunden aufreißen, die längst vernarbt sind? Das hat es doch in jeder Gemeinde der Steiermark, ja, in ganz Österreich, gegeben. Ich werde das jedenfalls nicht tun! Ermitteln ja, aber nur wenn es sinnvoll erscheint.« Damit lässt der Huber den Josef stehen.

Im Buschenschank von Kurzmann findet unter der Leitung des doppelten Obmanns eine Sitzung des Regionalmanagements Südweststeiermark über Tourismus und die Umsetzung des Fünfjahresmanagementplans für das Schutzgebiet Südsteiermark statt. Die Weststeiermark ist zum Ärger vieler dabei kein Thema. Es geht neben Diversität, Klimaschutz, Naturschutz, Renaturierung hauptsächlich um den Unmut über den Zusammenschluss in westlichen Bevölkerungsteilen. War es wirklich sinnvoll, dass man die Menschen nicht gefragt hat, das ist die Hauptfrage an dem Abend. Und warum gilt der Fünfjahresplan nur für die Südsteiermark? Westliche Gemeindepolitiker und Unternehmer sorgen sich, dass sich der Unmut auf die anstehende Landtagswahl und somit auf Macht und Förderungen auswirken könnte. Denn so wie es sich für sie darstellt, profitiert offensichtlich die Südsteiermark deutlich mehr vom Zusammenschluss als die Weststeiermark.

Wie oft hatten einzelne weststeirische Bürgermeister um mehr direkte Aufklärung für die Bevölkerung gebeten. Aber der doppelte Obmann war der Meinung, dass die althergebrachte Methode des Drüberfahrens immer noch am effektivsten sei. Und dem hat sich die Landesregierung scheinbar, ohne wirklich nachzufragen, angeschlossen, und damit war der Zusammenschluss durchgesetzt und beschlossen.

Nachdem die Sitzung, ohne Resultat wie meist, im Streit zu Ende gegangen ist und die Teilnehmer sich schnell verabschieden, gesellt sich Josef in die übrig gebliebene Runde. Er legt Max, Bürgermeister Loch und dem doppelten Obmann den Papierschnipsel aus dem Aschenhäufchen im Wald auf den Tisch.

»Wisst ihr, was das ist?«

»Nein«, sagt der Bürgermeister. Er nimmt den Schnipsel, schaut ihn sich an. »Was soll das sein?«

»Lies hinten, was steht da?«

Loch liest: »Bürgermeister St. Vinzenz. – Was!?«

»Das ist die Lasche eines Briefumschlags des Bürgermeisters von St. Vinzenz«, sagt Josef. »Also von dir. Und wisst ihr, wo ich das gefunden habe?« Der Bürgermeister und die zwei anderen schütteln die Köpfe.

»Wo?«, fragt Obmann Kurzmann genervt.

»Red endlich«, schließt sich Max an.

»Neben dem Erdloch, in dem euer Privatdetektiv im Höllgraben gehaust hat, da war ein Aschehäufchen. Offensichtlich hat er dort einiges verbrannt, bevor er weg ist.«

»Und?«, sagt der Bürgermeister. Er steht auf und holt gegen seine Absicht eine Flasche Schnaps und vier Stamperl von der Theke. Er schenkt ihnen ein.

»Woher hat er den Brief wohl?«, fragt Josef. »Irgendwie muss er ja dazu gekommen sein. Hast du ihm einen Brief geschrieben?«, fragt er den Bürgermeister.

»Was habe ich? Du spinnst wohl!«

»Und warum hat er den Brief wohl verbrannt?«

Der Bürgermeister macht eine zu lange Pause, schenkt sich noch einen Schnaps ein und trinkt. »So ein Schnipsel kann bald wo herumliegen«, sagt er. »Was soll das beweisen? Den kannst du von überall herhaben.«

»Da hast du recht«, sagt Josef. »Aber daneben lag auch noch die Vorderseite, und da stand ›Karli 5000‹. Und zwar in deiner Handschrift. Euer Privatdetektiv heißt Karl Münster und ist alles andere als ein Privatdetektiv«, fährt Josef ruhig fort, und die verdatterten Männer staunen. »Also, ich warte?«

»Was bist du denn für ein Trottel«, schreit Max den Bürgermeister spontan an.

Der doppelte Obmann stimmt ein: »Du bist als Bürgermeister eine Gefahr für die Menschheit, sowas wie du gehört eingesperrt!«

»Na also«, sagt Josef, »ihr kanntet den Söldner also?«

Bürgermeister Loch, aus allen Wolken gefallen, weiß, dass er vorne nichts draufgeschrieben hat. Er will den Beweis sehen, den es nicht gibt. Josef hat gelogen. Aber Loch kommt nicht mehr durch. Die Bedrängnis ist zu heftig und Josef weiß offensichtlich Bescheid.

»Und wenn ihr mir nun nicht sofort sagt, was zwischen euch war«, sagt Josef ruhig, »könnt ihr das bei einer Pressekonferenz der Polizei den Journalisten erzählen.«

Der Bürgermeister ist schmähstad[52]. Er spürt, wie sein Mund ungewohnt trocken wird. Wie gerne hätte er nun die Landesparteizentrale angerufen und um Rat gefragt, aber das geht nicht. Damit muss er selbst fertig werden. Der doppelte Obmann schweigt ebenfalls. Aber er sieht eine winzige Möglichkeit, vielleicht alles auf den Bürgermeister oder Max zu schieben. Also auf, volle Kraft voraus, macht er sich innerlich Mut und stürzt seinen Schnaps runter.

»Prost!«

»Also, ich bin meinen Weinbauern verpflichtet«, beginnt der doppelte Obmann, »und …«

Bürgermeister Loch nimmt sich erneut einen Schnaps, Josef lehnt auch diesmal ab.

»… sie machen mir die Hölle heiß, schwärzen mich bei der Landesrätin an«, fährt Kurzmann fort. »Die Polizei kommt nicht vorwärts und wir Weinbauern mussten um das wichtige Sommer- und Herbstgeschäft zittern. Jeder fordert. Die Medien, die Landespolitik, auch unsere Gemeinde. Da hatte der Bürgermeister die Idee, jemanden anzuheuern, der das Problem schnell bereinigt, die Täter wegräumt und alles wäre damit gelöst.«

»Was«, schreit Loch, »du Schweinepriester, willst du mich reinreiten?«

»Und dann passierte der Mord«, fährt Kurzmann fort.

»Du falsche Sau«, wehrt sich der Bürgermeister erneut. »Ich hab nix damit zu tun. Ihr wisst genau, wie es war. Max hat im Internet einen Privatdetektiv gesucht, der auch schwierigste Fälle schnell und effektiv löst.«

»Das ist eine Lüge, du willst mir da etwas andichten. Sicher nicht, die falsche Sau bist du!«, schreit Max.

---

52 schmähstad (Wienerisch): sprachlos.

Doch Kurzmann redet unbeirrt weiter: »Er kam, versprach, es passierte aber nichts. Der Mann war genauso erfolglos wie die Polizei. Wir wollten ihn loswerden, Loch zahlte ihn aus und er verschwand Gott sei Dank.«

»Wie viel?«, fragt Josef.

»Zehntausend. Fünftausend als Anzahlung und den Rest bei Erfolg, den hatte er aber nicht. Aber das Geld hat er sich geholt, und der Herr Bürgermeister musste es diesem Idioten ja in einem offiziellen Kuvert mit Zueignung übergeben. Ich bin von lauter Deppen umgeben!«, schreit Kurzmann.

Nun braucht Josef doch einen Schnaps. »Prost! Seid ihr wirklich so strunzdumm«, sagt Josef lachend. »Ihr Vollkoffer! Heuert ohne zu recherchieren, mir nichts, dir nichts, einen international gesuchten Mörder und Terroristen an, um Pipi-Demonstranten in St. Vinzenz abzuschrecken? Eigentlich gehört ihr alle drei aus dem Verkehr gezogen und eingesperrt.«

Es entsteht eine lange Pause.

»Aber ich habe damit eigentlich gar nichts zu tun«, murmelt der Bürgermeister, mittlerweile betrunken, kleinlaut. »Nein, das habe ich nicht …«

»Und ich schon gar nicht«, überschreit ihn Max. »Das wird Konsequenzen haben, das sage ich euch«, und geht.

»Nun gut«, sagt Josef mit einem Lächeln, »dann bin ich jetzt neugierig, wie das weitergeht. Einen schönen guten Abend, die Herren«, und geht ebenfalls.

Beide schauen Josef hinterher. Bürgermeister Loch nimmt einen finalen Schluck aus der Flasche. »Jetzt ist es auch schon egal«, ärgert er sich, dass er wieder zu trinken angefangen hat, und schaut dabei den doppelten Obmann an, der grinst.

»Was grinst du so blöd?«

»Hör zu, wir zwei müssen zusammenhalten, dann hat dieser Typ keine Chance. Max hat genug Dreck am Stecken, das hängen wir den National-Traditionellen um. Verstehst du? He, verstehst du?«

Das nun Folgende bestätigt, warum Loch immer noch Bürgermeister von St. Vinzenz ist und nicht Landes- oder gar Bundespolitiker.

Er sagt einfach: »Ja.«

39

»Nein, ich habe nicht vor, noch einmal zu heiraten«, Josef muss lachen. »Jedenfalls nicht jetzt. Warum soll ich, wenn man auch so sehr glücklich sein kann?«

Fritzl sitzt neben ihm und Josef krault ihn zwischen den Ohren. Draußen regnet es, es ist kalt und am Morgen war auf den Fenstern schon manche Eisblume.

»Aber schön wär es schon«, sagt Franziska. »Ich hätt das sehr gerne erlebt.«

»Das freut mich, aber das wird nicht so bald sein. Auch Karin möchte das nicht zu schnell. Es geht uns sehr gut, so wie es ist. Sie wird ihre Wohnung behalten. Wir können sehr gut auch immer wieder allein sein.«

Franziska legt ihre Rechte kurz auf Josefs Rechte und schaut ihm in die Augen. »Josef, Lieber«, sagt sie, »Josef, das Leben geht so schnell vorbei und plötzlich ärgert man sich oder ist traurig, weil man das eine oder andere nicht gemacht oder sich nicht getraut hat. Dass man über das eine und andere nicht nachgedacht hat, um es früh genug zu ändern. Lass dir nichts entgehen, lasst euch nichts entgehen. Nichts kommt wieder. Gar nichts! Vergesst das nicht.«

Es entsteht eine lange Pause. Der Regen geht langsam in Graupelschauer über und prasselt an die Fenster. Dann steht Franziska auf und geht zum Herd. »Was möchtet ihr heute essen?«

Als Lena Essen hört, wird sie munter und schaut von ihrem Ofenlager auf. Früher wäre sie zu Frau Klug hochgesprungen, aber ihr Alter hält sie nun zurück, kräfteraubende Bewegungen zu machen. War sie früher einmal eine schöne, reinliche Katze, so kann sie sich nun nicht mehr richtig putzen. Sie kann zum leichten Ärger von Franziska den Kot nicht mehr halten. Auch merkt man ihr beim Gehen an, dass ihre Gelenke wohl schon von Arthrose befallen sind.

»Armes Viecherl, wie lange wird sie wohl noch leben«, sagt Frau Klug über ihren Liebling.

»Denkt sie vielleicht wie ich schon an den Tod? Ach, Viecher denken ja nicht. Und was ist, wenn doch? Können Viecher denken, Josef?«

Fritzl hat aufmerksam zugehört, er dreht seinen Kopf weg und grummelt, als würde er verstehen, um was es geht.

»Ich glaube nein, aber ich weiß es nicht. Wer von uns Menschen kann das schon wissen?«

»Ich spür, dass Lena weiß, dass sie bald sterben wird«, wiederholt Franziska.

»Franziska, du bist trotz deines Alters sehr gut beieinander, du bist gesund, warum solltest du also sterben, um Gottes willen?«

»Ich weiß nicht, ich spüre es halt. Aber es ist auch in Ordnung. Ein Geschenk, so lang leben zu dürfen, geliebt worden zu sein und geliebt zu haben ... *moje srce.*« Sie schaut zum Himmel. »Ich hab auch nichts Schlechtes ... doch, ich hab einen Menschen auf dem Gewissen. Einen Menschen, Pepi! Jeden Tag denk ich drüber nach, jede Nacht bitte ich den Herrgott um Verzeihung, aber ich krieg keine Antwort. Nur Pepi hat mir verziehen.«

Es rinnen der alten Frau die Tränen über ihre ledrigen Wangen. Josef steht auf und umarmt die kleine Frau ganz fest. Anfangs ist es ihm fremd, aber als er spürt, dass sie sich fest an ihn drückt, tut es ihm, wie ihr, sehr gut.

»Über den lieben Gott und wie er seine Geschäfte richtet, weiß ich nichts«, sagt Josef. »Er hat da seine eigene unerforschliche Art. Aber ich glaube, das Wichtigste ist Reue, ehrliche Reue und das Verzeihen. Und das kannst in dem Fall nur du selbst mit dir und, wenn du magst, mit Gott ausmachen. Das kann dir leider niemand abnehmen. Ein Priester ja, aber willst du wirklich beichten?«

Sie schüttelt den Kopf und sie lösen sich. Wie aus heiterem Himmel fragt Franziska: »Wann kommt Karin heute?«

»Ich denke, so gegen acht, ich weiß es nicht.«

»Wenn sie da ist, ist sie da. – Ich hab von Slavko heute Mangalitza-Breinwürste gekriegt. Was meinst, Breinwürste mit eigenem Sauerkraut und gerösteten Erdäpfeln?«

»Hab ich noch nie gegessen.«

»Das sind die Schweinsdärme vom Sautanz, gefüllt mit Reis, Polenta, bissl Blut, Faschiertem, fein und scharf gewürzt. Die brät man im Rohr knusprig.«

»Klingt spannend, ist sicher etwas sehr Feines«, sagt Josef. »Wenn du dir das antun magst?«

Der Graupelschauer hat inzwischen nachgelassen und es wird langsam dunkel.

Franziska macht die Fenster kurz zum Lüften auf und auf einmal wird es in der Küche frisch, der Mief der schweren Gedanken zieht raus. Lena schnarcht, Fritzl legt sich neben sein Herrchen und Josef liest die Zeitung.

Frau Klug beginnt das Essen vorzubereiten.

40

Heute sind endlich die lang erwarteten Landtags- und Gemeinderatswahlen in der Steiermark und ganz St. Vinzenz wartet gespannt auf den Ausgang. Das Wetter ist schon einmal herrlich. Doch könnte es diesmal eng werden für die beiden großen Parteien und den Landeshauptmann, denn die national-traditionelle Partei ist nicht nur in St. Vinzenz, sondern auch landesweit als rechte Freiheits-Partei im Aufwind. Es hat sich gelohnt, dass sich die Rechte je nach Bezirk anders nennt, je nach dem Problem, das diese und jene Region beschäftigt. Aber in der gemeinsamen Anstrengung zur Veränderung haben sie das gleiche Ziel. In der Südweststeiermark ebenso: WIR SIND DAS SCHILCHERLAND.

Max konnte seine jungen Schilcherbauern bis zur Wahl gerade noch bei der Stange halten. Er musste ihnen aber versprechen, dass er danach als Obmann zurücktritt und sich die Partei neu aufstellt. Weniger parteipolitisch und mehr auf die Region und ihr Hauptprodukt, den Schilcher, ausgerichtet.

Obwohl Max immer noch gedanklich zwischen national-traditionell und Rechtspartei hin und her eiert, gefällt es ihm, dass er für die Jugend etwas aufbauen konnte, das ihnen und der Region hilft und in die Zukunft weist. Viele bezweifeln, dass der Landeshauptmann seine Sympathiewerte aufstocken kann. Alle erwarten ein interessantes offenes Wahlrennen. »Wähler sind wie kleine Kinder, wenn sie etwas wollen, schreien sie gegen alles und jeden, bis sie es bekommen, egal von wem. Und wenn sie es haben, wählen sie doch wieder die gleiche Partei«, sagt Franziska.

So war es auch immer in St. Vinzenz, man ist entweder wertkonservativ christlichsozial, sozialdemokratisch oder national-traditionell. Grün, Pink und andere haben es sehr schwer. Sogar eine kleine Biografie gibt es über den Landeshauptmann und überall Plakate, auch vom Bürgermeister. Die National-Traditionellen haben ebenfalls Plakate geklebt mit Max. Überall hat man sich im Land für verschiedene Siegesfeiern vorbereitet, auch in St. Vinzenz.

Die meisten St. Vinzenzer sind sich sicher, dass der amtierende Landeshauptmann gewinnen wird: So einen wie ihn brauchen wir! Er hat St. Vinzenz in der Not immer mutig beigestanden, das haben wir selbst erlebt. Die Sozialdemokraten werden ihren Stand halten, und es wird sich wieder eine sichere große Koalition ergeben. Bürgermeister Loch lässt sich in der Hoffnung auf die Wiederwahl und ein höheres Amt nicht lumpen. Es gibt schon am Vormittag Freibier von der Gemeinde, zum Leidwesen des Tankstellenbesitzers diesmal vom Au-Wirt auf den Hauptplatz geliefert. Die Buschenschänken sperren alle extra früher auf, um später zuzusperren. Alle sollen am Erfolg der Christlichsozialen ihre Freude haben. Die Blasmusik spielt übereifrig einen Marsch nach dem anderen. Bis der Bürgermeister abwinkt; ihm ist das dann doch zu viel Marschmusik auf einmal. »Wir müssen uns noch etwas zurückhalten«, sagt er, »bevor es richtig losgeht, also spart euch die Kräfte.«

»Ich mag das nicht, Marschmusik ist Kriegsmusik«, schimpft er zu Maria. »Und in St. Vinzenz haben wir keinen Krieg. Basta!« Der »47er Regimentsmarsch« ist aber für ältere St. Vinzenzer wie »Let it be« für die 68er-Generation.

Im Ort herrscht plötzlich helle Aufregung, alles rennt und schreit durcheinander. Es werden Knallkörper geschossen. Es wird mit Prangerstutzen geböllert. Der Landeshauptmann wird laut erster Hochrechnung einen fulminanten Sieg einfahren, wenn nicht gar eine Absolute! Auf jeden Fall reicht es für eine Weiterführung der Koalition mit den Roten, die ihren Stand einigermaßen halten konnten. Der Landeshauptmannsessel bleibt in christlichsozialer Hand, das ist sicher.

Die Bürger von St. Vinzenz gratulieren dem Bürgermeister. Es sieht ebenfalls nach seiner Wiederwahl und einem zu erwartenden Aufstieg im Land aus. Die St. Vinzenzer Sozialisten versuchen schon, Ideen mit Bürgermeister Loch zu tauschen, doch er hält sich zurück. »Das Fell des Bären werden wir erst verteilen, wenn er wirklich tot ist.«

Bis auf einen Gemeinderat haben die St. Vinzenzer Sozialisten ihr letztes Ergebnis gehalten. Vertreter der anderen Parteien, der Grünen, der Pinken, eiern etwas unentschlossen unter ferner liefen herum. Die Umfragen für Max und WIR SIND DAS SCHILCHERLAND waren sehr gut, und wie es aussieht, reicht es nun doch nur für seinen langersehnten Gemeinderatsplatz.

»Das ist nicht viel«, sagt Max doch etwas traurig darüber, »aber ein Anfang! Lasst uns feiern, wir sind drinnen!« Und alle national-traditionellen Parteianhänger, die auf den Hauptplatz vor dem Gemeindeamt gekommen sind, freuen sich lautstark mit dem alten Mann, für den sich nach der Wahl alles ändern wird. Gemeinderat ja, aber Parteivorsitz nein, so hat er es den jungen Schilcherbauern versprochen.

Alle bedienen sich am Freibier des Bürgermeisters. Grüne, Pinke, Rote, auch der doppelte Obmann und einige Weinbauern gratulieren zusammen mit Max dem Bürgermeister Loch – und umgekehrt. Beim Feiern sind in St. Vinzenz alle gleich. Nur die zwei Kommunisten von St. Vinzenz sind nicht gekommen. Sie wussten, dass sie kein Leiberl haben[53], und verzichten auf das kapitalistische Getue.

Pfarrer Schwintzerl, der Alkohol eigentlich meidet, hat für heute der Theaterrunde trotz der bald anstehenden Premiere freigegeben. Er kann sich ein Seidel nicht verkneifen, denn es tut auch ihm einmal richtig gut loszulassen. Die Proben laufen gut, das Frauenfeindliche und Sexistische stößt ihn naturgemäß ab. Obwohl er es zu vermeiden sucht, zieht es ihn auf eine gewisse Weise auch an.

Reserl, seine Köchin, die die Souffleuse gibt, spürt seinen Zwiespalt, auch ihr geht es ähnlich. Vielleicht hat er sich da doch auf ein ihm noch unbekanntes Terrain gewagt? Jedenfalls wissen sie unausgesprochen, dass sie, wenn alles vorbei ist, darüber reden müssen.

»Ja, ja, schau nur«, sagt Schwintzerl in Richtung seiner Köchin, die neben ihm auf dem Platz steht. »Reserl, das ist Demokratie, der St. Vinzenzer ist unberechenbar.« Seine Köchin gönnt sich nur einen Pfiff Bier und nickt. »Aber wenn es darauf ankommt«, fährt der Pfarrer fort, »dann weiß er, wo der Bartl den Most zu holen hat«, und schaut ihr dabei streng in die Augen.

»Wenn du meinst, Bertl«, sagt sie etwas verschämt und sie stoßen lächelnd miteinander an.

---

53 Kein Leiberl haben: keine Chance haben.

»Es ist ein Fest für alle! So lieb und kann es nur St. Vinzenz … wenn es will«, sagt Pfarrer Schwintzerl.

Der Bürgermeister feuert die Ortskapelle nun an, den »St. Vinzenzer Marsch« zu spielen.

Auch Josef, eben auf den Platz gekommen, holt sich ein Glas Bier, gießt sich etwas davon in die hohle rechte Hand und reicht sie Fritzl, der die paar Schlucke dankbar schlürft. Vergessen sind momentan die schwierigen Zeiten und auch die Morde, wenigstens für jetzt und heute. Josef stellt sich zum Pfarrer und seiner Köchin.

»Übrig sind drei ungeklärte Morde«, sagt dieser.

»Ja, furchtbar«, bestätigt Josef, »und niemanden interessiert es offenbar.« Josef prostet auch dem feiernden Max zu.

»Was wird werden«, sagt der Pfarrer. »Ich möchte gerne wissen, was ich verbrochen habe, dass ich hier gelandet bin. So muss eben ein jeder sein Kreuz tragen, und hoffen wir, dass unser aller Vater im Himmel den Weg und das Ziel kennt.« Er lächelt dabei seine Köchin an, die scheu wegblickt.

In der Tat ein fulminanter Wahlsieg für den Landeshauptmann unter diesen Vorzeichen. Er sitzt zum Leidwesen der Opposition fester im Sattel als zuvor. Das Handy des Bürgermeisters klingelt und dran ist der Landeshauptmann.

»Gratulation!! Na, Sieg auf ganzer Linie, trotz Morde, trotz rechter Hetze. Aufwind im ganzen Land. Wie ich höre, hast auch du gut abgeschnitten!?«

»Ja«, schreit der Bürgermeister ins Handy, »ja, gratuliere auch dir. Hier ist es zu laut, ich geh in mein Büro.« Dort wartet seine Maria mit Heinzi, der seine neue Lederhose anhat. Sie trägt zur Feier des Tages heute extra ihr Dirndlgewand.

»So, nun ist es ruhig. Und? Hast du mir etwas zu sagen?«

»Was? Was zu sagen?«, fragt der Landeshauptmann verwundert. »Ich kann jetzt auch nicht, meine Siegesfeier …«

»Was schaut für mich jetzt nach dem Wahlsieg an Aufstieg im Land heraus«, unterbricht ihn sein Parteifreund.

Der Landeshauptmann zögert. »Nun, wir müssen uns jetzt in der Landespartei beraten und dann schauen wir weiter. Da wir zwei Landtagssitze an die steirischen Rechten verloren haben, wird es ein ganz schönes Stück Arbeit, alles gerecht aufzuteilen.«

»Und ich?«, fragt der Bürgermeister.

»Wie gesagt, ich bitte euch alle um etwas Geduld, aber wie versprochen wird auch für dich sicher ein Aufstieg im Land herausschauen, ich weiß nur noch nicht wie, wo und was. Immerhin hast du nun auch einen National-Traditionellen im Gemeinderat und diese Morde … Aber die Gremien werden entscheiden, da habe ich leider keine Verfügungsgewalt.«

»Aber du bist der Landeshauptmann«, insistiert Bürgermeister Loch nun schon etwas gereizt. »Du hast das Sagen, du hast die Wahl gewonnen und nicht deine Schleimer, die Rechten haben auch dir in den Arsch getreten?« Der Bürgermeister hat sein Telefon laut gestellt, damit seine Frau mithören kann. Er macht ihr Zeichen, ihm doch einen Schnaps einzuschenken.

»Da hast du schon recht, mein Freund«, sagt der Landeshauptmann ruhig und in einer Art, die im Bürgermeister negative Prägungen aus der Kindheit wach werden lassen. »Aber nicht vergessen, ich bin der Landeshauptmann!«

»Ich halte das hier alles für dich und die Partei aus«, fährt der Bürgermeister fort. »Und du hast auf einmal keine Verfügungsgewalt?« Er kippt den Schnaps und will einen zweiten von Maria. Nicht nur der Landeshauptmann spürt die aufsteigende Aggression des Bürgermeisters, auch Heinzi. Frau Bürgermeister gießt ihrem Mann ein und deutet ihm mit beiden Händen, doch runterzukommen, aber es ist zu spät.

»Reg dich nicht so auf«, sagt der Landeshauptmann jovial, er weiß, dass dies den Bürgermeister tief innen trifft. »So ist das nun mal in der Politik, mein Freund, wir müssen uns alle nach der Parteidecke strecken.«

Das ist zu viel für den Bürgermeister, er explodiert. Maria schlägt sich die Hände vors Gesicht, weiß sie doch, was jetzt kommt, und Heinzi beginnt zu weinen.

»Weißt du was, du versoffener Landesparteiarsch, du kannst mich mal, Landeshauptmann hin, Landeshauptmann her, entweder du hältst, was du versprochen hast, oder ...«

»Oder was«, unterbricht ihn der Landeshauptmann kalt und knapp, »oder was, sag!«

»Ich lass dich auffliegen«, schreit der Bürgermeister. Seine Frau verlässt kopfschüttelnd den Raum. Das ist ihr zu viel. Heinzi will bei seinem Vater bleiben, aber letztlich folgt er doch seiner Mutter.

Es entsteht eine beredte Pause, nun spricht der Landeshauptmann ruhig, als würde er zu einem Kind reden. »Lieber Freund, ich glaube, du verwechselst da etwas. Ich habe St. Vinzenz mit meinen Besuchen persönlich beigestanden. Ich war auf dem Begräbnis von dem alten Feuerwehrnazi. Es gibt viele Dankesschreiben und Anrufe, nicht nur deswegen. Also, zieh mich rein in was du auch immer willst, das interessiert jetzt niemanden mehr. Erstens: Ich habe die Wahl in einer schwierigen Zeit fulminant gewonnen! Zweitens: Du bist ohne mich gar nichts! Drittens sag ich dir jetzt, wie es wirklich weitergeht. Entweder du bleibst ruhig und machst deine Arbeit und wir werden sehen, oder viertens: Ich schlage heute noch in den Gremien deine Ablöse vor. Mit einigen Morden in einer so wichtigen, reichen Weinbaugemeinde nicht fertig zu werden und noch dazu einen Gemeinderat an die Traditionellen zu verlieren, das reicht. Fünftens: Obendrauf bist du Alkoholiker und offensichtlich unfähig, mein Freund!«

»Du bist Alkoholiker«, schreit der Bürgermeister ins Telefon. »DU!«

»Mag sein«, antwortet der Landeshauptmann ruhig, »aber ich habe die Macht!« Und schon ist die Verbindung unterbrochen.

Wütend schmeißt Loch das Handy auf die Couch. Seine Frau kommt mit Heinzi zurück, sie setzen sich zu ihm. »Das war's, hast du super hinbekommen. Verflucht noch einmal, du bist doch wirklich ein Depp.«

Heinzi gibt seinem Vater, zu beider Verwunderung, einen scheuen Kuss auf die Stirn und lächelt.

41

Bürgermeister Loch beugt sich nach einem langen Gespräch mit seiner Frau dem Landeshauptmann, aber vergessen kann er nicht und schon gar nicht verzeihen, das ist nicht seine Stärke. Kommt Zeit, kommt Möglichkeit, denkt er sich, nur Geduld.

Als ob er nicht genug Sorgen hätte, wird das Leben mit Heinzi doch komplizierter. Er ist mittlerweile achtzehn, es fordern seine sexuellen Bedürfnisse, befriedigt zu werden. Seit er auf einem Nachbarbauernhof gesehen hat, wie ein Stier eine Kuh besprang, ist, so scheint es, etwas in ihm aufgebrochen. Dem Nachbarmädchen hat der Bub beim Spielen schon einige Male in die Brust gebissen oder brutal unter den Rock gegriffen. Bürgermeister Loch beschließt, ihn für sein erstes Mal ins Laufhaus nach Lannach mitzunehmen, denn er wüsste nicht, wie er ihn sonst aufklären sollte. Und mit seiner Frau kann er über dieses Thema nicht reden, das wird nur kompliziert, das ist Männersache. »Ich musste auch allein meinen Weg finden, und dazu braucht es nicht viel Hirn. Heinzi muss einfach lernen, wozu er seinen Pimmel hat, und dann weiß auch er, wo es langgeht«, ist sich der Bürgermeister sicher.

Max sitzt endlich im Gemeinderat und glaubt, er sei der Gott in der Gemeindepolitik. Gleich bei der konstituierenden Sitzung beanstandet er, dass zehntausend Euro in der Gemeindekasse fehlen. Er hat als Vertreter der kleinsten Partei das Kontroll- und Prüfungsrecht. Von dem Söldnerdeal hat niemand sonst eine Ahnung. Nur Bürgermeister Loch und Obmann Kurzmann wissen, wie auch Max und Josef, darüber Bescheid.

Josef, der als Gast bei der Gemeinderatssitzung war, weiß, dass nun ein Kampf begonnen hat, der letztlich nur aus Mittelmaß oder Chaos entsteht. Er mischt sich nicht ein, das Zerfleischen werden sie von selbst erledigen.

Der Bürgermeister hat ungern beim Landeshauptmann um einen Termin gebeten. Aber auf Wunsch des verhinderten Landeshauptmanns empfängt ihn die Frau Landesrätin für Tourismus. Schweren Herzens erklärt der Bürgermeister ihr das Problem, und sie verspricht ihm, die zehntausend Euro als Bedarfszuweisung aus einem persönlichen Topf des Landeshauptmanns zu übermitteln.

Das muss ja eigentlich niemand wissen, denkt der Bürgermeister. Die Landesrätin nimmt ihm das Versprechen ab, nie mehr derartige eigene Initiativen zu starten, ohne Rücksprache mit ihr zu halten. Am Schluss umarmt sie ihn und sagt feierlich: »Ich soll dich herzlich von unserem Landeshauptmann grüßen. Du bleibst einer unserer wichtigsten Vertreter in der Südweststeiermark. Außerdem, und das sage ich dir jetzt unter uns, musst du dir keine Sorgen machen wegen deines Aufstiegs, wir arbeiten daran. Wir müssen nur noch den Widerstand gegen die Zusammenlegung in den Griff bekommen, und dazu brauchen wir dich in Zukunft noch sehr vor Ort. Die Menschen wissen ja nicht, was für sie gut ist. Unter uns, nur für dich, Kurzmann wird immer mehr zum Problem, da sind wir noch am Überlegen. Wir wollen den Weinbauverein in die Verantwortung eines jungen Weinbauern legen, ebenso will ich einen Verein der Schilcherbauern, dann wäre damit ein Ausgleich geschaffen. Auch im Tourismus gibt es neue frische Ideen. Das sag ich dir im Vertrauen, nur damit du weißt … wir melden uns.« Bussi links, Bussi rechts. Loch bedankt sich und geht. »Einen Rat noch«, sagt die Landesrätin. Loch dreht sich zu ihr. »Ja?« – »Hör auf zu saufen!« Lukas Loch nickt und geht.

Bei der nächsten Gemeinderatssitzung bestätigt der Kassier dem Gemeinderat einen Fehler in der Buchführung und dass die hinterfragten zehntausend Euro selbstverständlich nachvollziehbar in der Kasse der Gemeinde vorhanden sind. Max und die Opposition müssen dies wohl oder übel akzeptieren. Wie hätten sie das auch beweisen können? Aber ab jetzt weiß Max, dass er den Bürgermeister nicht für dumm verkaufen kann.

Loch hält sich inzwischen vom Zwetschkenschnaps erfolgreich fern. Nach dem Treffen mit der Landesrätin macht er sich zuversichtlich an seine Arbeit und freut sich, dass seine Frau trotz aller vergangenen Vorfälle immer fester zu ihm hält. Was sollte sie sonst auch tun? Jetzt in ihrem Alter ist es für alles, außer zu ihm zu halten, zu spät. An Abenden, wenn ihr Heinzi auf der Steirischen Harmonika spielt, gelingt ihnen immer mehr etwas wie Familie.

Lochs Interview im amerikanischen Fernsehen wird nur in einem kurzen Ausschnitt gesendet, und es wird ein anderer Text darübergelegt. Der doppelte Obmann Kurzmann dagegen trifft mit seinem Interview voll ins Schwarze der touristischen Zielgruppe. Er wird die Werbung los, die hauptsächlich ihn und sein Geschäft betrifft. Man würdigt seine Tracht sowie die beiden Jungfrauen als sehr steirisch. Zum Abschluss sind Slavko und Mariza mit ihrem zweistimmigen slowenischen Lied zu hören.

»Na, hab ich es nicht gesagt«, prahlt Kurzmann vor seinen Buschenschänklern. »Das hilft uns weiter! Wir werden St. Vinzenz in das Licht der Welt rücken.«

»Bravo! Bravo«, rufen viele der Mitglieder beider Vereine, aber wo bleiben wir, denken sie heimlich.

»Vier unaufgeklärte Morde«, sagt Josef zu Karin, »vier!« Seine Gendarmenseele findet keine Ruhe, es arbeitet in ihm, er sucht Lösungen. Seine sexuelle Lust aus der Vergangenheit in solchen Situationen hat sich aufgelöst. Hat er früher unter diesem Druck gelitten, fühlt er sich nun durch die liebevolle Beziehung zu Karin entspannt. Ruhe ist eingekehrt. Er liebt die langen Spaziergänge mit ihr, sie reden kaum dabei, spüren ihre Nähe, eingebettet in die Natur, und ab und zu drehen sie sich spontan gleichzeitig zueinander und küssen sich mit einer Mischung aus Leidenschaft und Zärtlichkeit. Es erfüllt ihn, dass es ihr guttut, zu erspüren, wonach sie sich sehnt. Es sind diese Gefühle, die er nie erlebt hat, die er auch nie zeigen konnte. Und wenn er das spürt, dann ist es jedes Mal eine Entdeckungsreise in ein neues, ungewisses, aber wunderschönes Abenteuer.

Eines Tages klingelt sein Handy und der Name seiner Exfrau erscheint am Display. Er zögert nicht eine Sekunde, sie wegzudrücken. Er will nicht mehr an sie und die gemeinsame Zeit erinnert werden. Er löscht und sperrt die Nummer ein für alle Mal.

Josef bespricht sich mit Karin darüber bei einer Jause und macht sie damit glücklicher als sie schon ist. Es gibt gekochte Mangalitza-Krainerwürstel von Slavko, mit Senf und Kren, und Karins selbstgebackenes Brot. Josef will sich die nächsten Tage aufmachen, um noch einmal in den Buschenschänken, beim Au-Wirt sowie beim Tankstellen-Tschecherl später am Abend nachzuforschen. Um diese Zeit sind die St. Vinzenzer betrunken, müde und reden gerne, vor allem über das, was sie nicht sollten. Er ist Julia in Leibnitz noch immer im Wort und er beabsichtigt, sein Versprechen zu halten.

In Slavkos Buschenschank trifft er die Runde der Neider und Idioten, Franz, Slavko, zwei Gemeinderäte und Max, nicht den Unbekannten vom Pfingstsamstag, als der Mord passiert ist. Slavko kann oder will sich nicht mehr erinnern. »Gast is Kinig«, sagt er. »Weiß i nix.«

Doch Mariza weiß noch ganz genau, wer sich wie aufgeführt hat. »Franz, Max der Jagdpächter, zwei Gemeinderäte und ein Fremder, den ich nicht kenne. Er war ein direkter Mann, hatte kurze Haare und redete in einem komischen Dialekt.« – »Wienerisch?« – »Kann sein«, antwortet Mariza. – »Das war der Privatdetektiv.«

Josef befragt jeden von dieser Buschenschankrunde, aber ohne Ergebnis. Sie können sich alle an nichts erinnern. Es wurde viel getrunken und gefeiert, Max hatte einen kapitalen Bock geschossen. Bleibt also der Fremde. Doch wo ist dieser bezahlte Geselle zu finden, Karl Münster, aber heißt er wirklich so? Franziska hat Josef erzählt, dass sie ihn im Supermarkt getroffen hatte. Josef fragt dort nach, ob ein Fremder mit diesem Outfit und mit komischem Dialekt in Erinnerung geblieben ist. Hat er vielleicht mit Kreditkarte bezahlt? »Ich kann mich nicht erinnern, und selbst wenn, sind meine Kunden datenschutzrechtlich geschützt«, sagt der Supermarktchef.

»Das verstehe ich«, meint Josef, »finde ich auch richtig. Nun, dann schauen wir uns einmal das Kühlhaus und die Frischfleischtheke genauer an, oder wissen Sie was? Ich rufe gleich meine Freunde vom Lebensmittelinspektorat an, das ist einfacher, das sind Spezialisten, meinen Sie nicht?«

»Ich schau ja nach«, sagt der Supermarktchef entgeistert und blättert alle Kreditkartenabrechnungen seit dem Frühjahr durch. Da waren drei Abrechnungen mit dem Kreditkarten-Namen Karl Blaickner.

Das ist er, ist sich Josef nun sicher. Er beschließt gleich am nächsten Tag, bei einem Freund in der Landespolizeidienststelle Adresse und etwaige Vorstrafen des Mannes ausheben zu lassen, um ihn zu finden.

Josef erzählt es Franziska und er versichert ihr, dass sie weder von ihm noch von jemand anderem etwas zu befürchten habe. Was sie getan hat, muss sie mit sich selbst ausmachen. »Florian hat es zwar nicht besser verdient, aber Mord ist Mord«, sagt Josef. »Er war trotz allem ein Mensch, und es steht niemandem zu, über einen anderen Menschen zu richten. Dazu gibt es Gesetze.«

»Und wo war das Gesetz damals?«, fragt Franziska.

42

»Karl Blaickner, 45 Jahre alt, wohnhaft in der Schnittergasse 26, 1080 Wien. Ehemals Schlosser, aber die Adresse stimmt sicher nicht mehr«, informiert ihn sein Freund aus der kriminaltechnischen Abteilung der Landespolizeidirektion in Graz. Er schickt Josef ein Fahndungsfoto aufs Handy.

»Das ist er«, sagt Josef, der ihn sofort erkennt. Die Glock hat er einem Kollegen in Wien abgenommen, sie haben ihn hops genommen, aber er konnte fliehen, bevor sie seine Identität festgestellt haben. Aber nun ist es sicher: Es handelt sich um Karl Blaickner.

»Er hat wahrscheinlich einen religiös motivierten Mord an seiner muslimischen Freundin begangen, aber sicher an deren zwei Brüdern und deren zwei Freunden«, fährt sein Freund fort. »Es gibt einen internationalen Haftbefehl wegen fünffachen Mordes. Und nun halt dich fest, mein Lieber. Danach Karriere als Söldner auf serbischer Seite im Jugoslawienkrieg. Er begeht seitdem im In- und Ausland Einbrüche und Raubüberfälle, um sich über Wasser zu halten. Er wird mittlerweile auch der rechtsradikalen Szene zugerechnet, gibt sich als Privatdetektiv aus. Er wirkt sympathisch, ist aber besonders brutal.«

»Na, wenn das keine Karriere ist«, sagt Josef.

»Ja, unglaublich, der will es wissen«, sagt sein Freund. »Der hat nichts mehr zu verlieren.«

»Ich danke dir für deine Mühe, lass es bitte noch zwischen uns.«

»Klar«, sagt Josefs Freund, »wenn du noch etwas brauchst, melde dich.«

»Ach ja, einen Moment«, fährt Josef fort, »gibt es bei euch noch Unterlagen aus der Besatzungszeit, die die Weststeiermark, speziell St. Vinzenz, betreffen? Übergriffe auf russische Besatzungssoldaten?«

»Glaub schon, zum Teil archiviert auf Mikrofilm. Wieso?«

»Kannst du bitte nachschauen, ob in St. Vinzenz und Umgebung Übergriffe oder gar Morde an russischen Besatzungssoldaten begangen wurden?«

»Okay, mach ich, dauert aber etwas. Aber wenn nicht, dann hat sicher das Boltzmann-Institut für Kriegsfolgenforschung in Graz oder das Staatsarchiv etwas darüber. Danke, tschau.«

Mittlerweile rüstet sich die Natur langsam für den Winterschlaf. Schnee gibt es aber leider noch keinen, das Wasser fehlt dann im Sommer.

»Früher«, meint Franziska, »hat die Weststeiermark um diese Zeit schon meterhoch Schnee gehabt. Naja, wird auch wieder anders werden.«

Slavko hat für Franziska Speckseiten, das sind Bauchteile mit Rippen, und Lendbratl zum Selchen gebeizt. Franziska lässt es sich nicht nehmen, selbst zu selchen, doch mit den Jahren geht ihr Slavko immer öfter zur Hand. Diesmal hat ihr Josef Apfelholz für das Selchen klein gehackt, und einen Tag vor Beginn, nach drei Wochen Beize, hat er ihr das Fleisch zum Durchziehen eine Nacht in die Räucherkammer, die Selch, gehängt. Slavko macht Feuer in einem durchlöcherten alten Topf, legt eine flache Steinplatte drauf und lässt einen kleinen Schlitz für den Rauch.

»Musst du immer schauen, wenn wenig raucht, Holz eini, aber nix viel und nix wenig, muss lernen … mittel is Weg«, sagt Slavko.

Frau Klug steht daneben und überwacht den Vorgang, der vier bis fünf Tage dauern wird. Außer nachts, da wird nicht geheizt, da muss das Fleisch auskühlen und die Selch wird mit einem Vorhängeschloss versperrt. Es hat Zeiten gegeben, wo Diebe sich in der Nacht das Fleisch geholt haben, aber das gibt es heute nicht mehr, und wenn, setzt es Sauborsten von Franziska. Nach den Selchtagen wird das Fleisch als Ganzes in den nördlichen Dachgiebel des Hauses gehängt, um auszufrieren und langsam luftzutrocknen. Ende Jänner wird der Speck fertig sein. »Zu selbstgemachtem Bauernbrot, Schilcher und Kärntner Jausenzwiebel ist das etwas sehr Feines für zwischendurch«, freut sich Franziska.

Am Wochenende stand die Premiere der Theaterrunde im Schilcherland-Saal auf dem Programm. Josef und Karin nutzten den freien Abend aber für sich zu Hause. Ihnen war nicht zum Lachen. Aber die St. Vinzenzer wollten lachen nach der ganzen unsicheren Zeit, und es war auch verständlich. Wie man am Sonntag hörte, bot die Premiere mehr, als sie alle erwartet hatten. Etwas frauenfeindlich, eine Prise sexistisch, und es wurden einige lustige bis kritische Gags über besondere Ortsbewohner eingeflochten. Für jeden war etwas dabei.

»Soll sein«, sagt Josef beim Mittagessen, »wenn es ihnen gefällt.«

»Alles ist besser als Krieg, sagt unser Herr Pfarrer immer«, bestätigt ihn Franziska.

Aber wichtiger war die Frage, wie Josef nun an Karl Blaickner kommt. Wenn ein internationaler Haftbefehl nichts nützt, wie soll es dann von St. Vinzenz aus gehen?

Josef knöpft sich Franz noch einmal vor. Franz hatte die richtige Temperatur, er war sehr unzufrieden mit seinem Erfolg in der Hauptrolle im Stück. Es hatten ihm junge Mitspieler der Landjugend bei seinen Pointen immer wieder hineingepfuscht. Das Schlimmste aber war wohl, dass sich seine Partnerin Valentina, die er als Jaga Franzl erobern sollte, über ihn auf offener Bühne lustig gemacht hatte. Dass sie ihn und alle St. Vinzenzer Männer als impotente Abstauber beschimpft hatte. Dass die St. Vinzenzer feige und unterwürfig wären. Und die Zuschauer, die dachten, dies gehöre zum Stück, haben sich weggeschmissen vor lauter Lachen. Pfarrer Schwintzerl und die Souffleuse Reserl wollten noch retten, was zu retten war, aber es half nichts. An diesem Abend schrieb die St. Vinzenzer Theaterrunde Theatergeschichte.

Die Zuschauer wurden Zeugen des ersten rein improvisierten Amateur-Theaterstücks von St. Vinzenz. Eine hohe Kunst. Die Zuschauer tobten, aber in den folgenden Vorstellungen hatten es die Schauspieler schwer. Es fehlte ihnen die Leichtigkeit der Improvisation, die Frische, das Freie des ersten Mals! Und so waren die folgenden Vorstellungen alles andere als lustig. Es gab sogar private Drohungen und Handgreiflichkeiten auf offener Bühne. Das führte dazu, dass nach der dritten Vorstellung das Stück abgesagt werden musste. Alle waren so zerstritten untereinander, dass sich der Vorstand sogar entschied, den Verein spontan aufzulösen. Pfarrer Schwintzerl und Bürgermeister Loch versuchten noch zu vermitteln, aber scheiterten an der Starrköpfigkeit aller.

»Franz, ich brauche deine Hilfe, mein Freund, deine Erfahrung und deine spezielle Einschätzung, aber unter uns, verstehst du, niemand darf davon etwas erfahren?« Damit hatte Josef Franz sofort auf seiner Seite. Nach diesem Theaterdesaster endlich wieder von jemandem ernst genommen zu werden, ist er gleich Feuer und Flamme, um zu erzählen, was er am Pfingstsamstagnachmittag in Slavkos Buschenschank miterlebt hat.

»Wie gesagt, Max hat einen kapitalen Bock geschossen, und das haben wir gefeiert«, beginnt er sehr eifrig. »Dann kam am frühen Abend dieser Fremde dazu. Karli, glaube ich, der hatte so einen komischen Dialekt, Wienerisch vielleicht. Der hat ganz schön Gas gegeben und wir waren auch schon richtig in Stimmung. Am anderen Tisch saßen die Julia und dieser Erwin, und die beiden schmusten herum. Naja, wir haben uns darüber lustig gemacht. Ist ja nichts Schlimmes, aber mit Karli, da ging etwas los! Bah! Der hat sich in die Julia verschaut, zuerst war er sehr nett zu ihr und meinte, dass sie besser zusammenpassen würden. Aber Julia hat nicht auf ihn reagiert. Wir sind ja auch keine Vorzugsschüler, aber der hatte Sachen auf Lager, na servus.«

»Was für Sachen?«, fragt Josef.

»Na, brutale Sprüche eben, geile Schweine, oide Ficker, überstandene Fut, Schwanzlutscher, zagts, wos ihr könnts oda soul i eich höfn«, äffte Franz den Dialekt nach. »Naja, so ging das halt dahin. Er sprang immer wieder auf, wollte zu Julia, aber Slavko und auch wir haben ihn davon abgehalten. Die beiden reagierten nicht auf ihn, das hat ihn noch mehr gereizt. Man muss ehrlich sagen, gefallen hat uns das schon, allen. Es war ja auch unterhaltsam. Keiner hat sich dabei etwas Schlechtes gedacht. Die beiden haben bald gezahlt und wollten gehen. Da sagte dieser Karli, glaub ich, so etwas wie, ›na gehts fickn ohne mi?‹ Und der Mann dreht sich zu ihm und sagt: ›Ja, weil wir dürfen. Wir können wenigstens noch.‹ Und sie sind gegangen. Wir haben über die Retourkutsche gelacht, und nach einiger Zeit ist dieser Karli beleidigt aufgestanden, hat gesagt, er müsse nun fahren, zahlte und verließ ziemlich betrunken den Buschenschank. Wir haben weiter gefeiert und am nächsten Tag ... nun ja, ein Mord. Den Typen habe ich nie wieder bei uns gesehen.«

»Und warum hast du das nicht gemeldet?«, fragt Josef.

»Naja, es war mir nicht wichtig, und überhaupt, ich mische mich bei so etwas grundsätzlich nicht ein, wer weiß?«

»Und was ist, wenn dieser Karli der Mörder war und vielleicht noch jemanden umbringt?«, sagt Josef.

»Geh, das glaub ich nicht, oder?«

Josef überlegt, ob er Franz die Wahrheit über Karli sagen soll, aber was, wenn er das überall herumposaunt? Das war noch zu früh.

Franz wirkt äußerlich cool, aber innerlich ist ihm nicht wohl. Er ärgert sich, dass er nach seinem Theatermisserfolg nun auch noch alles so bereitwillig erzählt hat.

»Das bleibt doch unter uns, oder?«, fragt er Josef.

»Schauen wir einmal«, sagt Josef und konfrontiert die anderen Gäste vom Karsamstag mit der Aussage von Franz, und alle sind sich einig, dass Franz das Ganze aus Eitelkeit etwas ausgeschmückt hat.

»Wir haben den Abschuss des Rehbocks gefeiert, und lustig war es, ja. Punkt.« Für Josef war nun klar, dass dieser Karl Münster den Mann erschossen und Julia zum Blowjob gezwungen hat. Er informiert seinen Freund in der Landespolizeidirektion und sie überlegen, wie sie des Mannes habhaft werden könnten. »Wenn Interpol es nicht schafft, wie sollen wir es schaffen?«, hat sein Freund den ähnlichen Gedanken.

»Nun, wir müssen diese Geschichte dem Landespolizeidirektor schmackhaft machen«, sagt Josef. »Er hat mehr Möglichkeiten, vielleicht hilft das?«

»Und Landespolizeidirektor Puderer ist ja nicht nur ein Top-Polizist mit Hang zum Ministeramt, sondern auch ein studierter Promenadologe«, ergänzt sein Freund. »Wenn das nicht hilft?«

»Schau an, na ja«, antwortet Josef, »wenn man es aus dieser Perspektive betrachtet, hast du vollkommen recht.« Beide lachen.

»Es ist der einzig richtige Weg. Ich frage inzwischen bei Interpol nach, wie es um die Fahndung steht.«

»Hast du wegen der Übergriffe nach dem Krieg etwas herausgefunden?«, fragt Josef noch schnell.

»Bin noch dran«, antwortet der Freund. »Aber lustig, der neue Einsatzbereichsleiter hat auch schon danach gefragt.«

»Ja, okay«, sagt Josef, »verstehe, das ist sicher schwer zu finden.«

43

Über diese Ereignisse hat man fast vergessen, dass die Südweststeiermark eine vielfältige Weingegend, die Weststeiermark selbst aber das Epizentrum des Schilchers ist.

Am Schilcherjunker, der ersten Qualitätskostprobe für den kommenden Jahrgang, wird in den Kellern schon längst gearbeitet. Manche meinen, dass der Junker[54] chemisch aufbereitet würde, denn er hat keine wirkliche Reifezeit. Jeder andere Wein braucht seine Zeit und ist frühestens Anfang März des nächsten Jahres trinkbereit. Aber trotz aller Schnelligkeit kann der Junker schon einiges, und

---

54 Junker: Name für den ersten Jahreswein in der Weststeiermark.

auch die Mutmaßungen, es ginge bei seiner Herstellung nicht mit rechten Dingen zu, stimmen nicht. Es gibt klare Gesetze, nach denen streng kontrolliert wird, und an die hält man sich auch, vor allem die junge Winzergeneration. Nach dem österreichischen Weinskandal 1985, bei dem Weine mit Glykol, einem Gefrierschutzmittel, zu Prädikatsweinen aufgemotzt oder sogar nur mit Wasser, Chemie und Glykol hergestellt wurden, hat man durch eine neue Winzergeneration und klare Gesetze wieder auf den richtigen Weg gefunden. Naturweine, biologisch ausgebaut, Orangeweine, Weine nach Demeter, PIWI-Sorten, pilzresistente Rebsorten sind im Vormarsch.

Da und dort beginnen die weststeirischen Winzer auch schon vermehrt, Rotweine zu pflanzen, denn die Sommer werden immer wärmer. Die Menschen haben jetzt aber schon große Lust auf den neuen, frischen Jahreswein, auf den Junker, Gerüchte hin, Gerüchte her.

Wie in Frankreich eben der Beaujolais Primeur oder Nouveau als einziger Wein in dem Jahr verkauft werden darf, in dem er geerntet wird, ist dies in der Weststeiermark eben der Junker. Der weiße Junker ist eine Cuvee von bis zu sieben Weißweinsorten. Es gibt auch südsteirischen Junker aus Rotweintrauben, aber der ist selten. Wie auch in Frankreich mit dem Primeur hat man mit Erscheinen des Junkers um 1995 ein eigenes erfolgreiches Geschäftsmodell geschaffen. Meist um den Martinitag wird diese Spezialität in der Landeshauptstadt Graz anlässlich eines großen Festes mit Tausenden Gästen präsentiert.

Die Winzer von St. Vinzenz lassen es sich aber nicht nehmen, in ihrem Ort selbst ein großes Schilcherjunkerfest zu Martini zu veranstalten. Es soll keine Gegenveranstaltung sein, und selbstverständlich schicken sie auch Vertreter nach Graz, aber: »Unseren Schilcherjunker präsentieren wir schon in seiner Heimat!« Die neuen jungen Schilcherbauern haben die national-traditionelle Partei WIR SIND DAS SCHILCHERLAND aufgelöst und einen neuen Weinbauverein, DAS SCHILCHERLAND, gegründet. Sie haben sich von allem regionalen und auch überregionalen rechten Mief entfernt und einen starken jungen Obmann gewählt.

Nach dem ganzen Trubel und den Unsicherheiten des Jahres – Morde hin, Morde her, Polizei hin, Gesetze her – freuen sich alle St. Vinzenzer auf dieses besondere Fest, das am 11. 11. beginnt und ein ganzes Wochenende dauern wird. Viele Gäste aus nah und fern werden willkommen geheißen. Nur verdrängt, aber nicht vergeben sind die gegenseitigen Anschuldigungen, und wie sagte Bürgermeister Loch bei einer Kundgebung auf dem Ortsplatz: »Letztlich sind nur wir selbst die Leidtragenden, wenn wir uns bekriegen, also lasst uns zusammenhalten.«

Die diesjährige Qualität der Weine spricht wirklich für sich. »Unsere Junker können sich sehen lassen«, verkündet er in der Versammlung, bei der das Fest beschlossen wird. Es ist viel zu tun, für jeden. Denn natürlich werden alle St. Vinzenzer dazu gebraucht. Jeder, der gesunde Arme und Beine hat, hilft mit, und es gibt sogar Geld dafür von der Gemeinde, dem südweststeirischen Weinbauverein und dem SCHILCHERLAND. Da gibt es keine Parteigrenzen mehr, egal welche politische Farbe: Es gilt nun zusammenzuarbeiten.

Pfarrer Schwintzerl wird den Wein segnen und es wird an diesem Tag ein geeintes St. Vinzenz geben. Der doppelte Obmann und der Bürgermeister übernehmen die Führung. Auch der Landeshauptmann und die Tourismuslandesrätin werden wie jedes Jahr am Samstag das Fest besuchen. Franziska hat zur Feier des Tages einen selten gewordenen Wildhasen geschossen, den wird sie für Josef und Karin zubereiten.

44

»Er ist in Frankfurt«, sagt Josefs Freund am Telefon. »Gerüchten zufolge hat er vor, sich der Wagnertruppe in St. Petersburg anzuschließen. Ob diese Infos wirklich stimmen, weiß ich nicht, aber es ist ein Anhaltspunkt und mein Kontakt bei Interpol ist zuverlässig. Man weiß ziemlich genau, wo er sich örtlich in der Stadt aufhält. Die Frage ist nur, wie lange noch und wie gehen wir vor.«

Josef ersucht erneut um einen Termin beim Landespolizeidirektor, und diesmal geht es um einiges zackiger und er wird sofort ernst genommen.

Franz glänzt in der Landespolizeidirektion erneut mit der Wiederholung seiner Aussage, die er sogar noch verfeinert. Es war für ihn ein Kampf zwischen Heldentum und Angst. Aber einmal so wichtig zu sein, das hat er sich in seinen kühnsten Träumen nicht vorgestellt.

»Wenn das stimmt«, sagt der Landespolizeidirektor, »dann könnten wir bald einen riesigen internationalen Erfolg landen.«

Ab nun nehmen er und das Innenministerium das Ganze offiziell in die Hand. Landespolizeidirektor Puderer ist gewaltig aus dem Häuschen: so kurz im Amt und schon so ein Erfolg! Der touristische Liebesmord von St. Vinzenz steht kurz vor der Klärung, und wer weiß was noch. Josef erinnert ihn daran, nicht zu vergessen, dass es ja auch den Mord an dem alten Florian gegeben hat.

»Der Söldner hat sich in St. Vinzenz versteckt, in seinem geheimen Waldquartier im Höllgraben. Könnte ihn Florian in der Nacht auf der Flucht vor der Polizei nicht überrascht haben in seinem Höllgraben-Verstand? Und der Söldner hat ihn mit seinem Militärspaten erledigt? So nebenbei, als Kollateralschaden?«, insinuiert Josef.

Eine Geschichte drängt der anderen hinterher, der Blutdruck des Landespolizeidirektors steigt. Er schwitzt und zittert sogar leicht vom Adrenalinschub.

»Ja, Kollege, du hast ganz recht, ich sehe das genauso«, stimmt der Landespolizeidirektor Josef enthusiastisch zu. Seine Sekretärin jodelt kurz herein.

»Herr Direktor, etwas zu trinken …?«

»Jetzt nicht«, brüllt er, »und Tür zu, aber von außen! Keine Störung mehr!« Er reibt sich die Hände. Nun ist es nur noch eine Frage der Zeit, den Mörder zu erwischen und zu verhören.

Auf Bitte des österreichischen Innenministers an seinen Amtskollegen in Berlin wird der Söldner noch am selben Tag von der deutschen GSG 9 gestellt, aber er entzieht sich der Festnahme und flieht. Dabei wird er durch einen finalen Rettungsschuss letal außer Gefecht gesetzt.

Der Landespolizeidirektor schwebt zentimeterhoch über dem Boden. Er setzt seine Schirmmütze auf und bringt dem Landeshauptmann persönlich die Vollzugsnachricht. Beide sind froh über den Ausgang, bietet dies doch einen breiten Interpretationsspielraum.

Der Innenminister lobt Puderer per Telefon, der Landeshauptmann vor Ort persönlich. Dieser beruft sofort für den nächsten Tag eine Pressekonferenz in St. Vinzenz ein.

Das trifft sich sehr gut, denkt auch Bürgermeister Loch. Er wird für den Besuch des Landeshauptmannes, der Tourismuslandesrätin und für die Pressekonferenz alles auf das Beste organisieren, trotz des Beginns des Junkerfestes. Jedermann und jedefrau freuen sich auf den nächsten Tag.

»Was für eine Ehre, so viel Prominenz begrüßen zu dürfen! Was für eine Werbung für St. Vinzenz und unser Junkerwochenende«, jubelt der doppelte Obmann, und alle stimmen ihm zu.

»Wir gehen *on air*, europa-, ach was: weltweit!«

ORF, ARD, ZDF, SRF, das tschechische und das slowenische Fernsehen haben sich ebenfalls angesagt. Der Innenminister, ein Weinliebhaber, lässt sich von seinem Spindoctor überreden, auch nach St. Vinzenz zu fahren. Er ist kein besonderer Weinkenner, und wenn schon die Publicity nicht allzu groß ausfallen wird, kann er doch wieder einmal so richtig saufen.

45

Josef hat sich sofort zurückgezogen, nachdem die Meldung vom Tod Karl Blaickners kam. Er hat seine Pflicht als Gendarm und als Mensch erfüllt. Alles ist auf Schiene. Er ist froh, dass er Karin für einen ruhigen Abend vom Bürgermeisteramt abholen kann. Den Hasenbraten hat Franziska schon im Rohr. Sie stoßen alle drei mit Schilcher auf Josefs großen Erfolg an. Franziska und Josef schauen sich lange in die Augen, dann nimmt er sie in den Arm und gibt ihr einen Kuss auf die Stirn.

»Es ist vorbei. Ich konnte eine Kleinigkeit zur Lösung beitragen, und nun ist endlich Schluss. Nun möchte ich, dass wir auf deinen Mann und dich anstoßen, auf Pepi und Franziska, auf euren Mut und auf uns alle. Schade, dass ich Pepi nicht kennengelernt habe.«

Sie setzen sich an den Tisch. Josefs Handy klingelt. »Ja? Oh, hallo, nein, du störst nicht.« Josef hört zu. »Aha, das hat sich ja dann alles sehr gut gefügt. Gratuliere und danke auch! Ach ja, was? … Waas?«

Josef schaut Franziska an. Sie spürt, dass da jetzt etwas auf sie zukommt, mit dem sie nicht mehr gerechnet hat.

»Aha, und es war ein Einheimischer? … Okay, weiß man nicht … hm. Und den Bericht gibt es auf Mikrofilm? … Wie viele Exemplare gibt es davon? Eines? … Aber wir suchen noch, doch Hoffnung gibt es nicht viel … Bei so alten Filmen … Okay, ja, ja, die sind doch sehr filigran, also pass schön darauf auf! Okay … Danke.« Josef lacht. »Bei Boltzmann gibt es leider auch nur Vermutungen, ich habe nachgefragt, leider ist auch im Nationalarchiv nichts … Ich melde mich bald, danke und alles Liebe und Gratulation!«

Der Hasenbratenduft breitet sich im ganzen Raum aus. Es ist plötzlich so still, dass man das Prasseln des Bratens im Rohr hören kann.

Niemand sagt ein Wort.

Fritzl jammert etwas und legt sich neben Josefs Beine auf den Boden. Lena knautscht auf ihrem Platz am Ofen.

»Franziska, nach dem Krieg waren doch die Russen in St. Vinzenz?«, fragt Josef.

Es entsteht eine Pause. Franziska überlegt: »Jo.«

»Wie war das?«

»Furchtbar war das, furchtbar. Die haben alles gestohlen, was nicht niet- und nagelfest war. Wertsachen, Schnaps, Fleisch, Gewand … und wenn sich einer gewehrt hat … bumm. Aber das waren ja selber arme Hund'.«

»Und Pepi?«

Eine längere Pause.

»Der hat genauso gelitten wie wir alle. Am grauslichsten war es für die Dirndln und Frauen. Nur eine Frage der Zeit, bis man ... dran war. Wir haben uns mit Scheißdreck und Ruß eingeschmiert, alte Fetzen angezogen und uns versteckt. Furchtbar. Das waren nicht alles Befreier, manche waren schlimmer als Viecher, und ich war ja auch noch jung ...«

»Pepi hat dich sicher beschützt?«

Karin schaut von Josef zu Franziska und wieder zurück. Sie weiß nicht, worum es gerade geht.

»Najo, jo, er hat ...« Sie schaut in den Himmel. Sei mir nicht böse, *moje srce ...*

»Und es gab keine andere Möglichkeit?«, fragt Josef.

»Das Gesetz waren die Besatzer. St. Vinzenz war den Russen ausgeliefert.«

»Josef, worum geht es eigentlich?«, fragt Karin.

»Es hat ja kaum einheimische Männer gegeben«, fährt Franziska fort, »die waren entweder gefallen oder in Kriegsgefangenschaft. Und eines Nachts ... ganz schnell ging das. Kaum einer hat was davon mitgekriegt. Am nächsten Tag war der Russe nicht mehr da. Der russische Kommissar in Deutschlandsberg hat wohl etwas geahnt, glaub ich, aber er hat nichts beweisen können. Auch unter denen hat es Gute und Schlechte gegeben, wie bei uns. So war das.«

Josef greift nach Franziskas Händen. »Danke. Es ist vorbei, alles, für immer.«

Sie schauen sich lange in die Augen, und Karin versteht nun gar nichts mehr.

»Der Schilcher schmeckt heute anders, viel frischer«, sagt Josef dazwischen.

»Jo, es ist unser Junker«, antwortet Franziska.

»Ich werd dir nachher alles erklären, mein Schatz, ja?«

Karin nickt irritiert.

»Was riecht denn da so gut?«, fragt Josef.

»Der Hasenbraten«, jubelt Karin.

»Es gibt Rosmarin-Erdäpfel dazu«, ergänzt Franziska und ihre Stimme klingt heller. »Und unseren letzten Vogerlsalat, aber mit Olivenöl und Balsamico.«

»Moment«, unterbricht Josef, »was gibt es heut?«

»Hasenbraten«, sagt Franziska, »wieso?«

»Bitte sei mir nicht böse, aber ich esse keinen Hasen.«

»Warum nicht? Ein zartes Wildhaserl ist etwas ganz Feines.«

»Wildhaserlbraten«, wiederholt Josef.

Karin schaut Josef überrascht an und beginnt zu lachen. »Entschuldigt bitte, aber das ist wirklich zu komisch.«

»Aber der ist butterweich, herrlich«, lobt Franziska.

Lena schaut kurz hoch, miaut einmal. Fritzl horcht ebenfalls auf.

»Haserl ist wie Zicklein«, sagt Franziska. »Man muss das Haserl über Nacht in Buttermilch legen, Zicklein auch, dann wird das Fleisch ganz butterzart.«

»Butterzart? Ich esse kein Zicklein, kein Lämmlein und kein anderes -lein«, sagt Josef und beginnt ebenfalls zu lachen.

»Ihr habt ja gar keine Ahnung«, schimpft Franziska und kann das Lachen nun auch nur mehr schwer halten. »Jo, jo, lacht nur, viele glauben, dass man Wild tagelang in irgendeine Weinmarinade mit Gewürzen einlegen soll und so weiter, aber das ist ein Blödsinn. Da kann ich gleich ein Wettex essen.«

Und mit einem Mal lachen alle drei hell und laut, aber vor allem dankbar, wieder lachen zu können.

»Wild muss nach Wild schmecken und Haserl eben nach Haserl, sonst brauch ich es nicht erschießen. Punkt. Und jetzt raus mit dir aus meiner Küche und schau, wo du was zu essen findest. Ich, Karin, Fritzl und Lena, wir wissen, was gut ist.« Und langsam endet das Lachen und es entsteht eine Pause.

»Ich möchte danke sagen dafür, dass wir heute zu dritt da sitzen dürfen und es uns so gut geht. Ich weiß, Pepi ist mitten unter uns.«

Josef lächelt und nickt, alle drei erheben das Glas und schauen nach oben.

»*S teboj nas usmili, moje srce, in ti z mano za vedno.* – Mit dir erbarmt sich unser Herz, und du bist für immer bei mir«, sagt Franziska leise und sie stoßen an.

»Prost!«

»Prost!«

»Prost!«

46

Ein herrlicher Tag. Kalt, aber strahlende Sonne. Kaiserwetter in St. Vinzenz. Der Ort ist geschmückt. Parteiübergreifend hat jeder sein Bestes gegeben. Die Menschen sind herausgeputzt und gehen stolz hocherhobenen Hauptes durch ihren Ort. Diese grauenhafte, ungewisse Zeit, unter der St. Vinzenz zu leiden hatte, ist hoffentlich vorbei. Endlich!

Es wird noch die eine oder andere Meinungsverschiedenheit zu klären sein, aber im Grunde genommen ist wieder alles beim Alten, wie zu Beginn des Jahres.

Auf dem Ortsplatz sind die verschiedensten Stände der Schilcherbauern aufgebaut und jeder wartet auf Lob für seinen Junker und das daraus resultierende Geschäft. Die

Ortsmusik übt im Marschschritt zu spielen, denn diesmal werden sie nicht nur den Landeshauptmann, die Landesrätin, den Landespolizeidirektor und deren Gefolge beim Eintreffen durch den Ort begrüßen, sondern auch dem Innenminister und den vielen Medienvertretern den »St. Vinzenzer Marsch« blasen. Ein großer, mit frischem Tannenreisig geschmückter und etwas erhöhter Tisch inmitten des Platzes steht bereit für die Pressekonferenz. Die Stühle für die Medienvertreter sind in Front dazu aufgestellt.

Der Bürgermeister zupft unruhig an seinem Steireranzug, gut wäre ein Schnaps, aber das ist vorbei. Das hat er sich geschworen.

»Das wird heute eine unvergessliche Feier«, sagt Loch lächelnd zu seiner Frau Maria und gibt ihr einen Kuss.

»Lass es gut sein«, warnt sie. Sie kennt ihn: »Die sind stärker.«

Er nickt, lächelt und küsst sie gleich noch einmal.

»Maria, das wird ein Präzedenzfall für die Ewigkeit und wir sitzen erste Reihe fußfrei.«

Auch Heinzi, bei dem Besuch mit dem Vater im Laufhaus von einer überständigen rumänischen Flüchtlings-Schönheit entjungfert, freut sich ausgelassen über die vielen Mädchen und das Treiben am Platz. Er rennt allen Dirndln hinterher, zwickt sie, grabscht oben oder unter dem Rock, einfach wie es ihm gefällt. Da ist ein junger Mensch, frei, hört nur auf sich und seine Bedürfnisse, egal was jemand denkt. Der hat alles noch vor sich und kann es sich richten. Sein Vater wünscht sich, noch einmal so jung und frei sein zu dürfen, aber das ist längst vorbei. Er empfindet sein Familienleben als eine Art Schadensbegrenzung. Nur als Heinzi vor allen am Platz seine Lederhose aufklappt, schreitet Loch ein und ist sich nicht mehr sicher, ob das Laufhaus wirklich so eine gute Idee war. Aber wenn es dem Buben offensichtlich guttut, soll es mir recht sein, denkt er, und beschließt mit ihm einen weiteren Besuch.

Max und Franz, umringt von den vielen jungen Schilcherbauern, haben einen Stand mit der Tafel Das Schilcherland und mit ihren verschiedenen Junkerweinen zum Probieren aufgestellt. Slavko und Mariza stehen mit Sohn und Schwiegertochter neben ihrem Stand in slowenischer Tracht und üben slowenische Volkslieder, die sie während der Präsentation zum Besten geben werden. Langsam trudelt Motorradpolizei ein, die das ganze Treffen sichern wird. Die Medien positionieren sich langsam, nebst Kameras, Licht und Mikrofonen.

Und erst die Politik! Als Vorhut kommt der Protokollchef des Landes mit dem Fotografen des Landes im Schlepptau angefahren. Er hat alles vorher auf die Absprache hin zu prüfen, damit alle Landesräte und vor allem der Landeshauptmann nicht in die Patsche kommen. Man erklärt ihm, wo der Landeshauptmann und die anderen sitzen werden, wo die Segnung stattfinden wird … und endlich ist es so weit.

Die schwarze Mercedeslimousine mit dem Landeshauptmann und seiner Stellvertreterin, der Landesrätin, biegt auf den Ortsplatz ein und im gleichen Moment beginnt die St. Vinzenzer Blasmusik die steirische Landeshymne zu spielen. Der Protokollchef ärgert sich, denn Usance ist, die Landeshymne immer erst am Schluss einer Veranstaltung zu spielen oder zu singen. Bürgermeister Loch und Obmann Kurzmann in seiner üblichen Tracht begrüßen den hohen Besuch, als der Fahrer die Autotüren nacheinander öffnet. Beide Vertreter der Landesregierung winken der Bevölkerung. Darauf hat der doppelte Obmann gewartet.

Er nähert sich der Tourismuslandesrätin, die in einem gewagten hellgrün-weißen steirischen Trachtenkostüm auftritt, und redet auf sie ein. Der Protokollchef hat ein wachsames Auge darauf. Zwei Marketenderinnen bieten inzwischen Schnaps als Willkommensgruß an. Die Landesrätin lehnt ab und lässt den doppelten Obmann, nachdem sie ihn – wegen der Musik unhörbar für alle anderen – offensichtlich niedergebrüllt hat, verwirrt allein zurück.

Der Herr Landeshauptmann stürzt das Stamperl in einem Zug professionell hinunter und beide werden vom Bürgermeister zum Ehrentisch geführt. Es scheint, dass Justus Kurzmann etwas erfahren hat, das ihn irritiert und ihm keinesfalls guttut.

Vor dem Ehrentisch wartet schon eine große Anzahl von Medienvertretern. Im schwarzen BMW angekommen, rauscht der Landespolizeidirektor den beiden Landesvertretern hinterher, ohne persönliches Stamperl und Marschmusik sucht er gleich seinen Platz neben dem Landeshauptmann. Die Landesrätin steht etwas seitlich, damit sie von ihrem Chef und Landespolizeidirektor Puderer für die Kameras nicht verdeckt wird. Der Fotograf des Landes fotografiert und der Protokollchef ist einigermaßen zufrieden.

»Liebe St. Vinzenzer und St. Vinzenzerinnen«, beginnt der Landeshauptmann seine Rede gleich spontan, »hohe Geistlichkeit, liebe Weinbauern, geschätzter Landespolizeidirektor, geschätzte Kollegin, Herr Bürgermeister, geschätzte Gemeinderäte, Vertreter der Oppositionsparteien, liebe Obleute, Freunde und Medienvertreter auch aus dem nahen Ausland, die Sie heute hier so zahlreich in St. Vinzenz erschienen sind.«

Er macht nur eine kurze Pause. »Lieber Lukas, geschätzter Kollege, ich danke dir für die so gute Organisation.

Wie immer, es ist doch ein wegweisender Tag für dein St. Vinzenz, nicht nur was den herrlichen Junker betrifft. Es wird endlich wieder Ruhe in diesem schönen Teil der Steiermark, der Südweststeiermark, einkehren, wie ich versprochen habe.«

Applaus! Bürgermeister Loch wollte die Ehrengäste mit einer kleinen Ansprache begrüßen, aber den Landeshauptmann will er nun nicht mehr unterbrechen.

»Einerseits feiern wir heute einen speziellen Wein, unseren St. Vinzenzer Schilcherjunker!« Spontaner Applaus. »… der, wie mir der Obmann des Tourismus- und Weinbauvereins Justus Kurzmann schon verraten hat, heuer ausgezeichnet gelungen sein soll.«

Ahs und Ohs sind zu hören. Nur Justus nimmt das alles nicht mehr wahr. Er sitzt am Ende der Stuhlreihen und starrt vor sich hin.

»Ich muss mich aber erst selbst noch genauestens davon überzeugen … ja, ja, da bin ich sehr pingelig!«

Die Menschen lachen, dankbar für diese kleine Pointe. Sie kennen ihn und lieben ihn deswegen. »Aber bevor wir das tun werden, möchte ich, möchten wir noch ein Herzensanliegen loswerden. Ich möchte meine Stellvertreterin deshalb bitten, eine Ehrung vorzunehmen.«

Die Landesrätin, die neben dem Herrn Landeshauptmann gestanden hat, tauscht mit ihm den Platz und spricht ins Mikro.

»Liebe St. Vinzenzer, liebe Südweststeirer, geschätzter Obmann des Tourismusverbandes und Weinbauvereins Südweststeiermark, geschätzter Herr Kurzmann, lieber Justus.«

Der doppelte Obmann hört von ihr seinen Namen wie einen grässlichen Schrei aus einer unermesslichen Ferne.

Es dröhnt in seinem Kopf und sein Herz rast, denn ihm schwant nichts Gutes.

»Eine Idee«, fährt die Landesrätin fort, »braucht mutige Menschen, die diese umsetzen. Und du bist einer der Pioniere, die unsere Idee des Tourismusraumes Südweststeiermark im besten Sinne umgesetzt haben. Dafür danke ich, nein, die Südweststeiermark dankt dir, lieber Freund, und wir wünschen dir für deinen neuen Lebensabschnitt nur das Beste. Und Gesundheit natürlich, und möge deine Familie endlich mit dir so innig zusammen sein können, wie sie es aufgrund deiner großen Aufgaben so lange entbehren musste. Im Namen des Landes Steiermark überreiche ich dir das Große Silberne Ehrenzeichen des Landes Steiermark für diese deine Verdienste. Tritt hervor, mein Freund.«

Kurzmann geht wie in Trance langsam in Richtung Landesrätin, die die Auszeichnungsutensilien vom Protokollchef erhalten hat, um sie an den doppelten Obmann zu überreichen. Er schüttelt die Hände des Landeshauptmannes, des Landespolizeidirektors sowie des Bürgermeisters. Während die Presse filmt und fotografiert, spielt die Musik ihm zu Ehren einen kräftigen Tusch. Kurzmann steht, als wäre er angewurzelt, etwas zu lange vor der Landesrätin, jegliche übliche Jovialität ist ihm abhandengekommen. Erst durch Bürgermeister Loch, der ihn in Richtung eines Sitzes abseits der Ehrengäste an den Rand des Platzes führt, kommt er wieder zu sich und schaut sich erstaunt um.

»Lukas, was ist … Lukas … was … die spinnen jo …« Er starrt auf die Auszeichnungsutensilien.

»Setz dich, Justus«, sagt der Bürgermeister, »… wird schon wieder … wird schon wieder … beruhige dich.«

»Geschätzte Freunde von St. Vinzenz«, fährt die Landesrätin in ihrer Rede fort, »als Politiker ist es unsere Aufgabe, manches Mal klar zu entscheiden, wenn es notwendig ist. Das ist nicht immer leicht, aber dafür sind wir gewählt. Diesmal haben wir es doch sehr gerne getan, weil es das Schilcherland und die Südweststeiermark zusammen weiterbringen wird. Ich gratuliere dem neuen Obmann des Schilcherlandes, Jörg Trippl.«

Applaus brandet auf, man kennt den jungen sympathischen Schilcherweinbauern aus St. Vinzenz. Er steht im Kreise seiner Kollegen neben Max und winkt den Leuten zu.

»Ich danke dir, dass du diese große Verantwortung übernommen hast, und wünsche dir ein steirisches *Glück auf!* Du weißt, wenn du etwas brauchst, findest du immer ein offenes Ohr … bei mir … bei uns. Liebe St. Vinzenzer und Vinzenzerinnen«, hebt die Landesrätin ihre Stimme, »ich möchte Ihnen hier und heute versichern: Wir werden uns bemühen, den Zusammenschluss in Zukunft besser im Auge zu behalten, besser zu kommunizieren, um Gleichheit zu garantieren. In der Regierungssitzung nächste Woche werden wir über einen neuen Tourismuschef, oder eine -chefin, für die Südweststeiermark beraten. Ebenso steht die Entscheidung für einen neuen Leiter des Südweststeirischen Weinbauvereines an. Ich bitte da noch um etwas Geduld, denn es gibt für beide Posten sehr viele gute Bewerber. Ich und der Herr Landeshauptmann sowie die gesamte Landesregierung werden uns persönlich dafür einsetzen, dass nach dieser unruhigen Zeit der sanfte Tourismus in der Südweststeiermark wieder Einzug hält. Nehmen Sie mich beim Wort! Ich danke Ihnen. – Lieber Landeshauptmann, ich darf jetzt wieder an dich übergeben.« Sie wechseln professionell die Plätze.

»Lieber Landespolizeidirektor«, beginnt der Landeshauptmann, »du bist wie immer an meiner Seite. Ich danke dir ganz herzlich für deine hervorragende Arbeit, die Mordfälle betreffend. Deshalb darf ich dir im Namen des Landes Steiermark das Große Goldene Ehrenzeichen für deine Verdienste überreichen. Tritt hervor, mein Freund.«

Puderer steht auf, dreht sich zum Landeshauptmann und übernimmt von ihm die Ehrungsutensilien, die der Protokollchef dem Landeshauptmann vorher gereicht hat, mit einer kleinen Verbeugung des Dankes. »Möge dir diese Auszeichnung Kraft für deine zukünftigen Aufgaben geben.«

Auch Puderer wird von der Presse gebührend wahrgenommen, während die Musik auf ein hektisches Zeichen des Protokollchefs hin denselben Tusch spielt wie vorher.

»Liebe Freunde«, fährt der Landeshauptmann fort, »der Junker wartet, trotzdem bitte ich dich, geschätzter Landespolizeidirektor, uns über die Lösung der Fälle zu berichten.«

Puderer steht noch. »Ich danke dir, Herr Landeshauptmann, für die hohe Auszeichnung und die Möglichkeit, Sie, liebe St. Vinzenzer, über die Aufgaben und Ergebnisse unserer Polizeiarbeit persönlich informieren zu können. Wie Sie wissen, handelt es sich um zwei Morde und ein tragisches Unglück sowie einen leider unaufklärbaren Fall. Also, beim ersten Mord handelte es sich um einen von Interpol gesuchten Mörder, getarnt als Privatdetektiv, der hier in St. Vinzenz auf Raubüberfälle aus war und einen Wanderer, den Lebensgefährten einer lieben St. Vinzenzerin, kaltblütig ermordet hat.«

Es geht ein erstauntes Raunen durch das Publikum. Die Kameras filmen, die Mikrofone werden ihm so nah wie möglich entgegengestreckt, und manche Journalisten schreiben einfach nur ihre Notizen in traditioneller Art auf Blöcke.

»Auch der zweite Mord«, fährt der Landespolizeidirektor fort, »an einem altgedienten einheimischen Ehrenmann wurde von diesem Privatdetektiv begangen. Das Motiv war ebenfalls Raubmord. Und das Skelett einer jungen Frau im Höllgraben ist mit größter Sicherheit einem tragischen Unfall von vor zirka vierzig Jahren zuzuordnen.«

Es ist still im Publikum. Einheimische blicken sich an, denn sie wissen, was und wer gemeint ist, und sie sind froh über den amtlichen Schlussstrich.

»Was das weitere Skelett betrifft, das gefunden wurde, so handelt es sich dabei offenbar um einen russischen Besatzungssoldaten, der wahrscheinlich durch einen internen Konflikt innerhalb der Besatzer ums Leben gekommen sein dürfte. Wir werden unserem tapferen Befreier ein bleibendes Andenken in Form eines Gedenksteines im Höllgraben errichten. Ich bedanke mich auf diesem Wege bei Interpol, unseren deutschen Polizeikollegen, für die so gute grenzübergreifende Zusammenarbeit. Auch Ihnen, Herr Landeshauptmann, für die Hilfe des Landes und speziell Ihnen, verehrte St. Vinzenzer, die Sie so lange durchgehalten haben. Der Herr Innenminister wird in Kürze zu uns stoßen und Ihnen sicher weitere Informationen geben können.«

Applaus brandet auf und der Landespolizeidirektor verneigt sich noch einmal. »Ich darf das Wort nun wieder an unseren Herrn Landeshauptmann geben.«

Auch sie tauschen für das Mikrofon wieder die Plätze. »Sehr geschätzter Herr Landespolizeidirektor, danke für die Ausführungen. Mit diesen Aufklärungen geht eine sehr schwere Zeit für euch, liebe St. Vinzenzer, zu Ende. Und ich danke euch, dass ihr so sehr zu eurem Ort, zu eurem Land und vor allem zueinander gestanden habt. Umso mehr freut es mich, dass wir uns heute hier zu einem sehr angenehmen Anlass treffen. Ich bin stolz auf euch, es lebe St. Vinzenz, es lebe die Steiermark! Glück auf!«

Die Landesrätin für Tourismus springt auf und beginnt als Erste zu applaudieren, der Landespolizeidirektor steht sicherheitshalber schon und klatscht ebenfalls. Es folgen die Medienvertreter und am Schluss gibt es Standing Ovations von allen. Das Publikum jubelt.

Kurzmann sitzt wie vom Donner gerührt auf seinem Sessel, starrt auf seine silberne Auszeichnung und versteht die Welt nicht mehr. Rundherum sind Bravo- und Hochrufe zu vernehmen, die aber nicht ihm gelten. Pfarrer Schwintzerl und Heinzi mit dem Weihwasserschwengel postieren sich für die Junkersegnung, die der Pfarrer gleich vornehmen will. Aber als der Landeshauptmann in Richtung Pfarrer aufbricht, ruft jemand aus der Medientruppe über das Publikumsmikrofon:

»Herr Landeshauptmann, Entschuldigung, nur eine Frage bitte, wenn Sie erlauben.«

»Sehr gerne«, antwortet der Landeshauptmann schnell und jovial, »aber dann würd ich wirklich bald gern den Junker probieren, denn meine Zunge schlägt schon Funken.«

Und wieder Gelächter über eine typische Pointe, die den Landeshauptmann so liebenswert macht. Der Protokollchef wird unruhig, Fragen waren nicht vorgesehen, aber was sollte er machen.

»Ja, sehr gerne, Herr Landeshauptmann«, antwortet der Journalist, »das verstehe ich, aber nun meine Frage: Es geht um den getarnten Privatdetektiv, den Mörder.«

Nun wird es langsam ruhig auf dem Platz und der Landeshauptmann konzentriert sich. Die Landesrätin ist an ihn herangerückt, der Protokollchef nähert sich dem Journalisten.

»Was sagen Sie zu dem Vorwurf, dass dieser Privatdetektiv vom Vorsitzenden der national-traditionellen Partei WIR SIND

DAS SCHILCHERLAND nach St. Vinzenz gerufen wurde und von Ihnen mit zehntausend Euro aus Ihrem persönlichen Landeshauptmann-Salär für Sonderzuwendungen bezahlt wurde?«

Ein Raunen geht durch die Menge, dem ersten Gefühl nach gegen den Frager. Aber die Pause wird lang und länger und der Landeshauptmann ist plötzlich sprachlos.

»Also ich kann Ihnen dazu leider nichts sagen, mir ist davon nichts bekannt. Wollen wir?«

Max steht inmitten der jungen Schilcherbauern neben Franz und bekommt plötzlich einen hochroten Kopf. Sein Blick sucht den doppelten Obmann, der in sich versunken dasitzt. Der Bürgermeister beobachtet die Vorgänge mit Befriedigung. Die jungen Schilcherbauern reden auf Max ein, doch er hört sie nicht.

Max, der jedwedes Wild, sobald es sich bewegt, trifft, er, der in jedem Fremden einen sozialen Schmarotzer sieht, er, der eine Sau am liebsten ohne Betäubung sticht – dieser Mann ist auf einmal hilflos, wie versteinert. Er kann sich nicht bewegen. Er will gegen die Anschuldigung anschreien, aber seine Stimme versagt ihm den Dienst. Sein Atem geht schwer, er beginnt zu schwitzen, ihm wird schwarz vor Augen und er sackt schließlich in sich zusammen.

Jene, die genau hingesehen haben, konnten sehen, wie plötzlich der rechte Arm hochschnellte, als würde er irgendwo nach Halt suchen, bevor er, der alte, große, schwere Mann, fällt wie eine abgestorbene Eiche.

Franz ist sofort mit Mund-zu-Mund-Beatmung und Herzmassage zur Stelle. Die Polizei schirmt den Vorgang ab und der Protokollchef weiß momentan nicht, was er tun soll. Der Landespolizeidirektor ruft nach einem Arzt, aber da ist keiner.

Nachdem Franz, der froh war, den Hauptplatz verlassen zu können, Max mit dem Auto mit Polizeimotorradeskorte ins Krankenhaus nach Deutschlandsberg gebracht hat, verstirbt dieser dort noch am selben Tag an einem schweren Herzinfarkt.

Franz spürt schmerzlich, dass er auf das falsche Pferd gesetzt hat. Der paralysierte Landeshauptmann am Hauptplatz von St. Vinzenz kommt mittlerweile wieder langsam zu sich und sucht nach einer passenden Antwort. Während des Vorfalls mit Max hat die Landesrätin auf ihn eingeredet. Am schlimmsten ist aber diese Stille auf dem Platz. Kein Vogel zwitschert, kein Kind weint, kein Hund bellt. Nichts hilft ihm, alles starrt auf ihn in Erwartung einer befriedigenden Antwort.

»Ich hoffe für Sie, dass Sie für Ihre Anschuldigung Beweise haben«, sagt plötzlich die Landeshauptmannstellvertreterin über das Mikrofon in die Stille. Gerade hatte sie noch wild gestikulierend telefoniert. Der Protokollchef atmet erleichtert aus. »Ansonsten machen Sie und Ihre Zeitung sich auf eine Verleumdungsklage gefasst, die sich gewaschen hat.« Der Journalist will gerade antworten, da klingelt sein Handy. Er geht ran und schnell lässt er es wieder sinken.

»Was ist?«, fragt die Landesrätin in dem ihr eigenen herrischen Ton. »Wir können nicht den ganzen Tag auf eine Entschuldigung warten, der Junker wird warm.«

Ihre Pointe kommt bei den St. Vinzenzern erstaunlich gut an. Der Journalist setzt sich und an seinem käseweißen Gesicht ist zu erkennen, dass er keine weiteren Fragen stellen möchte. Inzwischen hat sich der Landeshauptmann, auch zur Erleichterung des Protokollchefs, scheinbar wieder gefangen. Er setzt sein einnehmendes Lächeln auf.

»Hat noch irgendjemand irgendetwas anderes vorzubringen?«, fragt er jovial. »Wir haben heute Martini, an diesem Tag wird der Schilcherjunker präsentiert, aber heute ist auch der elfte November, Faschingsbeginn. Also, auch

Journalisten dürfen im Fasching scherzen. In diesem Sinne: höllau, höllau, höllau, St. Vinzenz!«

Die St. Vinzenzer können aber darüber nicht recht lachen. Diese Pointe hat etwas Verkrampftes, das spüren sie intuitiv, und daraus folgern nicht nur erfahrene Bürger, sondern auch die Medienleute, dass doch etwas an dem Vorwurf dran sein könnte.

Der Landeshauptmann umarmt seine Landesrätin etwas unbeholfen, und nur für wenige ist bemerkbar, dass er ihr etwas ins Ohr flüstert. Worauf die Landesrätin ein zufriedenes Lächeln aufsetzt, während ihm feuchte Augen anzusehen sind. Sie geben sich lange und fest die Hand und gehen unter der Anleitung des Protokollchefs schnurstracks zu Pfarrer Schwintzerl und Heinzi, der schon sehr ungeduldig auf die Segnung wartet.

Etwas weiter entfernt steht der Landespolizeidirektor und telefoniert aufgeregt. Bürgermeister Loch, der Landeshauptmann und seine Landesrätin stehen mit Gläsern voll Schilcherjunker neben Pfarrer Schwintzerl und dem lachenden Heinzi, der mit seinem Weihwasserschwengel zur Segnung bereit ist. Der »St. Vinzenzer Marsch« der Blasmusik umrahmt das Ganze nun würdig. Der Landespolizeidirektor kommt zum Landeshauptmann und teilt ihm lauthals mit: »Der Minister lässt sich entschuldigen, die zwei Einfahrten nach St. Vinzenz sind von Klimaklebern blockiert. Er musste leider umdrehen.«

»Im Namen des Vaters, des Sohnes und des Heiligen Geistes, Amen«, überschreit Pfarrer Schwintzerl feierlich den Lärm, und Heinzi wachelt, wie es ihm Schwintzerl nicht aufgetragen hat, etwas zu großzügig mit dem Weihwasserschwengel und spritzt, statt über die Flaschen, dem Protokollchef den Segen ins Gesicht.

Nachtrag

Nach einem Jahr im Dienst übergibt der Landeshauptmann aus privaten Gründen das Amt an die Landesrätin für Tourismus und wechselt in die Privatwirtschaft.

Bürgermeister Lukas Loch bleibt Bürgermeister von St. Vinzenz, wird aber in den Landtag berufen.

Der Obmann des Tourismusverbandes Südweststeiermark und Weinbauobmann außer Dienst Justus Kurzmann hat sich aus gesundheitlichen Gründen zum Rückzug aus allen Ämtern entschlossen und will sich in Zukunft nur noch um seinen Enkel und den Buschenschank kümmern. Er wünscht Obmann Jörg Trippl und dem neu gegründeten Verein SCHILCHERLAND alles Gute.

WIR SIND DAS SCHILCHERLAND-Parteigründer Max wird erst posthum bei seinem Begräbnis die Ehrenbezeichnung »Pionier des Schilcherlandes« nachgereicht: Kirchenglocken, Feuerwehrsirene und Prangerstutzen. Man wird ihm ein ehrendes Andenken bewahren.

Der Weltverdruß
Franz Keim (1840–1918)

I hab koa Muatta mehr
und aa koan Vata mehr
Koan Bruder, Schwester,
und koan Freind.
/: Bin a verlaß'nes Kind
als wia der Halm im Wind
i bin der Weltverdruß,
so hams mi gnennt. :/

I sollt mi lustig fühln
und soll zum Tanz aufspuin,
i bin ja nur
a Musikant.
/: Der oane kränkt si z'Tod,
der andre schindt si wund,
wer oamoi herzkrank is,
werd nimma gsund. :/

Mein Vata kenn i net,
koa Deandl mag mi net,
i hab an dera Welt
koa Freid.
/: I hab koa Hoam, koa Haus,
muaß in die Welt hinaus,
i bin der Weltverdruß,
mit mir is's aus! :/

Und weil mi koana mag
greif i zum Wanderstab
und wandre in
die Welt hinaus
/: Ihr Berge himmelhoch,
euch Täler grüß ich noch,
euch gilt der letzte Gruß
vom Weltverdruß. :/

August Schmölzer singt »Der Weltverdruß« (YouTube)

Foto: @ moving-stills.at, Maximilian Mandl

August Schmölzer, geb. 1958 in St. Stefan ob Stainz, Lehre als Koch, Oberkrainer Musikant, Schauspielstudium an der Kunst-Uni Graz, Schauspieler und Autor. Lebt als freischaffender Künstler in der Weststeiermark. 2013 Verleihung des Arbeitstitels Professor und Wahl zum Österreicher des Jahres für sein humanitäres Engagement um Gustl58, 2015 Verleihung des Großen Ehrenzeichens des Landes Steiermark, 2020 Verleihung des Berufstitels Kammerschauspieler, 2023 Verleihung des Grimme Preises der Studierendenjury. Initiator und Vorstandsvorsitzender Stieglerhaus – Gemeinnützige Privatstiftung.

www.augustschmölzer.com

August Schmölzer in der
edition keiper:

Am Ende wird alles sichtbar
Roman von August Schmölzer

Preis: AT € 22,00 / DE € 21,40
Seiten: 144
ISBN13: 978-3-903575-00-4

Josef kehrt nach vielen Jahren in die Stadt seiner Kindheit zurück. Ein langes Vagabundenleben liegt hinter ihm, denn er hatte sich, angesteckt vom Hurra-Patriotismus seiner Umgebung, als junger Mann als Kriegsberichterstatter zum Militär gemeldet und musste die Gräuel des Krieges fotografieren. In dem düsteren Ort seiner Kindheit will er zur Ruhe kommen, er arbeitet als Totengräber und muss bald erkennen, dass die bösen Geister der Vergangenheit noch immer in den Köpfen der Leute spuken.

Josef will sich aus all dem heraushalten, kümmert sich um den Friedhof und stellt sich den Fragen von Michael – nach der eigenen Schuld durch Unterlassung, nach Mut oder Feigheit, nach Ohnmacht angesichts des übermächtigen Unrechts. Heilen diese Gespräche Josefs verwundete Seele? Josef ist jetzt jedenfalls bereit für eine neue-alte Liebe …